新阶梯法学规划课程系列教材

侦查策略与措施

Strategy And Measures For Criminal Investigation

主　编：郑晓均

撰稿人：（以编写章节先后为序）

任惠华　蔡艺生　郑晓均　王　颖

胡尔贵　但彦铮　刘　婕

法律出版社

LAW PRESS · CHINA

总　　序

教学质量是高等学校的生命线；重视教材建设，是提高教学质量的重要环节。2005年，教育部以1号文件下发了《关于进一步加强高等学校本科教学工作的若干意见》，要求“加强教材建设，确保高质量教材进课堂……对发展迅速和应用性强的课程，要不断更新教材内容，积极开发新教材，并使高质量的新版教材成为教材选用的主体”，而且特别强调教材应当“具有中国特色、中国风格和中国气派”。教材是课程及教学内容的载体，是在校大学生获得知识的重要途径。教材的编写过程本身，有利于教材及时反映变化了的社会状况和学术研究的最新成果，有利于教师改进教学方法、提高教学水平、增强科研能力。这都是对教学与科研的反思和总结。通过教材的编写，还可以促使教师总结教育教学规律，了解学生的知识需求，培养热爱教学和关爱学生的教育情怀，实现教师、教材与学生三者的有机联结与良性互动。

依法治国是党领导人民治理国家的基本方略，高等法学教育是国家法治发展的重要依托。我国高等法学教育大众化的快速推进，引发了人们对法学教育质量的疑虑，进而促使法学教育工作者深刻思索如何改革法学教学方式、如何完善法学课程体系等问题。法学教育必须适应法律职业对法律人在知识、能力等方面的实际需求，而法学教育的进一步改革和发展又必须以法学核心课程教材建设为基础。如果说法学核心课程的确立，是对我国法学教育历史经验深刻反思的成果，是对养成法学思维方式所需基本知识体系的科学总结；那么，编撰高质量的法学核心课程配套教材，就是目前高等法学教育工作者不可推卸的责任。

西南政法大学前身是1950年成立的以刘伯承元帅为校长的西南人民革命大学。1953年，以西南人民革命大学为基础，合并重庆大学、四川大学、贵州大学、云南大学、重庆财经学院的法律院（系）成立西南政法学院。1958年，中央公安学院重庆分院又并入我校。特殊的建校背景，使学校汇集了当时西南地区法学和法律界的主要资源，也因此被誉为“新中国政法类的西南联合大学”。在我校的发展历程中，先后经历了多次隶属关系变更。“文革”期间曾一度被迫停办。1977年，经中央批准恢复法学本科招生。1978年，经国务院批准为全国重点大学，是司法部部属政法院校中唯一的全国重点大学。1979年，开始招收法学硕士研究生，是改革开放以后全国首批硕士学位授权单位。1993年，被国务院学位委员会批准为博士学位授权单位。1995 年,经原国家教委和司法部批准,更名为西南政法大学。2003 年,被国务院学位委员会确定为全国首批法学一级学科博士学位授权点;同年,经人事部批准设立法学博士后科研流动站。经过近 60 年的建设,学校正在发展成为以法学为主,法学与政治学、经济学、管理学、文学等多学科协调发展的特色鲜明、优势突出的高水平大学。学校与美国、英国、德国、法国、俄罗斯、加拿大、意大利、日本和泰国等国家以及我国香港、澳门和台湾地区的一些大学,建立了校际友好关系,进行广泛而深入的学术交流与合作。

高水平大学应当有高水平的教材。作为国内规模最大的法学人才教育培养基地,西南政法大学历来高度重视本科教学质量及本科教材建设,不仅培养了一大批具有较强教学研究能力的中青年学者,而且逐步形成了自己独具特色的教学模式和教材风格。面对新世纪新阶段法学教育的变化,学校作出积极反应,在提高本科教学质量方面,作出了更大的努力。学校在总结已有教材编写经验的基础上,广泛吸取国内外其他法学教材的长处,与法律出版社合作,编写出版这套"高等学校法学核心课程教材系列",以践行我校法学教育理论性与实践性充分结合的办学理念,并积极努力为我国高等法学教育事业作出自己新的更大的贡献。

本套教材以发展着的马克思主义为指导,坚持社会主义法治理念,贯彻和实践科学发展观,遵循理论联系实际的原则,力求适应国内依法治国与构建和谐社会的新要求,适应国际经济全球化发展的新态势,准确把握现代法治精神,在吸纳国内外法学研究最新成果的基础上,树立精品意识与创新观念,致力于打造品牌教材。为了确保编写质量,我校通过专家论证,由教材委员会遴选高水平教师主持本套教材的编写任务,并在教材建设经费上给予了重点支持。我们对本套教材的特色要求是:通过对基本知识点的重点阐述,保证学生掌握基础理论;通过对学术前沿问题的介绍,拓展学生视野,启发学生思维;通过对基本技能训练的指导,提高学生处理法律事务和应对国家司法考试的能力;通过课后作业的问题设计,引导学生独立思考、深入研究。

本套教材主要作为高等学校法学专业本科教学用书,也可供报考法学各专业研究生复习备考使用。

西南政法大学教材委员会
2009 年 5 月

目　　录

第一章　侦查策略概述 …………………………………………（1）
第一节　侦查策略的概念 ……………………………………（1）
第二节　侦查策略的渊源 ……………………………………（8）
第三节　侦查策略与相关行为 ………………………………（15）
第四节　侦查策略与法律规范 ………………………………（20）
第二章　常用侦查策略 …………………………………………（24）
第一节　反侦查行为及手段 …………………………………（24）
第二节　侦查策略分类 ………………………………………（26）
第三节　常用侦查策略技巧 …………………………………（27）
第三章　侦查策略设计的步骤及程序 …………………………（34）
第一节　侦查策略准备程序 …………………………………（34）
第二节　侦查策略实施程序 …………………………………（38）
第三节　侦查策略评价程序 …………………………………（43）
第四章　调查访问 ………………………………………………（49）
第一节　调查访问概述 ………………………………………（49）
第二节　调查访问的基本方式 ………………………………（53）
第三节　发现调查对象的方法 ………………………………（54）
第四节　调查访问的策略方法 ………………………………（56）
第五节　调查访问材料的审查评断 …………………………（62）
第五章　辨认 ……………………………………………………（65）
第一节　辨认概述 ……………………………………………（65）
第二节　辨认的方法 …………………………………………（68）
第三节　辨认结论的审查评断 ………………………………（71）
第六章　侦查实验 ………………………………………………（74）
第一节　侦查实验概述 ………………………………………（74）
第二节　侦查实验的规则 ……………………………………（75）
第三节　侦查实验的方法 ……………………………………（76）
第四节　侦查实验结论的审查评断 …………………………（78）

第七章 搜查、扣押 …………………………………………………………（82）
第一节 搜查、扣押概述 ……………………………………………………（82）
第二节 搜查的基本方法 ……………………………………………………（84）
第三节 扣押的基本方法 ……………………………………………………（88）
第八章 控制赃物 …………………………………………………………（90）
第一节 控制赃物概述 ………………………………………………………（90）
第二节 处置赃物的常用手段方法 …………………………………………（93）
第三节 控制赃物的策略方法 ………………………………………………（95）
第四节 赃款赃物的追缴 ……………………………………………………（100）
第九章 查询、冻结 …………………………………………………………（103）
第一节 查询、冻结概述 ……………………………………………………（103）
第二节 查询的方法 …………………………………………………………（105）
第三节 冻结的方法 …………………………………………………………（106）
第十章 通缉、通报 …………………………………………………………（109）
第一节 通缉、通报概述 ……………………………………………………（109）
第二节 通缉的实施要点 ……………………………………………………（111）
第三节 通报的实施要点 ……………………………………………………（114）
第四节 通缉、通报的落实和管理 …………………………………………（117）
第十一章 追缉堵截 …………………………………………………………（120）
第一节 追缉堵截概述 ………………………………………………………（120）
第二节 追缉堵截的运用条件 ………………………………………………（121）
第三节 追缉堵截的方法 ……………………………………………………（122）
第四节 追缉堵截的实施 ……………………………………………………（124）
第十二章 缉捕逃犯 …………………………………………………………（132）
第一节 逃犯逃跑特点及逃向规律 …………………………………………（132）
第二节 查寻犯罪嫌疑人的策略方法 ………………………………………（137）
第三节 缉捕犯罪嫌疑人的策略方法 ………………………………………（146）
第四节 查缉逃犯的基础工作 ………………………………………………（157）
第十三章 侦查讯问 …………………………………………………………（161）
第一节 侦查讯问概述 ………………………………………………………（161）
第二节 侦查讯问的准备 ……………………………………………………（168）
第三节 侦查讯问的一般方法 ………………………………………………（171）
第四节 侦查讯问策略 ………………………………………………………（179）
第十四章 内线侦查 …………………………………………………………（186）
第一节 刑事特情概述 ………………………………………………………（186）

第二节　刑事特情工作原则 …………………………………………………（191）
第三节　刑事特情的选建 …………………………………………………（194）
第四节　刑事特情的运用 …………………………………………………（203）
第五节　侦查秘密据点建设 ………………………………………………（210）
第六节　刑事特情的管理 …………………………………………………（213）
第十五章　外线侦查 ……………………………………………………（217）
第一节　外线侦查的性质和任务 …………………………………………（217）
第二节　跟踪盯梢 …………………………………………………………（220）
第三节　守候监视 …………………………………………………………（235）
第四节　秘密逮捕 …………………………………………………………（240）
第五节　侦查化装 …………………………………………………………（243）
第六节　秘密拍照和秘密摄影 ……………………………………………（246）
第十六章　技术侦查措施 ………………………………………………（250）
第一节　技术侦查措施概述 ………………………………………………（250）
第二节　我国技术侦查措施的法律规制 …………………………………（253）
第三节　技术侦查的运用 …………………………………………………（256）

第一章　侦查策略概述

本章要点

侦查策略是侦查主体为达到一定的侦查目标,在实施侦查行为的过程中对一定的侦查对象采取的灵活有效的方法,它具有多层含义与特征。侦查策略的渊源在于军事策略、侦查实践经验、现代科学理论和方法。侦查策略与欺骗、引诱和威胁在目的、基础、程度和结果上是不同的。侦查策略与夜间审讯和夜间搜查、道德界限、非侦查主体行为具有某些共同性,但更有差异性。侦查策略与侦查措施相辅相成,侦查策略是侦查措施的指导,侦查措施是侦查策略的实现。侦查策略的目的要以法律规范为导向,侦查策略的实施要遵循法律规范规定,侦查策略实施结果要接受法律规范评断,侦查策略相对法律具有独立价值。

第一节　侦查策略的概念

一、策略的语义

(一)"侦查"的词义

1."侦"、"查"的字义辨析

(1)侦。"侦"字最早见于《易经》中,据《辞源》称:侦,有两种含义。第一种是指问。第二种是指探伺。《辞海》称:侦,探伺;暗中察看。[1]《现代汉语词典》称:侦,暗中察看;调查。[2] 孟康称"诇音侦",而《辞源》却称:诇,有两种含义,第一种是指告密,第二种是指侦察,刺探。[3]《辞海》则称:诇,侦察;刺探。[4]《现代汉语

[1] 《辞海》,上海辞书出版社 1989 年版,第 270 页。
[2] 《现代汉语词典》,商务印书馆 1996 年版,第 1597 页。
[3] 《辞源》(第四册),商务印书馆 1989 年版,第 2884 页。
[4] 《辞海》,上海辞书出版社 1989 年版,第 441 页。

词典》称：诇，刺探：诇察（侦查）。[5] 可见，今人与古人考证“诇”字的字音有一定的出入，但字义较为一致。

由上可见，古人多用“伺”来解释“侦”与“诇”。关于“伺”字，《辞源》称：伺，侦察，等候。古通作“司”，或作“司见”。[6]《辞海》称：伺，侦候，探察。如：伺便，伺机。[7]《现代汉语词典》称：伺，观察；守候。[8]

（2）查。“查”字，《辞源》称：查有五种含义。其中第二种含义是考察、检点，其余与侦查不直接相关。[9]《辞海》称：查，寻检。如：查究；查核。[10]《现代汉语词典》称：查，检查；调查。[11]

可见，“查”有查看、观察、调查、查究、查勘、查核之义，因而，它与古汉语中的“伺”字义相似。

2.“侦查”的词义

关于“侦查”古汉语中尚未见这一词条，但，却有“侦察“一词。《辞源》称：侦察，暗中察看。《后汉书九十 · 乌桓传》：“为汉侦察匈奴动静。”[12] 可见，这里是作为军事术语。在现代意义上，“侦察”一词也是作为军事术语使用的。

《辞源》中，有关“诇”的词条有：“诇察”、“诇伺”、“诇逻”等词。诇察，意指侦查。[13] 诇伺，意指谍探。[14] 诇逻，意指侦察巡逻。都是军事术语。

纵观古汉语中有关“侦”或“诇”的词条，多数与军事斗争有关，其余则用于政治斗争，均不是法律术语，这显然与中国古代侦查体制融于政治、军事体系中而未能独立有重要的关系。由于历史的惯性，“侦察”作为军事术语沿用至今自然不足为奇，作为法律术语在今天使用显然是一种语言习惯上的继承。而“侦查”这一术语应该是在引进国外法律时，结合“侦”与“查”的字义组合起来的新词，其目的自然有将“侦查”这一法律术语与军事和政治分开的意愿。因而，“侦查”一词的生成与使用，伴随着中国近现代法治的脉络，侦查为社会和法律所承认，也就蕴含着法治的精神。

而在司法实践中，无论使用“侦察”还是“侦查”，由于它们的词义相同而只是

---

〔5〕《现代汉语词典》，商务印书馆 1996 年版，第 1415 页。

〔6〕《辞源》（第一册），商务印书馆 1979 年版，第 192 页。

〔7〕《辞海》，上海辞书出版社 1989 年版，第 266 页。

〔8〕《现代汉语词典》，商务印书馆 1996 年版，第 1198 页。

〔9〕《辞源》（第二册），商务印书馆 1980 年版，第 1549 页。

〔10〕《辞海》，上海辞书出版社 1989 年版，第 1447 页。

〔11〕《现代汉语词典》，商务印书馆 1996 年版，第 131 页。

〔12〕《辞源》（第一册），商务印书馆 1979 年，第 243—244 页。

〔13〕《辞源》（第四册），商务印书馆 1983 年版，第 2884 页。

〔14〕《辞源》（第四册），商务印书馆 1983 年版，第 2884 页。

使用的习惯不同,因而都是指刑事诉讼中对案件的侦办工作,其意指并无任何区别。同时,考虑到法律术语的严肃性与规范性,所有的法律(有关刑事诉讼中案件侦办工作的法律)都应统一用“侦察”或“侦查”,而不能此法律用“侦查”,彼法律用“侦察”,或者同一法律混用“侦察”和“侦查”。在司法实践中,亦应作同样的规范用语工作。目前,《刑事诉讼法》中统一使用“侦查”这一术语,而《国家安全法》和《警察法》中却“侦查”与“侦察”混用,公安机关和安全机关的一些部门规章和文件也常常是混用。

关于侦查的含义,在学理上有各种各样的解释,如“措施说”、“工作说”、“活动说”、“行为说”等,但一般认为,侦查是法定机关在办理刑事案件的过程中为了察明案情,收集证据,查获犯罪嫌疑人,依照法律进行的专门调查工作和有关强制性措施。〔15〕

(二)“策略”的词义

“策”和“略”,在文字形成上,有着漫长的演进过程。这两个字不是同时出现,也不是一开始就是并联一起使用。策略,又称谋略、计谋、计策等,从字意上考查,“策”的最初含义是马鞭子,后引申为主意、计谋、方法;“略”则有计谋、方略的含义。在现代汉语中,“策”和“略”常互为解释,都含有方法、计谋的意思。根据《辞海》的解释,“策略”即计策谋略,是人们在社会生活中智力斗争的表现形式,是为达到一定的目的而采取的机智、巧妙的斗争方法。初步考证,“策”的问世早于“略”,“策”的意思是“众人一起共同商议确定计策、方法”。如《说文大字典》中解释:“计,筹策也。”其实,在古代,“计”、“议”、“图”、“谋”和“策”的用意非常相近,尤其是“策”与“谋”的含义几乎可以换用。如《论语·卫灵公》载:“君子谋道不谋食”。《毛传》载:“咨事之难易为谋”。《左传·宣公十四年》载:“贪心谋人,谋人,人亦谋已。”而把“策”赋予更丰富含义的,首推我国古代伟大军事家孙武。《孙子兵法》以“计”开篇,将“策”赋予“计”的含义。书中讲到制权、庙算和筹划等,都体现“策”的含义。“计策”一词也因之逐渐演变而来。《六韬》中的“韬”,《吴子》中的“图”,也都可以说是“策”的别称。

“略”古典上亦有多种解释,作疆界或地域者有之,作巡视者有之,作经略或治理者有之,作侵略或夺权者有之。《尚书·武成》中记载:“敢祗承上帝,以遏乱略”。《荀子·王霸》记载:“乡方略,审劳佚,谨蓄积”,这是将“略”赋予策略含义的早期运用。

自古以来,人们对“策略”一词有过许多解释或阐述,一般的解释是“策略即计策韬略”,或“计策谋略”。在现代汉语中,对策略有两种不同的解释,当做动宾词组来解释时,指人们事先的筹划活动,就是思维主体运用知识、智慧和能力,进行思

〔15〕 邹明理:《侦查与鉴定热点问题研究》,中国检察出版社2004年版,第17页。

考的过程。当把策略作为名词使用时，则是指思维活动的结果。

二、侦查策略的概念

侦查是指公安机关、人民检察院在办理案件过程中，依照法律进行的专门调查工作和有关的强制措施。一般认为，侦查策略是侦查主体为达到一定的侦查目标，在实施侦查行为的过程中对一定的侦查对象采取的灵活有效的方法。根据这一概念，侦查策略包括以下几层含义：

（一）侦查策略的实施主体是侦查机关及其侦查人员

侦查策略只能是由具有侦查主体资格的人在侦查过程中实施，非侦查主体或侦查主体在非侦查过程中，均不能实施侦查策略。虽然策略在一般情况下具有广泛的普适性，但一旦运用于侦查实践，形成了一类单独的侦查策略时，便附属于侦查行为之中，具有了侦查的属性，因此，侦查策略的实施就必须依循侦查的法律规定和一般的规律，由特定的侦查人员进行。

（二）侦查策略的实施对象是侦查工作指向的有关的人、物或场所

一般而言，侦查的对象是刑事案件，具体而言是在侦查刑事案件过程中，侦查人员的侦查行为所涉及的有关人（如犯罪嫌疑人、被害人和证人等）、物（如犯罪工具和赃物等）或场所。由于侦查策略是侦查行为的附属物。因此，其实施对象也只能是侦查行为所指向的具体的人、物或场所。

（三）侦查策略的实施目标是保证侦查行为及整个侦查工作的有效实施

侦查策略是一个多层次的概念。因此，侦查策略的实施目标也有宏观和微观之分。侦查策略的宏观目标是保证整个侦查工作的有效进行，推进刑事案件的及时破获，其作用的范围涉及由许多侦查措施行为构成的整个侦查方法体系。侦查策略的微观目标常常是具体侦查行为所要达到的目标，或者是具体侦查行为的某一个环节所要达到的目标。

（四）侦查策略的内容从本质上而言是一种灵活有效的方法

侦查策略作为融入侦查行为的方法不同于侦查行为的法律规定，没有限定性和禁止性的内容，而是灵活有效的方法。但是，这种灵活有效的方法仍然有一定的限度，即必须局限于法律或社会的容许范围之内。

三、侦查策略的特征

侦查策略的特征是指侦查策略的本质属性。概括而言，侦查策略具有两重性，即科学基础上的有效性和合法前提下的灵活性。

（一）侦查策略是建立在科学基础上的有效方法

科学基础上的有效性是指侦查策略是能够达到一定侦查目标、产生一定侦查效果的方法，而这种方法之所以有效，是因为其有一定的科学依据，建立在一定的科学理论基础上，并且经过了侦查实践的检验。

1. 侦查策略的科学性。总体而言，侦查策略是多种科学理论和方法的综合运

用,是科学的思想方法和工作方法。其科学性表现在三个方面:

(1)从宏观上而言,侦查策略有着深厚的哲学基础,是哲学辩证思想和思维方法的具体体现,它不同于主观臆想和随意猜想,而是从实际出发,对具体问题具体分析的客观结果。其中,唯物主义是侦查策略认识活动的源泉,因为侦查策略认识活动的对象是客观存在的犯罪,而且作为一种物质现象的犯罪总是以一定的形态和规律发展变化,侦查策略认识活动的实施必须以客观存在的犯罪为依据。同时,辩证法是侦查策略实践活动的方法论。辩证法是客观事物运动的规律,也是科学的认识规律。不管是对立统一规律、量变质变规律、否定之否定规律,还是原因与结果、现象与本质、偶然与必然等辩证法范畴,揭示的都是事物联系和发展的规律。侦查策略的实施过程实质上是一个充满矛盾和对抗的过程,侦查的结果就是否定之否定的结果,侦查工作中也会遇到原因和结果、现象和本质、偶然和必然、可能与现实等范畴。辩证法所揭示的客观事物的运动规律对侦查策略的设计和实施无疑具有普遍意义 。

(2)从理论渊源上考察,侦查策略是社会实践经验的高度概括和总结。其中,既有选择地吸收了军事思想的精华,又体现了千百年来侦查实践人员的智慧结晶,经历了长期侦查实践的检验。以中国侦查策略的形成为例。由于侦查工作与军事斗争的态势大体一致,加之在我国古代和近代的诉讼体制中,侦查的职权机构与行政、司法、军事职能机构多紧密联系在一起,甚至合而为一,军事策略在侦查领域中有着较为理想的适用环境,因此,高度发达的军事策略思想自然而然地引入到司法领域以及侦查实践之中并转化成了侦查策略。其中,在中国对侦查策略思想方法的形成产生重大影响的军事策略思想有两个方面:即中国古代兵法中的军事策略思想和毛泽东思想中有关革命战争的战略战术及肃反的策略思想。另一方面,侦查策略的理论方法来源于侦查实践,是侦查实践经验的升华。纵向上考察,这种侦查策略的理论方法既溯源于古代和近代执法办案的历史长河,又产生于广泛的现代侦查实践土壤。

(3)从科学依据上分析,侦查策略都是建立在一定的科学原理和方法的基础上逐步形成和发展起来的。这些科学既包括社会科学,也包括自然科学和技术科学。在社会科学中,既包括法学及其边缘学科,也包括与策略相关的相邻学科。以研究人的心理现象及心理规律的心理科学为例,由于侦查策略的实施既要涉及侦查主体的心理问题,又要涉及侦查对象的心理问题,因而心理学的研究成果对侦查策略的运用无疑要产生重大影响。一方面,心理学的手段方法可以作用和影响侦查策略实施主体的心理,特别是培养和提高侦查主体的心理适应能力和心理承受能力,为有效地实施侦查策略创造有利条件;另一方面,心理学知识有利于侦查主体研究侦查对象,如犯罪嫌疑人、被害人、证人等的心理状态和心理活动,为有的放矢地运用侦查策略提供了依据,调查访问和讯问犯罪嫌疑人的方法很多都是根据心理学方面的理论而制定的。

2. 侦查策略的有效性。侦查策略有着科学理论和方法作为指导，经过了侦查实践的检验，因而，融入侦查行为之中的侦查策略就能充分地发挥其功效，达到一定的侦查效果，这就是侦查策略的有效性。侦查策略的科学理论基础保证了侦查策略方法的科学有效，而且随着现代科学原理和方法的不断发展和更新，侦查策略的科学属性也会得以不断强化，其内容方法也会更加趋向技术化和现代化。

侦查策略的有效性是一种客观存在，但这种客观存在要得以充分发挥，还需要充分发挥侦查策略主体人员的主观能动性。侦查人员要善于根据不同的侦查情势，在侦查策略的选择和实施中，优化决策，科学部署，灵活运用，使侦查策略的有效性由客观存在变为客观现实。如果侦查策略的实施主体不能正确运用侦查策略，侦查策略不仅起不到推进侦查的客观效应，而且还可能导致与侦查目的适得其反的效果。

侦查策略的有效性又是相对的。有时侦查策略的实施可能会对整个案件的侦查发挥作用，有时侦查策略的实施只在某一侦查环节或对某一侦查行为产生影响，有时侦查策略的实施只会在某一侦查行为的某一方面有着功效。因此，并不是任何侦查策略都是万能的和普遍适用的。单纯地依靠某一项侦查措施或实施某一项侦查策略就能完全达到侦查目标在客观上是不可能的。侦查策略有效性的发挥还有赖于侦查措施的综合配置和侦查策略的合理组合。但是不能因为某一侦查策略在具体侦查情势下没有功效或功效不明显就否定侦查策略的有效性的客观存在。

（二）侦查策略是建立在合法的前提下的灵活方法

侦查策略不同于侦查的法律规范。尽管侦查的法律规范因其对侦查的有效性大多有其策略意义，但它是侦查的限定性和禁止性规定，是侦查主体"应该做"和"必须做"的行为规范。而侦查策略则一般不具有强制实施的特性，而只具有对于实施主体的选择性和建议性。

1. 侦查策略的合法性。侦查策略的合法性是由侦查的性质和任务决定的。侦查本身是一项法律活动，受一定的法律规范的调节和制约。侦查策略的实施是为了使侦查活动有效地实现揭露证实犯罪和防范控制犯罪以及保障公民和合法权益的功能。因此，作为刑事诉讼活动重要组成部分的侦查活动，包括侦查策略的设计和运用都必须在法律规定的范围内进行，不得片面强调侦查策略的灵活性而忽视其合法性。

（1）侦查策略的运用对象只能是与犯罪嫌疑案件有关的人、事、物。侦查作为刑事诉讼行为，其对象是已经立案、需要侦查的犯罪事件，即刑事案件。某一行为是否构成犯罪以及构成何种犯罪是我国刑法调整的范畴。侦查活动的开展必须以刑法规定的犯罪的存在或可能存在为前提。相应地，侦查策略的实施对象只能是与犯罪有关的人、事、物，如被害人、犯罪嫌疑人、犯罪工具、赃物、犯罪嫌疑线索等。

(2)侦查策略的实施必须遵循刑事诉讼法对侦查的程序规定。刑事诉讼法中,对于讯问犯罪嫌疑人、询问证人、勘验和检查、搜查、扣押物证和书证、鉴定等侦查活动的程序及逮捕、拘留等强制措施的条件、程序、时限等都作了明确而具体的规定。设计融入上述侦查活动的侦查策略时必须严格遵循刑事诉讼法的有关程序规定。实施违反刑事诉讼法规定的侦查活动而获取的证明案件事实的有关材料,不能作为证据使用。

(3)侦查策略的实施还需要遵循有关侦查职能部门制定的侦查法规。侦查是一项复杂的社会工作,涉及社会生活的各个领域和各个方面,仅有刑法、刑事诉讼法的原则规定显然是不够的,为此,有关侦查职能部门为了适应各自侦查工作的需要,颁行了大量的法令、条例、规定、细则等,使侦查工作日趋制度化、法律化。如公安部就主持制定了《刑事侦查工作细则》、《刑事现场勘察细则》等。这些法规是对刑法、刑事诉讼法原则规定的具体化、明确化,对现实的侦查工作具有更加切实可行的规范和指导意义。在侦查工作中运用侦查策略时应严格遵循这些法规的规定。

2. 侦查策略的灵活性。侦查策略的灵活性是侦查策略的本质特征,是侦查策略区别于侦查政策、法规的根本所在。侦查策略的灵活性,也可称之为侦查策略的建议性,是指任何一种侦查策略在具体的侦查情势下,侦查人员可以采用,也可以不采用,具有可选择性。也就是说,是否运用某一项侦查策略或如何从若干建议性的侦查策略中选择一种最优策略,常常是根据侦查的具体情况由侦查人员对各种具体的侦查情势分析判断后决定的。

侦查策略的灵活性首先表现在侦查策略的设计是一个优化选择的过程,即侦查策略在运筹过程中要根据具体的侦查情势,从客观存在的若干侦查策略中选择花费时间短、侦查代价小、侦查效益大的策略付诸实施。侦查策略之所以是一个优化选择的灵活过程,一方面是因为侦查策略措施的多样性,也就是说,有着广泛理论渊源和实践基础的侦查策略已经形成了门类齐全的策略措施体系。这些策略措施从功能上分析,既有调查性的,也有强制性的;从运用形式上分类,既有公开的,也有秘密的;从法律来源上分析,既有刑事诉讼法规定的调查取证措施和强制措施,也有相关侦查法规中规定的侦查措施。这些侦查措施多数情况下都有其适用性,可以解决刑事侦查中的某一个或某一些问题。但是,任何侦查措施的实施都必须具备一定的主、客观条件,同时也都有一定的局限性。这样,就必然要涉及在具体侦查时对侦查策略的取舍问题。另一方面,侦查策略的灵活优选来源于侦查思维具有多样性,即侦查策略实施主体的侦查认识活动并不是单向定位的简单思维,而是全方位、多角度的综合性思维。在对刑事案件和侦查工作各种可能性的评价中,侦查人员必然会有所偏重,而由各种可能性派生出来的侦查策略措施就自然地需要优选。

侦查策略的灵活性还表现在具体实施过程中的因势施策上，即侦查策略在具体实施时没有固定的模式，需要根据不断变化的侦查情势不断进行调整和修正。因此，侦查主体在运用侦查策略时，要深入周密地研究自身和对方的具体情况，尤其是侦查人员和犯罪嫌疑人的对比和相互关系。在分析判断犯罪情况时，侦查人员应在分析犯罪人的经验、能力和心理倾向的基础上，采用心理换位法"设身处地"地考虑在一定条件下的犯罪嫌疑人会如何对付侦查，从而使侦查策略建立在知己知彼的基础上。同时，由于客观世界瞬息万变，侦查工作也常面临着变化。一方面，由于侦查认识活动是一种逆向思维，因而不可避免地带有模糊性和不确定性的特点，侦查的判断和推理也大多是一种或然性的结论，对犯罪情况的分析判断往往随着侦查工作的推进需要修正。另一方面，犯罪活动是发展变化的，犯罪人往往采用各种方法转移侦查工作视线，使侦查工作误入歧途，陷入僵局。面对这些不断变化的情况，侦查工作的基本策略要求就是及时调整侦查方向和侦查重点，使侦查的策略措施适应变化的犯罪情况和侦查情况。

第二节　侦查策略的渊源

侦查策略作为提高侦查工作效率的灵活有效的方法，不是凭空产生的，而是有着广泛的科学理论渊源。就整体而言，中国侦查策略思想的理论来源主要有军事策略思想、侦查实践经验和现代科学理论和方法。

一、军事策略思想

军事策略思想有着悠久的历史，是中华民族宝贵的文化遗产。其中，对中国现代侦查策略方法的形成产生重大影响的军事策略思想有两个方面，即中国古代兵法中的军事策略思想和毛泽东思想中有关革命战争的战略战术及肃反斗争的策略思想。

（一）中国古代兵法中的军事策略思想

中国古代兵法书籍内容广泛，种类繁多，流传下来的有四五百种，其中被誉为经典的兵法书籍有七种，即《孙子兵法》、《吴子兵法》、《六韬》、《尉缭子》、《司马法》、《黄施公三略》和《唐太宗立功卫对问》，它们统称为"武经七书"，其中以《孙子兵法》与《吴子兵法》最为著名。这些兵法书籍是适应中国古代激烈的政治斗争、军事斗争、外交斗争的需要而产生的，而且兵书中的策略方法经历了千百次战争的考验，因此兵法书籍中的策略是宝贵的精神财富。

由于中国古代军事斗争此起彼伏，纷繁复杂，因而总结军事斗争经验教训的军事策略也极为发达。"知己知彼，百战不殆"，"出其不意，攻其不备"，"有备无患"，

“兵不厌诈”等策略原则流传千古，表现出了旺盛的生命力。

中国古代军事、行政、司法合一的体制促成了军事策略向侦查策略的迅速转化，更是由于军事斗争领域与同犯罪作斗争领域的基本态势和特点较为相似，因而，军事策略在侦查领域有着较为理想的使用环境，军事策略成为了侦查策略的重要来源之一。

（二）毛泽东思想中有关革命战争的战略战术和肃反斗争的策略思想

新民主主义革命时期军事和司法职能的融合决定了毛泽东军事策略思想对新中国侦查策略的深远影响。毛泽东思想是马列主义与中国革命实践相结合的产物，其中，毛泽东军事策略思想是在马列主义策略思想的指导下，吸取和借鉴了中国古代优秀文化传统，尤其是古代兵法的精华，经过长期革命战争的实践检验而形成的一系列机动灵活的战略战术思想。

新中国成立后，为了巩固人民民主专政政权，适应镇压反革命斗争的需要，毛泽东同志主持制定了一系列的镇压反革命的方针和政策，形成了肃反斗争的策略思想，包括“利用矛盾，争取多数，反对少数，各个击破”，“有理、有力、有节”，“打得稳、打得准、打得狠”三个策略原则。由于反革命犯罪（1997 年刑法修改为危害国家安全犯罪）从法学理论上讲是侦查的范畴，因此肃反斗争的策略思想从本质上说是指导反革命犯罪（危害国家安全犯罪）侦查的策略原则。

二、侦查实践经验

理论来源于实践，侦查策略的理论方法同样源于侦查实践，是侦查实践经验的理论升华。纵向上考察，侦查策略的理论方法既产生于深厚的现代侦查实践土壤，又溯源于古代和近代执法办案的历史长河。

（一）中国古代和近代的侦查实践经验

中国古代和近代的侦查策略思想源远流长，极为丰富，几乎涉及侦查活动的各个领域。其中，与古代纠问式诉讼制度和侦审合一的办案体制相适应，中国古代的审讯策略最为悠远，最为发达。中国古代勘验检查技术和制度始终在世界居于领先地位，因而与勘验检查制度相关联的调查和勘察策略方法也得到了一定程度的发展。

1. 讯问策略方法的源流。早在原始制度崩溃的最后岁月和奴隶制确立的最初日子里，讯问就开始以某种形式存在，只是由于古人认识能力的局限和原始民主议事制度残余的影响，在讯问的策略方法上带有浓厚的宗教色彩和民主议事性质。在夏朝，法律上便有“赏于祖（即祖庙），……戮于神（即土地神庙）”之规定。商朝在审案断狱时，如果是“疑狱”，则“泛与众共之，应疑赦之”，把讯问和公众意志有机结合。到了西周，讯问中当事人的“盟诅”也被视为证据，成了定夺案件的依据。由此可见，最初的讯问尚为一种较为原始的司法行为。

随着古人认识能力的提高和司法办案经验的积累，西周时期形成了我国古代讯问策略发展史上的第一个高峰,出现了“以五听狱讼,求民情”的审案策略方法。这“五听”是辞听、色听、气听、耳听和目听。“五听”方法的实质就是主张用察言观色的方法来评断被讯问人口供的真伪,它使得讯问的斗智特征开始明显化,同时也是心理学知识在司法领域中最初的自发运用,具有开创性意义。同一时期,据《尚书·康浩》记载,对于犯罪嫌疑人的供述,讯问人员要“服念五、六日至旬时”,方能定案。这种对供词认真思索和评断的做法表明了古人对讯问的重视和谨慎态度。

在春秋时期,法律已明确规定了讯问成败的标准。我国第一部侦查法规《封诊式》形成了以下的讯问程序方法:讯问人员在审理案件时,必须先让被审讯对象充分供述,听完其供词并做好记录。虽然明知被审讯人的供词中有矛盾,但讯问人员也不要立即对矛盾之处进行诘问。待被讯问对象供述完毕后,才能够对供词中需要诘问的地方发问,在做好笔录后,对其不能自圆其说的地方再提问。这就是现代讯问中利用矛盾、反复讯问策略的发端。

汉朝时,人们又总结了辗转推问、侧面迂回以便查明案情的“钩距”式讯问法。《汉书·赵广汉传》载,广汉“尤善为钩距,以得事情。钩距者,设欲知马贾,则先问狗,已问羊,又问牛,然后及马,参伍其贾,以类相推,则知马之贵贱,不先实矣”。而这正是现代讯问实践中广为运用的侧面迂回讯问法。

宋时,《折狱龟鉴》作者郑克在西周“五声听狱”的基础上提出了讯问时“情迹结合”理论,强调讯问时要采用各种测量方法,反对严刑拷打,逼人招供,并论证了口供和物证相互关联、相互印证的原则。唐宋及其以后,逻辑学的知识日渐引入讯问实践,讯问中重分析研究,利用矛盾,并以此创造了许多揭露被讯问人谎言进而破案的案例,如《折狱龟鉴》中的《核年辨奸》一例即是抓住被讯问人供述中的矛盾,利用逻辑分析,从而使审讯对象“惊骇服罪”。

明清时期,讯问实践中出现了一些奇特的讯问方法,如《袁梅审脚布》、《癫梅审树》、《按察使“情审”小卫玠》中就把脚布、树等物拟人化,当成讯问对象,甚至把讯问演化成情人间互诉衷肠。这些事实在现在看来,简直是不可思议,但是,上述三例的讯问人员都综合性地运用了分析案情、利用矛盾、察言观色等测量方法,结合情理,设计出了不拘泥于常规的讯问方法,终于使案情大白。这些奇特方法出现在讯问实践中使得古代的讯问活动在这一时期多少带有一些神秘色彩。

侦审合一的纠问式诉讼制度带来了古代讯问策略方法的繁荣,但这种繁荣严重地受制于整个古代广为盛行的刑讯逼供制度,讯问方法呈现的是一种两极偏向的发展形态。

2. 秘密侦查策略方法的发展。古代军事领域中的激烈斗争不仅影响政治、经济方面,而且对侦查领域也产生了深刻影响。我国古代极为发达的军事策略被广泛移植于侦查方面,使得古代的秘密侦查策略方法源远流长,多方位发展。

早在春秋战国时期,我国就有了鼓励和要求知情者向官府告奸的做法。《史记·商君列传》中写道:商鞅“令民为士伍,而相牧司连坐。不告奸者腰斩,告奸者与斩敌者同赏,匿奸者与降敌者同罚。”《秦简》中也有要求知情者“告奸”和鼓励“士伍”协助抓捕犯罪嫌疑人的记载。

汉代,秘密侦查策略方法得到了进一步发展。《汉书·赵广汉传》中记载:西汉宣帝年间,赵广汉担任颍川郡的郡太守侯,为了打击犯罪行为,专门设置了告密箱——“缿筒”(瓦质瓶状,类似现代检举箱),以收集犯罪情报。采用这种方法,既可以奖赏告密者,又可以保证告密者的安全。赵广汉在收到告密信后,还削去告密者的姓名,然后说是某豪族告发的,从而使豪族之间相互埋怨,互为告发。汉成帝时,长安县令尹赏在打击犯罪集团的首领和惯犯的斗争中,对于犯罪事实较轻而愿意改过者,便暂缓追究,责令其立功自赎,其中“尽力有效者,因亲用之位爪牙”,即将能干的犯罪嫌疑人任用为官吏。

在西方十九世纪初期出现的“以罪犯对付犯罪”的侦查模式,早在我国汉代就出现了。和凝、和山蒙父子所著的《疑狱集》中载,汉代长安京兆尹张敞面对长安市“偷盗尤多,百贾苦之”的局面,采取了“以偷治偷”的方法,巧布陷阱,利用贼首称之贼众,将所有盗贼一网打尽,从而使长安市“警鼓稀鸣,市无盗贼”。

秘密侦查人员和固定情报耳目的产生也可以追溯至汉代。汉代末年,小黄县令焦延寿“以侯司(同伺)先知奸邪,盗贼不发”。此处的“侯”即为秘密侦查员。汉武帝时,定襄太守义纵曾让一些有劣迹的人给官府当耳目,协助破案,即所谓“猾民佐吏为治”。唐人颜师古注为:“百姓有豪猾为罪恶者,令畏纵之严,反为吏耳目,协治公务,以自效”。

到了唐代,跟踪盯梢等秘密侦查方法在侦查中得到了普遍运用。《折狱龟鉴》中载:唐太宗李世民在审核一起死刑复核案件时,发现被告人杨正与被害人张逖“素无仇隙,又不图钱财”,无杀人动机,尽管杀人凶器俱在,但从因果关系上考察甚为可疑,便派御史蒋常前去复核。蒋常在仔细阅读案卷研究案情后,下令把与此案有关的所有人员都召集起来,一一盘问后放走,只留下一个八十多岁的老太婆,待到傍晚时分才将老太婆放回,并立即派人跟踪。跟踪人员发觉有一男子在途中拦住老太婆探寻消息。侦查人员以此为线索调查,最终查明此男子就是杀害张逖的犯罪人。

由此可见,以耳目侦查、跟踪监视侦查、狱内侦查、化装侦查等为代表的秘密侦查方法自汉代以来就逐步形成和发展起来,并在古代侦查策略方法体系中占据重要的地位,是古代侦查策略方法的精品。

3. 勘验调查策略方法概况。虽然中国古代实行的是纠问式的诉讼制度和侦审合一的诉讼体制,但是犯罪的隐蔽性,犯罪人在犯罪后的隐匿现象,客观上促成了侦查活动和审判活动在一定程度上的分离。在很多情况下,案件发生后的相当长一段时间内,犯罪人处于未知状态或未被激活归案,审讯工作无法进行,但侦查实际上已经开始,而且侦查活动集中体现在勘验和调查两个方面。

据史书载,我国的勘验活动至少可以追溯到两千多年前的周期。《礼记·月令》载,孟秋三月,“命理瞻伤、察创、视折、审判、决狱讼,必端平”。这是中国有关勘验的最早记录。到了秦代,勘验制度已经相当完备,根据法律规定,勘验工作已由专人负责,勘验记录规范化,而且办案中遇到的一些专门问题,已由具有专门知识的人进行检验和鉴定,如麻风病要由医生进行鉴定,流产要由“隶妾”进行检验等。

唐朝时,法律首次明文规定了勘验鉴定的责任问题。《唐律·诈伪·诈病死不实》规定:“诸诈病及死伤受检验不实者,各依所欺罪减一等;若实病、死及伤不以实验者,以故入人罪论”。宋代是我国古代历史上勘验检查制度最为完备的时期。宋朝的法律明确规定对于杀伤和非正常死亡的案件要进行初检和复检,并明确了初检、复检的条件和违制惩罚的情况,规定了免检的各种情况和保健事项。宋代法律第一次明文规定了勘验鉴定的官吏实现尉、州司理参军以及仵作、巫婆等。法律还规定,应该验尸的案件必须验尸,受差验尸员不得借故推诿,验尸官员接到验尸公文后,必须在两个时辰(四个小时)内出发,检验官必须带领仵作等人躬亲检验,如实确定每案致死原因,并将检验结果于验尸当日如实向上司汇报。初检官与复检官不得相见,不得泄露所检事状,不得受财枉法等。这些法律规定都体现了勘验检查的策略要求。

除勘验检查外,办案人员进行调查访问也是收集案件线索、获取犯罪证据的重要方法。最早的调查访问形式是现场勘验时进行的调查访问。秦朝在现场勘验的同时,现场访问也是司法人员必须从事的基础工作。《秦简·封诊式·贼死》一例中,主持现场勘验工作的“令史”就曾询问当地的治安人员和现场附近的居民是否知道被害人死亡的时间,是否听到过呼救的声音。在《经死》一例中,办案人员则询问与死者同居一室的人是否知道死者自缢的原因。

宋代著名法医学家宋慈认为,办案人员到达犯罪现场之后,应当先询问了解事件发生的粗略经过,然后再行勘验。他说:“凡到检所,未要自向前且于上风处坐,略唤死人骨属,或地主,意主,审问事因了……,始同人吏向前看验。”他认为,“近年绪路宽司行下,每于初、复检官内,就差一员兼体究。凡体究者,必须先呼集邻保,反复审问”。这种体究人员的设置,已经类似于现代侦查工作现场勘验与现场访问人员的分工了。另外,宋慈还认为在办案过程中应当广泛进行察访,全面收集各种证据材料,进行综合性分析评断,“有可任公吏,使之察访,或有非理等说,且听来报,自更裁度”。“须是多方体访,务令参令归之,切不可凭一、二人口说,便以为信”。

封建纠问式诉讼制度一方面促成了刑讯逼供方法的产生和发展,另一方面也在一定程度上限制了调查访问策略方法的深化。但是,刑事案件复杂化和隐蔽化的特性使得刑讯逼供并非万全之策，调查访问依然是查明案情和缉捕犯罪人的重要措施。我国历史上，司法人员经察访而公断狱讼的案例，屡见不鲜，而且随着人们办案经验的积累，调查访问的方式也日趋多样化。既有派人走访，又有亲自调查；既有公开的正面调查，又有化装的侧面调查。

（二）1949 年以后的侦查实践经验

1949 年以后，侦查机关在同犯罪活动的斗争中，根据犯罪活动的规律和特点，认真发动和依靠群众，有针对性地采取各项措施，有效地打击了犯罪活动，积累了许多成功经验，形成了一些宝贵的侦查策略思想和方法。

1. 侦查破案策略方法的发展。侦查破案是同犯罪活动作斗争的一项经常性的进攻措施。侦查机关经过长期的侦查实践，逐渐总结和形成了一套从现场勘察、调查访问、运用侦查措施到缉捕、审讯犯罪嫌疑人等比较系统而科学的侦查破案的程序和方法。早在 1963 年 9 月，公安部就制定了《刑事侦查工作细则》和《刑事科学技术工作细则》，对于侦查破案中的立案、勘查、调查、访问、运用侦查措施以及刑事科学技术等作了明确具体的规定。1978 年，公安部在总结经验的基础上，对这两项细则又进行了修改和补充，使之更加适应同刑事犯罪作斗争的需要。1979 年 4 月，公安部修订完善了《刑事案件现场勘查规则》，对于犯罪现场的保护、勘查和现场指挥等方面作了更详细的规定。《刑法》和《刑事诉讼法》的实施和修改，使侦查破案工作有了更加明确的法律依据，而且使侦查破案策略方法的发展更加规范化、科学化。

在侦查破案中，侦查机关坚持贯彻“依靠群众、抓住战机、积极侦查、及时破案”的方针，一方面，强调依靠群众，通过调查走访、公布案情及吸收群众协助侦查等方式，发挥群众在侦查工作中的积极作用；另一方面，也充分发挥专门机关专门工作的职能作用，即侦查机关在刑事案件发生后，迅速组织侦查，有效运用各种侦查措施和刑事科学技术手段，发现侦查线索，获取犯罪证据，及时破获刑事案件。

进入二十世纪八十年代，鉴于严重暴力性案件突发性强，危害严重，各级侦查机关有针对性地加强了侦查机动力量建设，并确定了主动进攻、先发制敌的指导思想，加强值班指挥机构，改善交通、通讯设备条件，建立犯罪资料档案中心和犯罪情报网络，在暴力性犯罪案件的侦查中做到了及时交流和传递信息，密切协同行动，临场处置有序，减少了暴力性犯罪给社会和群众造成的危害。

2. 集中打击和专项斗争策略方法的形成和发展。集中打击是同犯罪活动作斗争的战役性行为，是发动和依靠群众同犯罪作斗争的一种重要形式，也是综合治理社会治安的一项有效手段。在一定时期内，由于各种社会原因，一定区域内治安状况严峻，犯罪活动严重，只靠侦查机关采取日常破案的方法无法遏制发案上升的势头时，公安机关、人民检察院和人民法院密切配合，在党委和政府的统一领导下，动员社会各方面的力量，在深入调查的基础上，有计划、有目标、有准备地组织集中打击刑事犯罪的活动，由于时间集中，力量集中，目标集中，声势大，往往能收到较好的政治效果。

专项斗争，是集中打击某一类突出的犯罪活动的一项措施。由于各地情况不同，在某一时期内，往往出现某一类犯罪活动相对突出的情况。侦查机关开展专项斗争，就是从某一地区的实际情况出发，因地制宜，确定专项斗争的重点，制订行动方案，结合侦查破案，统一指挥，统一行动，协同配合，从而收到事半功倍的效果。

3. 侦查协作策略方法的发展。开展侦查工作的跨区域协作，是针对流动犯罪或流窜犯罪的一项行之有效的侦查策略，也是打击跨区域流动犯罪实践经验的总结。早在1975年，为了加强同流窜犯罪的斗争，东北、西北、西南、华东、中南等地区先后开展了打击流窜犯罪分子的联防协作活动，京广、陇海、津沪杭等铁路和长江流域也建立了联防协作线。改革开放以后，随着人、财、物的大流动，跨区域的流窜犯罪和流动人口犯罪日益突出，在公安部的参与协调下，各地公安机关的侦查部门，进一步形成了华北、东北、华东、中南、西南、西北等侦查协作区和长江联防线、铁路重点区段联防线等。

侦查协作区的主要任务是打击跨区域的流窜犯罪，进行并案、联合侦破跨区域重特大案件；追捕堵截严重暴力犯罪分子；加强横向联合，交流情报信息，做好协查工作，“会诊”重特大疑难案件；开展侦查技术方法的互相协作和交流等。侦查协作关系的不断经常化和制度化，对打击跨区域犯罪起到了十分重要的作用。

4. 侦查防范控制策略方法的发展。防范控制是侦查工作的重要功能，是侦查的重要基础业务。侦查防范控制策略方法既具有鲜明的中国特色，又具有明显的时代特征。

二十世纪六十年代初期，在我国严重经济困难时期，盗窃、抢劫、抢夺等犯罪十分突出。暂时的经济困难诱发了大量治安问题，但这些治安问题大多是人民内部问题。据此，党和政府采取了正确的防范控制策略。对于群众性的偷拿、哄抢事件，采取“可散不可聚，可解不可结，可顺不可激”的策略，引导群众明辨是非，把煽动、组织哄抢的极少数敌对分子暴露出来，既争取教育了广大群众，又鼓励打击了极少数严重破坏社会治安的犯罪分子，从而有效地控制了社会治安局面。

十年动乱期间，我国的防范控制工作遭到了严重破坏。随着公检法等司法机关被砸烂，防范控制的机构也随之被破坏殆尽。防范控制的制度、基础业务建设、情报档案资料、技术装备等毁损极其严重，从而造成了社会秩序的极度混乱。

十年动乱结束后，党和政府在总结正反两方面的防范控制经验教训的基础上，提出了健全治安防范组织机构，加强各项业务工作和基层工作，恢复和健全防范控制的各项合理的科学的规章制度，尤其是在对外开放、对内全面改革的新形势下，随着全党、全民对犯罪的综合治理的不断深入，我国的侦查防范工作更是有了长足的发展，一些新的措施、新的对策不断产生，如治安联防、身份证管理、保安服务、巡警制、社区治安承包制等,极大地丰富了防范控制策略体系。

三、现代科学理论

侦查策略是侦查学的核心内容和重要组成部分,而侦查学的重要来源之一就是借鉴和移植其他科学的理论和方法。侦查策略理论也相应具有这一特定的来源,且来源的学科范围广泛,具有多层次性。

1. 侦查策略与心理学。心理学是研究人的心理现象及其规律的科学。而侦查策略的实施既要涉及侦查主体的心理问题,又要涉及侦查对象的心理问题,因而心理学的研究成果对侦查策略的运用产生着重要的影响。

一方面,心理学的手段方法可以作用和影响侦查策略实施主体的心理,特别是培养和提高侦查主体的心理适应能力和心理承受能力,为有效地实施侦查策略创造有利条件。另一方面,心理学知识有助于侦查主体研究侦查对象,如犯罪嫌疑人、被害人、证人等的心理状态和心理活动,为有的放矢地运用侦查策略提供依据,如调查访问的策略方法和讯问犯罪嫌疑人的策略方法中,很多都是根据心理学方面的理论而制定的。

2. 侦查策略与思维学。思维是研究人的有意识思维的特点、规律、历史发展和人工模拟的科学,其主要内容有社会思维、逻辑思维、形象思维和灵感思维等。而侦查策略的实施是建立在对犯罪情况的分析判断的基础上的,而且需要对实施情况不断地进行评估,因此,它在很大程度上是一种思维活动,必须遵循思维的一般规律,运用思维的一般方法。

3. 侦查策略与决策学。决策是指人们为了实现特定的目标,运用科学的理论和方法,系统地分析主客观条件,在掌握大量有关信息的基础上,提出若干预选方案,从中选出作为人们行动纲领的最佳方案的过程。决策科学就是研究决策原理、决策程序和决策方法的科学。

侦查策略实施的重要原则之一就是在分析判断犯罪情况的基础上,优化选择策略措施。这实际上就是一个优化决策的问题。因此,决策科学研究的决策原理、决策程序和决策方法无疑对侦查策略的决策有着直接的指导意义。

第三节　侦查策略与相关行为

侦查策略本质是一种认识方法,即侦查主体认识案件的方式方法,它具有灵活有效的特征。但是,由于侦查策略有时出于侦查需要,可能会做出某些悖于人们常规思维或习惯行为的行为。这些行为或许与欺骗、引诱或威胁等有某些地方的相似,或许为人们的心理所反感,或许挑战着人们的道德底线。但,这是否意味着侦查策略都是非法的,或者应该对其严格限制?显然,如若侦查离开了侦查策略变成了僵硬的法条和程序,则在犯罪水平不断提高的今天,侦查必定陷入十分被动的局面,致使侦查效能无法发挥,则公平正义如何实现,司法如何运行,而社会又如何才能和谐?其实,从全面的意义上讲,侦查策略的合理性是毋庸置疑的,它与相关的行为有着质的区别。

一、侦查策略与欺骗、引诱和威胁

侦查策略有时出于侦查需要,可能会做出某些“隐瞒真相或捏造事实”的行为,于是有些学者便称侦查策略就是欺骗或包含了很大的欺诈成分,如引诱和威胁等。而欺骗等行为如果具备了社会危害性和应罚性则为我国法律所禁止,如讯问中禁止诱供、逼供和不合理的诱惑侦查等。这是否意味着侦查策略都是非法的,或者应该对其严格限制?其实,如果从犯罪构成角度而言,则它们的区别主要体现在主观、客观和客体三个要件上,具体表现在以下四个方面:

(一)目的不同

欺骗、引诱或威胁的目的是获取非法利益,通常是为了满足私利,其行为主体具有犯罪的故意。而侦查机关作为国家同犯罪作斗争的国家机器,它的目的则是侦查破案,揭露证实犯罪,揭发犯罪人。因此侦查主体运用侦查策略的目的是实现侦查的效能,即查清事实真相、缉拿犯罪嫌疑人和追回赃物等。这并不是为了侵害某些不特定人的法益,更不是为了满足某些人的私利,而是为了维护社会秩序和公平正义,为了司法的有效运行。因此,欺骗、引诱和威胁等行为和侦查策略行为的目的是截然不同的,前者是犯罪故意,后者则是一种打击犯罪的“故意”。如合同诈骗的目的是获取非法利益,而为打击合同诈骗而采取的侦查策略的目的则是打击合同诈骗,维护被害人的合法权益。

(二)基础不同

行为基础指的是行为启动的依据,同时也指其行为指向对象的不同。侦查策略的启动必须是在有刑事案件的前提下,至少必须达到我国《刑事诉讼法》规定的:有证据证明有犯罪事实发生;或者在贪污贿赂等职务犯罪的初查中,至少也必须有足够的线索,才能采取侦查策略进行不具有强制措施的秘密初查。同时,当侦查策略具体指向犯罪嫌疑人时,则必须有足够的证据事实证明该对象就是涉案人;而当侦查策略指向案件相关人(如对知情人的调查访问)时,则必须有相应的理论或事实依据,如该人与犯罪嫌疑人有密切联系,或该人在案发时就处在现场周围等。由此可推定的是侦查策略的指向对象也是相对特定的,即特定的犯罪嫌疑人或知情人等。总之,侦查策略的启动必须有一定的证据或事实根据,而且随着侦查策略的不同对证据证明程度的要求也不同。相应地,欺骗、引诱和威胁行为的实施则不需要什么基础,其往往是犯罪人随时随意物色不特定对象而实施。

（三）程度不同

如果从深层次的意义上而言，二者都或多或少地存在对相关权利的“侵犯”，但是这种侵犯程度是不同的，其社会危害性等更是截然相反。欺骗、引诱或威胁等犯罪侵害相关被害人的法益，这种行为具有社会危害性和当罚性，而且为法律和公理所不能容忍，因此，当然应受公众和法律的否定性评价，并承担相应责任。而侦查策略虽然也可能侵犯犯罪嫌疑人的某些权利，如知情权等，但是，它是出于合法的目的并且具有相应的证据事实支撑，最主要的是这种侵犯是合乎社会公理能为人们所理解和接受的。如果将侦查策略的实施所直接侵犯的和因其成功破案而间接保护的进行比较，那么这种直接侵犯应该是大大小于间接的保护的，甚至由于犯罪嫌疑人的巨大的危险性而对社会已经或即将造成的危害而言，这种直接侵害是可以归零的，于是这种价值选择即是合乎理性的。

（四）结果不同

结果不同即指二者的行为结果不同。欺骗、引诱和威胁等犯罪行为基于获取非法利益的目的，其结果一般是获取非法的金钱或物质利益。侦查策略实施的结果则是获得了案件线索、缉拿了犯罪嫌疑人、追回了赃物或查清了案件事实等。这些结果不是满足了某些人的私利，而是打击了犯罪，保障了人权，维护了社会的公平正义。

当然，虽然侦查策略与欺骗、引诱和威胁等有着本质的区别，但是，它们的界限并不是一成不变的，侦查策略在实施过程中仍有可能产生异化，而走向反面遭受否定性评价。首先，侦查策略的目的和基础可能异化，即侦查策略实施目的偏离了单纯的打击犯罪和保障人权的诉求而倾向个人或单位私利，或由于其他原因而在证据事实不足的情况下贸然不加区分地采用侦查策略等。如某个干警为了个人的私怨而采用犯意诱发型的诱惑侦查措施，将某人锒铛入狱，或某个侦查机关为了评先进等单位私利而扭曲地实施侦查策略，或迫于破案压力而可能枉法侦查等。其次，侦查策略的程度可能异化，即其度的把握超过了一定的界限，甚至直接侵害大于间接保护而为人们或法律所否定等。如调查访问变成了暴力取证；讯问中的政策教育变成了逼供、诱供等。

二、侦查策略与夜间审讯和夜间搜查

夜间审讯和夜间搜查顾名思义就是在夜间进行相关的侦查措施，这种侦查措施并不是单独列为某种侦查措施，也并不是什么新的措施造物。但是，它们显然也区别于一般的侦查措施。侦查措施的采取一般应该符合人们的常规思维及行为预期，即，在尽可能地维护合法权利或应当权利的情况下来采取侦查措施，以社会最小的代价来获取最大的胜利。但是，在特殊情况下，为求侦查措施的“出其不意”，或紧急情况下，为求“攻其不备”，就必须使用非常的手段方法。然而，在法律评价和社会心理预期方面，侦查策略与夜间审讯和搜查却有诸多不同。

(一)夜间审讯和夜间搜查的优点和缺陷

夜间审讯和夜间搜查可能带来意想不到的效果,因为基于人们生理和心理特点,夜间往往是防备松懈的时刻,意志也较为薄弱,此时,若采取侦查行为,那么无疑能取得较好的效果。因此,夜间审讯和搜查等类似的侦查行为为侦查机关所乐此不疲,甚至成为侦查机关废寝忘食努力破案的宣传媒介。但是,此类侦查措施经常涉及一个成本的问题,如以前,《刑事诉讼法》对搜查时间无严格规定,侦查人员可夜间进入居民家,但这容易侵犯居民居住权及隐私权,曾有媒体报道"警察夜间搜查,吓疯女青年"。显然,夜间审讯和搜查往往面临着不必要的成本付出,面临着对法律的违反与规避,如夜间审讯异化为变相的刑讯逼供。因此,讯问和搜查等强制措施一般不得在夜间进行,此也是侦查效益的体现,也是新的刑事诉讼法的改革方向。当然,在发生突发案情,为了避免更大的损失,需紧急搜查的情况下,侦查人员可以在夜间进行搜查。

(二)侦查策略固守侦查效益

侦查策略是一种灵活有效的认识方法,它不仅强调有效,而且强调合法,不仅强调灵活,而且强调科学。侦查策略是人类应对犯罪的智慧结晶,它产生于斗争的实践,也当然为人类的其他规范所规制,而纳入为人类文明所能容许的范畴。那么,侦查策略合理性的体现之一便在于其能固守侦查效益。侦查成本是指侦查活动所消耗的经济耗费,包括基本建设费用、侦查人员薪金和办公费用等,也包括社会责任成本,即指侦查机关进行侦查活动而消耗的、并未计入自身成本费用中的社会资源或给社会带来的损失。而对侦查经济成本构成中的任何组成部分发生变化,都会对侦查总成本的投入产生影响,如减少直接成本的投入则可能导致错误成本的增加。侦查收益的经济学评判标准包括定量分析和定性分析两个范畴。能够进行定量分析的经济收益是看得见的收益,是直接的侦查收益,而定性分析的侦查收益是侦查活动的实施可以带来的收益,是间接的经济收益。侦查策略力求的是以尽可能小的侦查成本换取尽可能大的侦查收益。这也是侦查策略与夜间审讯和夜间搜查等的最大区别之一。

三、侦查策略与道德界限

对道德的维护,实际上就是对人的社会性的维护。需要从宗教、教育和国家机器的作用多方面来实现。侦查策略作为国家公权力运行的一种方式手段,也面临道德的约束和对道德的维护的诉求,那么,侦查策略又应该坚守何种道德界限?

侦查策略是侦查权的运行路径,而侦查权又是一种侵权性和暴力性的权力,它体现的是一种政府公权力的行使,其目的也应如道德适用所指,即维护社会执行的良好运转,维护人们的普遍利益。因此,侦查策略的运行也要遵循法律,遵循道德界限,因为,既然这些法律和道德规范能为社会和人们所认可,那么,它们肯定具有相应的合理性和科学性,侦查策略一旦能遵循这些规范,也就相当于遵循了人们的公意，遵循了人们普遍利益的准则，由此，侦查策略也能获得相应的合理性和科学性。同时，作为一种公权力的行使，如果它的结果是对社会规范的破坏，那么，肯定会给人们树立一种消极的典型，使人们的道德良知和法律意识顿失，进而导致社会规范的弱化，政府公信力的丧失，则社会必然失范。因此，侦查策略的运行，不仅必须遵循相应的道德规范，更应该体现出对道德界限的维护。

四、侦查策略与非侦查主体行为

我国侦查实行单轨制，即只有具有侦查权的机关才能进行侦查，其余单位和个人不得从事侦查活动，否则，即是违法或不为法律所认可。因此，侦查策略的运行有法律上的规范，其主体、对象、措施、程序和评价等都有相应的法律准绳。而非侦查主体的行为可能与侦查有关，但，其法律效力是截然不同的。

（一）非侦查主体行为的属性

非侦查主体的行为，一般而言，有其他机关的侦查行为，如纪检部门。不过，纪检部门并不是法定的侦查机关，在法律层面而言，它是没有侦查权的。但是，在实践中，特别是在贪污贿赂类案件中，纪检部门往往起着重要的，甚至是主导作用。同时，还有非管辖侦查机关的侦查行为。如该案件本不属于某侦查机关管辖，但是，出于某种原因，该侦查机关进行了侦查。另外，还有自然人个人的单纯民事行为。我国民法规定：民事行为能力是民事主体独立地以自己的行为为自己或他人取得民事权利和承担民事义务的能力。民事行为能力，十八周岁以上，可以独立进行民事活动，是完全民事行为能力人，十六周岁以上不满十八周岁的公民，以自己的劳动收入为主要生活来源的，视为完全民事行为能力人。能够以自己的行为依法行使权利和承担义务，从而使法律关系发生、变更或消灭的资格。自然人的行为能力分三种情况：有行为能力、限制行为能力、无行为能力。而民事行为终究不是公权力的行使，它仅仅只是自然人民事行为，只能对民事法律关系发生作用，而不能影响刑事法律关系。

当然，非侦查主体的行为还可能是其他行为，如法官的审判行为，检察官的审查起诉行为等。但是，这些行为与侦查行为的内涵是大相径庭的，其效力结果也是不同的。因此，在这个意义上，非侦查主体的行为与侦查策略是有质的区别的。

（二）非侦查主体行为的作用

对于某些非侦查主体，它们可以为侦查提供强大的助力，如纪检部门。对于非管辖主体，应分为两种情况，一是该侦查机关是恶意管辖，那么，该侦查行为就该遭受否定。二是该侦查机关是善意管辖，即出于某种客观原因导致的误解，那么，该侦查机关的侦查行为的结果就应该被相关机关所肯定，如果该结果存在法律上的瑕疵，就应该进行相应的证据转化，使其能为随后的侦查或起诉审判所用。对于一般主体的行为，他们可以为侦查策略的实施提供某些辅助。在特定情况下，基于侦查机关侦查的需要，某些技术人员或其他专家还可以接受侦查机关的聘请来协助侦查。当然，此时，一般主体由于侦查机关的授权也成了某种意义上的侦查主体，他们也可以进行特定侦查行为，他们行为的效力也应然受到法律上的肯定。同时，对于其他法定相关主体的行为，他们可以为侦查策略的实施进行监督或评价。如检察官可以监督侦查策略的运行，接受相关当事人的投诉，视其是否违法；法官可以最终对侦查策略实施的结果进行评价，确定侦查结果是否事实清楚、证据确实充分。那么，这些非侦查主体的行为显然也是侦查策略所必需的，它们可以确保侦查策略合法合理地运行，也可以确保侦查策略的运行结果能够得到法律的公正评价，它们可以构成司法锁链，进而共同实现维护正义、打击犯罪和维护人民利益的目的。

综上，侦查策略与相关行为是有本质区别的。虽然它们有着某些相似，而且侦查策略也可能产生消极的异化，但是我们不应该因噎废食，而应该对其进行完善。因为侦查策略乃为侦查所必需，且其灵活的本质不应该被法律规范等完全窒息，否则其效能不复存在。因此，应该通过扬长避短的改革与完善来实现侦查策略和侦查的积极效能的最大化。我国的社会主义和谐社会的建设需要公安工作的保驾护航，尤其侦查更是我国社会稳定与发展的有力保障，因此，应该积极理性地对侦查进行改革与完善，以促进我国和谐社会的稳步构建。

第四节　侦查策略与法律规范

一、侦查策略的目的要以法律规范为导向

侦查策略因侦查之需而运用，其目的何在？侦查的目的是毋庸置疑的，那就是为了查清事实、获取证据、追缴赃物和抓捕犯罪嫌疑人等。那么，侦查策略的运用之所有焦点也便在于此。

必须追问的是，如何才能实现侦查目的？是否可以枉顾法律，而一味地强调侦查机关的强权与所谓的“公理自在人心”？显然，侦查行为不可能脱离法律的规制，既然人类文明发展的结果是接受法律的制约，法治成为现代各个国家和地区的共同选择，那么其合理性也便是某种历史必需趋势的体现，而应贯彻到社会的每一个角落。而侦查行为作为一种政府公权力的行使，其具有侵权性和暴力性，因而更必须接受法律的规制，具有法律属性。侦查策略是为了侦查行为的实现，是为了能够实现侦查目的。而侦查目的的实现又必须以法律为导向，如侦查破案要能够最终切实起到惩治犯罪的目的，就要按照法律规定去找寻犯罪的四大构成要件的相关证据，行为证据锁链，以将犯罪嫌疑人送入审判将之定罪处罚。

所以，侦查策略的运用也必须以法律为导向，着眼于法律需要查清哪些事实、

获取哪些证据，然后，以此而设计侦查策略。如侦查策略的运用对象只能是与犯罪嫌疑案件有关的人、物和场所。侦查作为刑事诉讼行为，其对象是已经立案、需要侦查的犯罪事件，即刑事案件。某一种行为是否构成犯罪以及构成何种犯罪是我国刑法调整的范畴。侦查活动的开展必须以刑法规定的犯罪的存在或可能存在为前提。相应地，侦查策略的实施对象只能是与犯罪有关的人、事、物，如被害人、犯罪嫌疑人、犯罪工具、赃物、犯罪嫌疑线索等。那么，侦查策略的实施才能具有充分的针对性和有效性，才能事半功倍，真正地为侦查服务并取得实效。

二、侦查策略的实施要遵循法律规范规定

民事行为遵循自由原则，实行高度意思自治。即，民事行为中，法律的规制是微弱的，甚至是低于人们自身的意思表示的，因为，民事行为绝大多数是私权的行使，其事项内容也大多仅涉及个人或数人的利益，其复杂性也能为人们所简单理解，人们可以轻松自由地行使民事权利。但是，刑事事项却不是人们个人的私事，而是犯罪人对社会统治阶级的反抗，是对社会秩序的破坏。如在美国，刑事案件的起诉书都是以“美利坚诉××人”为名的，即，其起诉是国家启动的，私人不具有刑事诉权。可见，刑事诉讼关涉的是社会公共利益，关系到暴力性的公权力的行使，关系到社会集体福祉，所以，每个程序步骤都要法律的严格规制，而，此种规制也是为侦查策略所必需。

（一）侦查策略的效能发挥需要法律规范制约

侦查权作为一种具有侵权性和暴力性的权力，其行使的目的是修复业已被破坏的社会秩序，那么，它就不能以对社会秩序的再次无理破坏为代价，而必须采取能为社会大众和法律所容许的手段方法。这种对侦查的制约集中体现在刑事诉讼法等刑事法律对侦查程序的种种规定。

为了防止侦查权及其行使对社会造成不必要或不合理的伤害，就必须对侦查权的运行采取合理的制约。如对侦查主体资格的规定，对侦查程序的规定，和对侦查结果的监督等。体现在侦查策略上，就是侦查策略的运行，必须遵循相关法律的规定，能够为法律和社会所认可。侦查谋略必须在法律上具有善性，否则，即使是目的的善性也不能掩盖手段的恶性。因为，“正义不仅要实现，而且要以人们看得见的方式来实现”，如果，人们看见的是不公正，如果侦查机关在有意无意地破坏法律，那么，人们对侦查的观感必然是否定性的，进而怀疑侦查实体结果的公正性，最终彻底否定侦查的权威，乃至法律和政府的权威。这将是现代司法的最大悲哀。

（二）侦查策略的发展与完善需要法律规范的助益

法，是人们行为的规范。法是一种既存的东西，人们对法的发现，乃是对现实生活的一种翻译而已。那么，此种对现实生活中法的发现与翻译，就必须对现实生活的法有一种深刻而准确的把握与提炼，因而，这种法相对于个人的私人主观行为,肯定具有更多的合理性。侦查策略作为一种灵活有效的方法,其本质具有相当大的动态性,并要求给实施者以相当的资源裁量权。那么,这种动态与裁量,就隐含着对权力滥用和对社会造成不必要危害的可能性存在。权力只在有界限的地方才止住脚步,显而易见的,侦查需要法律的规制,侦查策略需要法律的引导。那么,这种规制与引导表现在此,便是侦查策略对相关法律的遵循。法律的合理性也必然能尽可能地戒除侦查裁量的某种"侵权"动向,而将其制约于合理限度内,引导侦查策略不断合理化,使之能充分有效地发挥效能。

(三)侦查策略具体运行需要遵循的法律规范

侦查策略的设计必须遵循刑事诉讼法对侦查的程序规定。刑事诉讼法中,对于讯问犯罪嫌疑人、询问证人、勘验检查、搜查、扣押物证和书证的程序及逮捕、拘留等强制措施的条件、程序、时限等都作了明确的规定。设计融入上述侦查活动的侦查策略时必须严格遵循刑事诉讼法有关程序的规定。

侦查策略的设计还需要遵循有关侦查职能部门制定的侦查法规。侦查是一项复杂的社会工作,涉及社会生活的各个领域,仅有刑法和刑事诉讼法的原则规定显然是不够的。为此,有关侦查职能部门为了适应各自工作的需要,颁行了大量的法令、条例规定、细则等,使侦查工作日趋制度化、法律化。如公安部就主持制定了《刑事侦查工作细则》、《刑事现场勘查细则》、《关于刑事侦查部门分管的刑事案件的立案标准和管理制度的规定》等。这些法规是对刑法、刑事诉讼法原则规定的具体化、明确化,对现实的侦查工作具有更加切实可行的规范和指导意义,在侦查工作中设计侦查策略时必须严格遵循这些法规的规定。

三、侦查策略实施结果要接受法律规范评断

侦查策略实施的结果并不是由侦查机关自己评断,现代刑事诉讼的设置往往通过检察机关和法律来进行侦查终结之后的相关动作。不管是职权主义国家还是当事人主义国家,侦查机关的权力都受到检察机关和法院的监督与制约。这体现的是一种对侦查的监督与评断。而,此种评断必须依据法律来进行。究竟侦查策略是否确实发挥了作用,是否确实促使侦查目的的充分实现,就要依据法律来进行推断。比如侦查是否终结,就要看事实是否查清,证据是否充分,手续是否完备等,而这些"是否"的评断就是考量侦查的结果是否合乎实体法律和程序法律的诉求。

四、侦查策略相对法律具有独立价值

当然,理论是必须来源于实践的,法律也是来源于实践。侦查策略并不是单纯消极地服从法律,而是具有其独立价值。法律自从其诞生后,从来都不能是静止不动的,"法律必须稳定,但不能僵化",法律也必须能与时俱进。法律也并不尽然是合理的,随着社会的发展,实践的不断推进,那么必然提出新的问题和新的矛盾,进而产生新的合理因素,最终法律出现了与时不和之处,那么,法律也必然要随着实践的发展而作出相应的修订。因此,侦查策略的广泛实践,能够不断地检验现有的刑事法律等的合理性,并促进刑事法律的发展与完善。

问题与研究

1. 侦查策略的本质是什么?
2. 侦查策略与军事谋略、侦查措施的关系?
3. 侦查策略与政策的关系?

阅读文献

1. 陈东贵:《侦查与谋略》,南京市公安局 1999 年版。
2. 王传道:《侦查谋略学》,中国政法大学出版社 2004 年版。
3. 邹明理编:《侦查与鉴定热点问题研究》,中国检察出版社 2004 年版。
4. 尹伟中:《侦查策略的正当性研究》,中国人民公安大学出版社 2007 年版。
5. 侯子宜编:《侦查措施与策略教程》,群众出版社 2000 年版。
6. 熊则坤:《侦查辩证法》,警官教育出版社 2000 年版。
7. 任惠华:《刑事侦查学史》,西南政法学院 1991 年版。
8. 万毅:《刑事诉讼原则:程序正义的基石》,中国方正出版社 2004 年版。
9. [日]田口守一:《刑事诉讼法》,刘迪译,法律出版社 2000 年版。

复习题

1. 侦查策略的概念及其渊源?
2. 现代科技对侦查策略有何影响?
3. 侦查策略是否就是欺骗?
4. 侦查策略与侦查措施的关系?
5. 侦查策略是否具有独立性,能否创制法律?

第二章　常用侦查策略

本章要点

反侦查是指犯罪主体及其利害关系人为了掩盖犯罪行为，逃避法律的追究和惩罚而针对侦查行为采取的直接对抗行为，它的形成、行为和具体手段都是多样化的。侦查策略依不同的标准可以有诸多分类：依据侦查策略功能范围，可分为战略性侦查策略和战术性侦查策略；根据侦查策略的实施时机，可以分为先发性侦查策略和后发性侦查策略；根据侦查策略对侦查对象的作用方式，可分为利用性侦查策略和调动性侦查策略。常用侦查策略技巧包括：藉众策略、制权策略、宽严相济的策略、攻心策略、快捷策略、内线侦查策略、利用矛盾的策略、双刃策略、排除干扰和阻力的策略等。

第一节　反侦查行为及手段

一、反侦查行为的特点

反侦查是指犯罪主体及其利害关系人为了掩盖犯罪行为，逃避法律的追究和惩罚而针对侦查行为采取的直接对抗行为。

1. 针对抽象侦查行为的预计性。职务犯罪（故意）主体在实施犯罪前，大多要经过充分预谋，预谋中的一部分是针对其想象中的侦查行为而进行反侦查，即预先策划好如何防止、避免暴露而引起案件被立案侦查；案发后而如何对抗、逃跑、处理赃物；被捕后而如何抗拒审讯、审判等，这一部分反侦查行为是超前的，预计的行为。

2. 应对具体侦查行为的针对性。在侦查行为实施的过程中，职务犯罪主体应对侦查行为而进行抗拒，有针对性地进行反初查、反立案、反侦查措施、反侦查策略、反纠捕等对抗、干扰、妨碍案件侦查的行为。

3. 反侦查活动使侦查工作陷入僵局。由于职务犯罪主体及其利害关系人的反侦查行为，严重破坏了正常的侦查工作秩序和效果，使许多案件不能立案；证据无法保全;案件无法审结和起诉;犯罪分子逍遥法外等。侦查工作陷入被动,甚至“流产”。

4. 反侦查活动贯穿于侦查活动的各个阶段,充分暴露犯罪主体的反侦查能力及其个人特征。反侦查活动在侦查工作的各个阶段都有可能出现,但在时间、范围、程序、表现上有所不同,其充分地反映着犯罪分子的社会关系网、智商程度、专业技能知识和个人心理特征。

二、反侦查行为的形成

1. 反侦查行为受犯罪分子犯罪经验的影响。犯罪分子如果是初犯,则其犯罪经验往往是不足的,其反侦查经验也必然存在缺陷。但是,对于累犯或再犯等犯罪分子,他们往往存在着与公安机关打交道的充分经验,具有相应的反侦查措施,为侦查设置了重重障碍。

2. 犯罪分子的专业知识和职业技能反映在反侦查行为中。犯罪分子自身的情况也决定着反侦查行为的情形。如果犯罪分子具有专业知识或职业技能,那么在此领域内,犯罪分子在某些时刻甚至具有着比公安机关更深入的认识,掌握着知识或技能上的主动,这为犯罪分子的反侦查行为提供了充分的便利。

3. 反侦查行为与广电传媒的影响关系密切。现今媒体对侦查的描写越来越深入、写实。这一方面有利于宣传侦查机关的强大力量和威慑,但是,在另一方面也暴露了侦查机关的种种侦查手段措施,使得犯罪分子能够“知己知彼”,无疑助长了反侦查行为。

4. 反侦查行为与犯罪人之间的相互交流和影响有关。有的犯罪分子基于自身的经历或知识,对侦查机关的措施手段和相关非法律法规有了相应的了解,自身具备了相对的反侦查行为能力。于是,犯罪分子往往沆瀣一气,相互交流反侦查经验,训练反侦查行为能力。

5. 司法腐败现象为犯罪人的反侦查行为提供了可乘之机。有些司法人员基于主观或客观的原因,可能存在种种的腐败行为,可能存在执法不严等现象,这些也为反侦查行为提供了滋生的温床。

三、反侦查行为的具体手段

1. 毁证匿迹。犯罪分子往往在犯罪后毁灭或伪造犯罪现场,销毁或伪造物证。使得证据线索等不能被发现或提取。

2. 转移侦查视线。犯罪分子在犯罪后,可能不会坐以待毙,他们往往会四处打听侦查机关的行动,并试图制造各种假象干扰侦查视线,拖延侦查行动。

3. 掩盖犯罪的动机。犯罪动机是侦查的一个重要的线索和依据。犯罪分子在犯罪后,往往会通过伪造现场等试图掩盖犯罪动机,以达到干扰侦查等目的。

4. 对抗审讯。审讯是侦查的一个重要的手段,尤其在我国目前的情势下更是如此。在某些案件中,甚至没有审讯的成功就没有案件的顺利侦破。因此,反侦查行为的一个重要手段就是对抗审讯，拒不交代犯罪事实。

5. 拒捕外逃。犯罪分子在犯罪之后，由于惧怕侦查机关打击等原因往往选择外逃藏匿，以逃避侦查。

6. 拉拢、腐蚀办案人员。不可否认，在我们的司法队伍中，仍然存在某些意志薄弱的司法人员，他们在侦查办案过程中，可能会被犯罪分子拉拢腐蚀，而为犯罪分子提供种种便利，进而助长其反侦查行为。

7. 威胁证人、杀人灭口。言辞证据，尤其是证人证言等更是证据种类中的重要部分。犯罪分子往往会威胁证人，使其不能作证，或者杀人灭口，以达到掩盖罪行的目的。

第二节　侦查策略分类

一、依据侦查策略功能范围，可分为战略性侦查策略和战术性侦查策略

战略性侦查策略又称宏观侦查策略，它是为侦查的战略目标服务的。战略性侦查策略是以刑事犯罪的规律特点为基础而制定的，制约侦查根本方向的全局性的侦查方针和方式，如“侦防并举”、“将犯罪制止在预谋阶段”和“主动进攻，先发制敌”等。

战术性侦查策略是为了侦查的战术目标服务的，运用于具体刑事案件的侦查之中。它包括两个方面：一是对整个案件的侦查活动起组合设计和制约作用的侦查策略，它是在提起侦查后对案件分析判断基础上确定的；二是在侦查过程中的某一阶段或某一环节中运用的侦查策略，它能保证某一环节或某一侦查措施的有效性，从而保证侦查策略的实施和成功运用。

战略性侦查策略和战术性侦查策略在侦查策略体系中具有从属关系，它们是互相依存和相辅相成的。战略性侦查策略是战术性侦查策略得以实现的保证。同时，两者又不是绝对的，在某一范围属于战略性的侦查策略，相对更大的范围而言则属于战术性的侦查策略。

二、根据侦查策略的实施时机，可以分为先发性侦查策略和后发性侦查策略

先发性侦查策略是指在犯罪人预备犯罪阶段或实施犯罪后立足未稳时，侦查机关迅速、主动地开展侦查，抓获犯罪嫌疑人，及时破案的策略。先发性侦查策略包含两层含义，一是侦查机关主动出击，把犯罪人重大犯罪活动制止或消灭在预谋阶段，以避免或减少犯罪造成的损失；二是抓住战机，采取时效强的侦查措施，如追击堵截、预伏守候、控制销赃等，迅速发现和缉获犯罪人。

后发性侦查策略是指在不了解犯罪人及其犯罪活动的具体情况时，为了促使

犯罪嫌疑人充分暴露而在必要的等待时机的过程中相机采用的策略。后发性侦查策略不是消极和被动的等待，而是积极寻找时机，获取线索，发现证据。如在境内外的犯罪人相互勾结实施犯罪案件的侦查中，除了在政治上、经济上可能造成严重危害结果的案件应及时破案外，为了查明犯罪活动的内幕，在采取严密的侦查控制措施的前提下，可实施长期经营或后发制人的侦查策略。

三、根据侦查策略对侦查对象的作用方式，可分为利用性侦查策略和调动性侦查策略

利用性侦查策略是指侦查人员在充分研究侦查对象心理特点的基础上，抓住其矛盾或弱点为侦查所用时，所采取的侦查策略。如利用犯罪集团或犯罪团伙内部的矛盾或冲突，达到分化瓦解、各个击破的侦查目的；从分析侦查对象思想动向、性格特点、生活嗜好等个人情况入手，寻找可以利用的条件和机会。在侦查实践中广泛运用的“利用弱点，避实击虚”、“利用矛盾，各个击破”都属于利用性侦查策略。

调动性侦查策略是指侦查人员采用某些方法在侦查对象的周围设置一定情境，造成有利于其活动的假象，投其所好地去影响、牵动、调动侦查对象由静变动，由潜变显，从而使其暴露出破绽时所用的策略方法。调动性策略的主要方法是设置假象，投其所好，其目的是诱使侦查对象暴露，争取侦查工作主动。在侦查实践中，常用的调动性侦查策略有“调虎离山”、“欲擒故纵”等。

第三节　常用侦查策略技巧

侦查策略有许多种类，每个种类的侦查策略都有其相应的适用范围及其局限。当然，在侦查策略的具体运用过程中，往往是各种侦查策略交互使用，扬长避短地发挥侦查策略的最大效能。侦查策略的外延范畴，包括了主动进攻性策略，又包括积极快捷的应战性策略。

一、藉众策略

藉众，就是借群众之力。众所周知，我国一向强调“群众路线”，即“从群众中来到群众中去”，依靠群众更是侦查的基本原则之一。不仅如此，它还是侦查的基本对策之一。犯罪手段的不断翻新，犯罪水平的不断提高，虽然使犯罪具有了更多的隐蔽性，但是，犯罪人仍必须生活于社会中，仍必须于社会上实施犯罪，仍然会为群众所查知或探悉。群众不仅可以提供犯罪线索和证据，帮助侦查机关解决疑难问题，支持和配合侦查措施手段的实施，而且也是实施、制定侦查对策的重要智慧和力量源泉。

在犯罪侦查基础工作中，可动员群众进行举报，以发现尚未暴露的职务犯罪线索。同时，群众的举报有利于敦促部分犯罪人投案自首或自我暴露。

在犯罪案件侦查过程中，侦查部门首先要取得知情群众的协助，以获取案件线索和证据。必要时，还要请群众帮助实施诸如秘密调查、监控侦查对象等措施和手段。当侦查对象以其种种诡计、权力或关系百般阻挠侦查时，侦查部门便可动员群众，藉群众之威，以打击其嚣张气焰，使案件侦查得以顺利进行。

二、制权策略

制权策略的提出源于某些犯罪嫌疑人以及关系人对权力的滥用。没有滥用权力行为的存在，制权策略便因失去施策对象而没有存在的必要。制权策略主要存在于职务犯罪侦查中：一方面因为职务犯罪人既然能滥用权力实施职务犯罪行为，也就会在打击报复举报人、证人，进行反侦查活动时对其握有的权力无所不用其极；另一方面是因为侦查对象的某些关系人以其所握权柄和具有的关系网千方百计地阻挠侦查。制权之目的在于遏制犯罪人的反侦查活动和打击报复举报人、证人、侦查人员等非法活动以及侦查对象的关系人阻挠侦查的活动。

制权的方法主要有以领导权制权，以侦查权制权，以民制权，以舆论制权四种。各种方法既可单独使用，亦可并用。制权方法的选择取决于欲制对象在侦查中的地位（是侦查对象还是阻挠侦查的关系人）、职务的高低、滥权程度以及案件侦查所获证据对案件事实的认定程度等因素。一般而言，制滥权阻挠侦查之权比制侦查对象之权相对容易些，因为阻挠侦查之人与将要查明的犯罪事实的利害关系毕竟不如侦查对象直接和严重。

以领导权制权，即通过对欲制对象依法享有行政领导权或组织领导权的党政领导暂停欲制对象的职务、限制其行政职务的权力、给予必要的行政或组织处分、以正当名义"调虎离山"等方法而实施的制权方法。这种制权方法一般只适用于侦查部门尚未掌握足够证据的侦查对象和其阻挠侦查的行为尚未构成犯罪的阻挠侦查的人。

以侦查权制权，首先是指职务犯罪部门依法运用侦查权针锋相对进行侦查，必要时运用刑事诉讼法规定的五种强制措施对侦查对象进行必要的人身自由限制，以阻止其滥权对抗或逃避侦查；其次是指侦查部门对阻挠侦查情节严重，构成犯罪的人依法予以立案侦查。

以民制权是通过群众的强烈的反应甚至愤怒情绪的力量给侦查对象及阻挠侦查的人造成压力，迫使其滥用权力的行为不得不有所收敛。以舆论制权则是通过各种媒体造成的舆论压力达到制权之目的。这两种制权方法的根据在于众怒难犯，实施的具体方法有赖于案件及案件侦查的具体情况。

三、宽严相济的策略

侦查实践表明，宽严相济对策是惩治各种犯罪人的行之有效的策略。它有助于敦促犯罪人自首并揭发其他人的犯罪事实，瓦解共同犯罪人筑起的逃避侦查的同盟，以求各个击破，孤立少数罪大恶极，负隅顽抗的罪犯，使其陷入四面楚歌的境地。

运筹此对策时，一定要取得有关领导和有关部门的支持，同时还需与藉众策略相结合，充分动员和依靠群众，并在具体案件的侦查中严格体现这一对策的精神。从地域范围看，大至全国、小至某一重点单位，都可运用此对策。作为侦查基础工作对策用以促使犯罪人自首，发动群众举报时，需事先经有关领导部门或人员的批准，然后以媒体大造舆论或直接召开动员群众举报和犯罪自首的大会。造舆论或召开大会时，不仅要阐明宽严相济的政策和法律规定，而且还需结合典型案例宣传。在案件侦查中使用此对策时，关键之处是善于运用和严格遵守体现惩办和宽大相结合的法律规定，使此对策兑现，取信于人，从而真正起到瓦解共同犯罪人和促使侦查对象弃暗投明的作用。

四、攻心策略

攻心旨在乱谋，进而通过犯罪人或侦查对象和有关的知情人的言行发现线索，获取证据。攻心策略就是要运用种种合法的方式使犯罪人产生错误认识或恐慌、愤恨等心理，致使其在趋利避害心理的支配下作出有利于侦查的行为选择。在侦查基础工作中，此对策可敦促部分犯罪人自首或自我暴露。在案件侦查中，有效的攻心对策有利于促使部分侦查对象自首和如实招供并揭露其他人的罪行。即使达不到此目的，亦可通过犯罪实施其基于错误认识或在恐慌的心理状态下选择行为时所暴露出的破绽而发现线索，获取证据。

攻心策略的主要方法有：

1. 加压攻心法。系指以强劲的政治攻势、凌厉的侦查态势、足够的证据施加压力，攻犯罪人之心的方法。

2. 出其不意攻心法。以快制快、迅速出击和迂回包抄是出其不意乱侦查对象之心的常用方法。

3. 矛盾攻心法。即运用各侦查对象间的矛盾和侦查对象言行上的矛盾而乱其心的方法。

4. 离间的攻心法。争取侦查对象的亲属、朋友、同事等支持，协助侦查工作，给侦查对象造成一种众叛亲离的心理感受而乱其心。在共同职务犯罪案件中，对顽固的或罪行严重的侦查对象，还可同时采取离间其他侦查对象的方法。

5. 假象攻心法。此法就是通过合法的方式制造假象迷惑侦查对象以乱其心，如围点打援法。

五、快捷策略

证明犯罪事实的证据随时间的流失而容易自然或人为毁损，犯罪嫌疑人普遍要进行反侦查活动加速破坏或伪造证据，加上自从“9·11”后，犯罪危害性越来越大，客观上要求侦查机关能够迅速及时地查清犯罪抓获犯罪嫌疑人，甚至将犯罪消灭于未型。

在侦查基础工作中，针对当时当地的特点，侦查部门要及时深入到犯罪活动猖獗的重点地域或单位探寻线索，防止重点地域的犯罪愈演愈烈。要克服侦查后发性和反应性的消极方面的特点。对犯罪活动频繁的地区，该管辖区的侦查机关要迅速建立情报网，完善侦查情报工作。在案件侦查中，要抓住战机，迅速采取查证线索、获取有关证据的措施和手段，以及时查证犯罪事实，惩罚犯罪人。

六、内线侦查策略

1. 拉出逆用。运用此法前，先对案情进行仔细分析，若存在犯罪次数少、罪行较轻的侦查对象，则可物色其作为逆用的对象而进行突击传讯。若讯问情况表明所选对象符合条件，且愿意协助侦查，则可令其将功赎罪，设法了解其尚不了解的有关情况，并及时向事先约定的侦查人员报告所获情况。在同时存在两个可物色对象时，而后择其中胆小怕事，与其他侦查对象关系好、容易获得情况的对象作为内线。如果侦查工作需要，也可架设复线，从不同方面开展内线侦查。

2. 物色愿意协助侦查、且与侦查对象关系较好但又未卷入犯罪的侦查对象的朋友、同事进行贴靠侦查。在被贴靠目标的选择上，应优先选择平时嘴较快，心里不容易藏匿秘密的且对罪行了解得全面的侦查对象作为首要的被贴靠目标。在有些案件中，还可物色侦查对象的家人、亲戚进行贴靠侦查。运用贴靠方法进行侦查时必须慎之又慎，并且要根据案件情况的需要辅之以外线手段。

七、利用矛盾的策略

利用矛盾，分化瓦解是手段，各个击破是目的，分化瓦解往往也意味着各个击破。分化瓦解共同职务犯罪人可依案情而灵活采取有针对性的对策。

1. 利用矛盾，分化瓦解。各侦查对象可能由于分赃不均而产生矛盾，也可能因平时待人接物、业务往来中的不协调而存在矛盾。若分析各侦查对象之间有业已存在的矛盾，便可利用这些矛盾将侦查对象间结成的“铁板一块”打破。

2. 制造或加剧矛盾，分化瓦解。据分析各侦查对象间不存在矛盾或存在的矛盾冲突不足以用来瓦解其相互间的牢固关系，则可有意制造矛盾或加剧已经存在的矛盾。制造和加剧矛盾应根据具体案情、各侦查对象的个性等情况因案施策。不能采取非法的或有悖于道德标准的方法制造和加剧矛盾，且制造和加剧矛盾应掌握必要的限度。制造或加剧矛盾的关键在于契机的选择。例如可先传讯胆小怕事、罪行较轻的共犯，再以其供述作为制造矛盾的契机。对于同一个单位的侦查对象，可通过有关领导从侦查对象工作上的变动、业务上的配合等入手制造或加剧矛盾。

3. 宽严相济，分化瓦解。这一对策的根据在于“坦白从宽，抗拒从严”的刑事政策。

(1)以罪行轻的对象为入手处,通过其领导以党组织、行政等名义找其谈话,敦促其投案自首并揭发其他人的罪行以立功赎罪。选定的侦查对象一旦投案自首,便于工作可在一定范围内有意渲染,以达到瓦解其他侦查对象的心理防线的目的,使其认识到自己的罪行已经败露,再抗拒下去只能对自己不利。在有多个侦查对象的情况下,实施这一对策时,还应配合以外线和技侦手段。

(2)通过宣传体现宽严相济政策的典型案例触动侦查对象,敦促其中罪行较轻的对象自首并揭发其共犯的罪行。

(3)讯问时先突破一个对象,然后以此为先导瓦解其他侦查对象。拟选的突破对象一般是罪行较轻,能用政策攻心使其认罪;阅世不深,社会经验少,性格软弱,胆小怕事的;职务、地位相对较低的;关系网较简单的;其犯罪证据被我掌握得相对较多的。

八、双刃策略

在犯罪案件侦查中,随着犯罪嫌疑人反侦查手段提高,侦查机关也必须能够妥善地利用他们的反侦查行为,这在对策上表现为反侦查活动的双刃对策,既遏制反侦查的对策和利用反侦查的将计就计对策。既是双刃对策,就存在着十分严格的取舍标准。取舍稍有不慎,则可能伤及自身,妨害侦查,取舍得当,则可致侦查对象欲动不能,动则作茧自缚。侦查的核心在于获取证据和缉获犯罪人。因而,取舍标准必须着眼于这个核心。

1. 遏制对策。遏制对策旨在阻止侦查对象及有关人员进行不利于侦查的反侦查活动。常用的遏制方法有:

(1)秘密进行调查和开展侦查,不惊动侦查对象。此法适用于立案前的审查阶段和不宜惊动侦查对象的所有案件的侦查取证阶段。

(2)及时提取、查封实物证据,防止侦查对象转移、隐匿和毁弃。除有意利用侦查对象在这些实物证据上进行反侦查活动而拓展案件线索和获取新的证据可作为特例外,此法是防止侦查对象毁灭实物证据的根本方法。

(3)控制侦查对象。控制侦查对象的方法多种多样,应视侦查对象的具体情况而灵活运用。

(4)割断串供对象之间的联系。如有意指派侦查对象或作为串供中介人的第三人出差,扣押有关的邮件、电报,借故切断电话线等都是有效的方法。

(5)采取强制措施。对于具有采取强制措施条件的侦查对象可以采取必要的强制措施以束缚其反侦查活动。

(6)加强监管工作和实行异地羁押。驻所检察部门应加强监督职能,严格防止被羁押的侦查对象串供。

(7)尽量控制侦查工作的知情面。必要时,可提高管辖级别和实行异地侦查。

2. 巧用反侦查，将计就计的对策。将计就计对策的实施必须具备下列先决条件，即能获取、控制的证据已经获取、控制，串供的对象和中介人明确，知悉可能毁灭、转移的罪证以及可能受指使毁灭、转移罪证的人，没有其他方法可以发现人犯的隐匿地点。而且，即使反侦查活动失去控制，对侦查的进程亦无伤大体，不至于弄巧成拙；而若能有效地控制和利用，则能拓宽侦查视野，有助于侦查的深入开展。条件具备后，方可以守为攻，借反侦查而深入侦查。

九、排除干扰和阻力的策略

在法制尚未健全，人们的法律意识尚不能达到法治的需要，于是，某些案件的侦查就面临着一个侦查外的问题：即不该有的干扰和阻力。对此，侦查必须强调有法必依、执法必严、违法必究的原则，依法充分而又灵活地行使侦查权。

1. 提高侦查管辖级别或实行异地侦查。阻挠侦查的人尽管相当有能量，但其活动能力毕竟受制于一定的活动区域，并以一定的领导关系、同事关系、亲友关系和其他关系为基础。唯其超出其活动的有效范围和赖以阻挠侦查的关系网，才能使其鞭长莫及而不致阻挠侦查。提高侦查管辖级别，由上一级检察机关的侦查人员侦查，或者由异地的检察机关和发案地的检察机关共同侦查，是经实践证明行之有效的方法。

2. 运用法律武器，针锋相对，击溃阻挠侦查的人进攻。全国人大常委会《关于严惩严重破坏经济的罪犯的决定》，最高人民检察院颁发的《人民检察院直接受理的侵犯公民民主权利、人身权利和渎职案件立案标准的规定》、《国家行政机关工作人员贪污贿赂行政处分暂行规定实施细则》等法律法规中关于阻挠调查、侦查的规定，都是用以回击阻挠侦查的人的有力武器。对阻挠和干扰侦查的人，应将有关材料转送其所在单位或上级主管部门，或者其他有关部门，建议给予必要的教育或党纪的、行政的处分；情节严重，构成犯罪的，应予立案侦查。

3. 采用缓兵之计，一面斡旋，一面秘密调查或侦查。当压力来自可以领导侦查人员的人时，针锋相对只会惹恼那些加压的人而可能被迫中止调查和侦查。此时，可采用缓兵之计，表面上妥协，而暗中向上一级直至最高人民检察院报告，取得上级检察机关的领导和支持，由上级检察机关会同上级党政部门领导出面排除干扰和阻力；同时，要继续秘密开展调查和侦查取证工作，以免丧失时机。

问题与研究

1. 侦查策略的分类标准？

2. 常用侦查策略技巧与侦查措施之间的关系？

3. 在侦查实践中，如何正确地使用侦查策略？

阅读文献

1. 吴裴华编:《刑事侦查、缉捕、预审技术与策略全书》,清华大学出版社 2005 年版。

2. 霍华德·西尔弗斯通:《舞弊——侦查技巧与策略》,谢盛纹译,东北财经大学出版社 2008 年版。

3. 杨宗辉、刘为军:《侦查方法论》,中国检察出版社 2004 年版。

4. 庞兴华:《侦讯谋略》,警官教育出版社 1998 年版。

5. 王渤、朱营周主编:《侦查心理》,中国人民公安大学出版社 2001 年版。

6. 谢佑平、万毅:《刑事侦查制度原理》,中国人民大学出版社 2002 年版。

7. 杨富昌:《侦查谋略与取证技巧》,中国人民公安大学出版社 2006 年版。

8. 孙长永:《侦查程序与人权——比较法考察》,中国方正出版社 2000 年版。

9. 何家弘、张卫平:《外国证据法选》,人民法院出版社 2003 年版。

复习题

1. 反侦查行为是如何形成的,有何具体表现形式?

2. 侦查策略的分类有何意义?

3. 有哪些常用侦查技巧?

4. 侦查策略的适用能否只考虑效益?

5. 侦查策略的适用如何兼顾保障人权与发现真相?

第三章　侦查策略设计的步骤及程序

本章要点

侦查策略的准备程序包括:明确侦查目标、熟悉案件情况、了解侦查对象、配置侦查力量、制定侦查计划和准备侦查物质。侦查策略实施的基本特征为目的性、稳定性与动态性。侦查策略实施的基本要领是公秘结合、侦技结合、交叉组合和协同配合。侦查策略的实施包括侦查策略的启动、运行与实效。最终是侦查策略的评价,对侦查行为及结果的评价。对侦查行为评价的内容为合法性与有效性的评价;评价需要一定的程序与方法,结果为肯定或者否定。对侦查结果的评价内容是侦查线索与证据裁量的评价,评价结果有侦查机关内部评价的结果、外部机关评价的结果和人民群众评价的结果。

第一节　侦查策略准备程序

一、明确侦查目标

(一)侦查目标的概念及特征

侦查目标指的是侦查所欲达到的结果。侦查目标有现实的考量也有观念上的关涉。宏观而言,侦查目标暗含公正与效率的内核,力求“打击犯罪与保护人权”的有机结合与良好实现。微观而言,侦查的目标则是查清犯罪事实、获取证据和抓获犯罪嫌疑人等。而就具体个案而言,每个侦查策略的具体目标意指是不同的,如有的策略是为了抓捕,有的策略的是为了搜查证据,有的指向人、有的则是物或者场所。因此,策略设计之时,应该先明确目标,视具体指向为何?

(二)侦查目标与侦查策略措施

1. 每项侦查策略措施都有多重目标。既然侦查策略是灵活有效的方法,侦查措施也往往有多重指向。那么,在客体上,每项侦查策略指向的目标也必然是多重的,有的指向人、有的则是物或者场所。在层次上,有的倾向于指向宏观的目标,有的则倾向于微观的具体所指,有的则兼顾多层目标,具有较大的涵盖性。

2. 每项侦查策略措施都有相应的局限性。当然，每项侦查策略措施都不是“放之四海而皆准”的灵丹妙药，它们或许适用于某些案件的某些目标，或者适用于某些案件的某些时刻，但绝对不可能适用于任何案件的任何时刻任何目标。每项侦查策略措施都有其局限性，即根据案件实际情况总有相对适合的侦查策略措施和不适合的侦查策略措施。因此，在明确侦查目标之时，就应该从实际出发，实事求是，根据案情选择合适的侦查策略措施，以求能最大限度实现侦查目标所指。

二、熟悉案件情况

（一）案件情况的含义及意义

军事谋略中力求“知己知彼，百战不殆”，侦查策略也应有相同诉求。不能熟悉案情，则无法据以确定策略，更无法实施策略。因此，侦查策略的设计在明确目标之后，应该广泛调查研究，熟悉案情。在此，案件情况并不是以刑法上对犯罪的定义，即四大构成要件为标准，因为，于侦查之时，许多情况是不明的，甚至犯罪是否存在都没有最终确定。因此，此时的案件情况就应该指的是侦查意义上的案件情况，是基于侦查需要而对现有的情况进行的占有和分析得出的情况。所以，案件情况指的是为侦查目的，而对现有的案件线索进行占有分析所得出的与案件相关的人、事和物的具体情况。

对于案件情况的了解与熟悉，可以为侦查所用，为某些侦查措施的采取提供证据支撑，能够使侦查策略因地制宜、扬长避短，进而使侦查行为能够有的放矢，最终查清案件事实、获取案件证据并缉拿犯罪嫌疑人。

（二）熟悉案情的方法

熟悉案情应该做到对案件的基本情况有个大概的了解，能够知悉大致脉络，如涉及了哪些相关人员、事和物，特别是于策略设计和实施直接相关的案件要素情况更应该充分调查了解。熟悉案情的方法可以有多种手段。首先是非强制性措施，因为这些手段较不具有侵权性和暴力性，能够尽可能地节约侦查成本并取得预期的侦查收益。如调查访问，争取有关机关的配合等。其次，可以采用强制性措施，此类手段需要付出较多的侦查成本，也需要有相应的证据线索支撑才能采取，如讯问、拘留等。因此，欲熟悉案情，就应该从具体案件出发根据侦查需要，具体问题具体分析。

三、了解侦查对象

（一）侦查对象的概念

在熟悉了案件情况后，应该根据策略设计所需，而具体了解相关特定对象。侦查对象指的是与刑事案件有关的人、物和场所。其中，作为侦查对象的“人”指的是与刑事案件相关除侦查主体以外的主体，如犯罪嫌疑人、知情人、关系人和证人等；“物”指的是与刑事案件有关的具有线索价值或证据价值的各种信息载体。“场所”指的是与刑事案件有关的具有侦查价值的空间。

(二)了解侦查对象的内容和方法

首先,是对作为对象的“人”的了解。此时,就应该采取询问或询问等侦查措施。如欲突破犯罪嫌疑人心理防线,获取口供,便应该充分了解犯罪嫌疑人可能的心理活动,掌握其心理弱点,准确有力的进行突破。其次,是对作为对象的“物”的了解。因为,侦查需要获取证据资料,其中包括物证书证等,特别是对物证的获取需要综合运用搜查和扣押等多种侦查谋略措施。因此,必须了解物的相关情况,如分析赃物可能的使用、销赃等方式或藏匿的地点等。同时,应该广泛的采取技术侦查手段,尽可能地从物中提取最大化的信息。最后,对场所的了解,就应该采取现场勘查、走访等侦查措施手段。

四、配置侦查力量

(一)侦查力量的含义

“力量”意思是指力气,有分量,能力,作用和效力。侦查力量指的是为侦查权的行使所应具备的人力资源,即在侦查过程中,可以直接投入的体力、智力、心力总和及其形成的基础素质,包括知识、技能、经验、品性与态度等身心素质。司法程序的运行,总是离不开人的参与,离不开人的主观能动性的发挥。侦查制度的存在,它不可能离开人而自动运行,因此,侦查力量的存在也为侦查权的行使和侦查措施的采取所不可或缺。

(二)侦查力量配置原则

侦查力量的适用不能任意而为,否则可能事半功倍,它需要某种合理的配置,以使侦查效益最大化。侦查力量的配置遵循的总的原则是依照法律规定和侦查情势。侦查情势是在侦办案件过程中的案件的具体情况,它是侦查力量的基本依据,侦查力量就是为了应对侦查情势。当然,侦查力量不能任意配置,它作为公权力的行使更需要遵守法律规范,以体现自身的合理性和正当性。侦查力量配置所要遵循的具体原则如下:

1. 充分投入原则。侦查力量与其他侦查物质资源相比较,有明显的时效性和不可储存性。它的形成、开发和使用都与人的生物周期为载体而自然地被时空所限定。因此,作为已被开发和使用的侦查力量要给予充分的投入和运用,因为侦查力量的供大于求只是在理论上存在,而且,基于侦查力量不断提升自我素质的需要,也要避免侦查力量的闲置与浪费。

2. 合理运用原则。首先是侦查理力量投入所体现的侦查效益的好坏;其次是投入方向和配置效果的好坏;再次是侦查力量的潜能得到较好的发挥。努力营造一个有利于侦查人员脱颖而出和人尽其才的良好环境,才能够使侦查力量能各尽所能、人尽其才,发挥最大效能。

3. 良性结构原则。搞好侦查力量的配置,需要调节现有各个局部的侦查人力资源,通过新鲜血液的输入,促进侦查人员结构的改善。同时,要着力培育侦查人员在侦查中成长的机制，促使他们在实践中不断学习，增强整体素质。

4. 提高效益原则。一般来说，在人们的行为活动中总会存在资源利用不充分的问题，改善侦查力量利用不充分的问题是提高侦查结构经济效益或权力效益的根本途径，通过尽可能接近充分利用人力资源的程度，使侦查效益由低效能向高效能转化。

5. 合理流动原则。侦查力量并不是僵化的分割的，他们应该根据案件的实际需要进行相应的合理流动。首先，是出于案件需要而进行的流动，如抓捕犯罪嫌疑人和改变管辖异地办案等。其次，是出于侦查力量的培养而进行的合理流动，如为增强侦查人员于各种侦查环节和地域的侦查能力，而进行的人员调动等。

五、制定侦查计划

（一）侦查计划的概念及内涵

在前述一系列准备动作后，侦查机关应该制定确实可行的侦查计划，以使侦查有个现实的可操作的路径。侦查计划指的是根据案件的具体情况和分析判断的结果，提出侦查方案和具体措施。它是侦查机关对已决定立案侦查的重大、恶性刑事案件，为及时破案，在初步审查、分析判断案情的基础上，针对案件如何破获所拟定的工作方案。侦查计划是立案报告工作项目的进一步具体化，是指导破案工作的重要书面依据。侦查计划经主管领导审阅批准后，便可开展工作。侦查工作方案拟定得是否科学，决定着案件能否尽快侦破，侦查工作能否顺利完成，因此，侦查计划的制定必须予以高度重视。侦查工作方案属公安机关内部使用的文书，存入侦查卷。

（二）侦查计划的制定

当然，侦查计划的制定不仅要合乎侦查之目标，具有合目的性，更要有正当性，即合乎法律和社会的许容性，合乎侦查期许。同时，方案要有相应的稳定性，不应该朝令夕改，损害侦查方案的价值。侦查计划一般包括：侦查力量的组织与分工；侦查的方向和范围；侦查的主要目标和任务；侦查工作的方法、步骤、措施、策略；侦查的时间要求和根据案情变化采取的对策。案情越复杂，侦查计划越应该具体、详细；对需要长期侦查的重大、特大刑事案件，可将侦查计划单独成篇，写成更加详尽的侦查工作方案；案情简单时侦查计划可略写或不写；对于社会影响广泛、危害严重的案件，还要写明最后的破案期限。

六、准备侦查物质

（一）侦查物质的概念

侦查物质指的是为进行侦查活动而所必须耗费的物质经济成本。侦查物质主要包括侦查设备购置和侦查行为实施的相关费用。大致包括三个层面，一是宏观上国家每年投入的犯罪侦查的经济成本，或者每年国家各级政府为侦查机关办公场所的建设，技术设备的添置，维持侦查机关的正常运转所投入的经济成本总量，所表达的方式可以是国家每年投入侦查的费用总金额，占全年国民生产总值的比例；二是中观层面某个侦查机关一年投入犯罪侦查的经济成本，也包括办公场所建设、技术设备的添置、维持侦查机关的正常运转等支出方式，其表达方式可以是省、市、县级侦查机关每年投入侦查的经费总金额，占省、市、县级侦查机关年度办公经费的比例；三是从微观层面，侦查的经济成本则是每个案件的侦查，侦查机关的经费开支。在此，主要指的是个案中为具体的案件侦查耗费而准备的物质。

（二）侦查物质的准备

侦查物质准备是侦查资源的一个重要方面，侦查之进行并非可以赤手空拳，正如战争需要后勤保障，他们也同样需要大量的物质的支撑。因此，在制定具体方案后，侦查策略欲进入实施阶段，便必须充分准备所需物质。如执行抓捕犯罪嫌疑人的方案，则必须调动相应的警力，配备基本的武装器械或防护器具，并准备相应的救护设施或召唤救护车和人员就近准备等。

（三）常见的侦查物质

常见的侦查物质主要是指中观或微观层面的，主要有以下三类：一类是为了发现、提取、固定和保存物证而必需的侦查物质，如现场勘查工具和调查访问的记录本等。一类是为了抓获犯罪嫌疑人等而必需的侦查物质，如戒具等。一类是为了维持侦查的进行而所需要的对人员和警务设备的需求，如工资奖金和警车交通工具等。

第二节 侦查策略实施程序

一、侦查策略实施的基本特征

侦查策略设计之后便进入实施阶段，而对策略的实施不可能是机械僵化的执行，而必须发挥各方主体的主观能动性。因此，侦查策略的实施必须符合目的性、稳定性和动态性等基本要领。其中，合目的性是后者的基础和前提，而稳定性和动态性是相辅相成的，是前者的保障。

（一）目的性

侦查策略的实施必须合乎目的性，即合乎其应然之功能与价值，以获得肯定性之评价。所谓侦查之目的，宏观而言则是“打击犯罪、保障人权”，微观而言则包括查清事实、获取证据和抓捕犯罪人等，就具体策略而言则可能有更为细微具体的目标意指。因此，策略之实施应该时刻铭记目的，忽视目的，则可能枉费侦查资源，或面临侦查效益的困境，乃至进入社会否定性评价的窘境。如忽视了保障人权之目的诉求，而一味力求破案，因此而大肆暴力取证或刑讯逼供等，则侦查手段之非法性全然否定了侦查目的之正当性,使得侦查本身正当性顿失。因此,策略实施之时,必须以正当目的为中心,以此指导各项侦查行为,促进策略的不断完善与良好运行。

（二）稳定性

侦查策略之设计,目的在于指导侦查活动,避免侦查的无序性和盲目性,并整合侦查资源实现侦查效益的最大化。侦查策略的合理性在于其制定遵循了客观规律和实际情况,是集体智慧的结晶,是以其内在的自身合理性而获得了权威(并不是以其乃为领导意志即获得权威,否则其合目的性和正当性显受质疑),他能够为各侦查主体提供一个明确的行为指导。相比散沙似的漫无目的地侦查,以策略为准绳的侦查更能体现出侦查的功能与价值。因此,侦查策略一旦制定后,其本身应该具有稳定性,而同时,策略应该得到相对稳定地遵守和贯彻执行。一旦稳定性缺失,则形同没有侦查策略,由此导致的侦查内耗将使侦查于诸多方面显受质疑。

（三）动态性

侦查面对不是一个已经缉拿在案或已经提取的证据,而是一个无限未知的可能。侦查面对的是动态的未知的对象,则侦查的应对措施也必然是动态的。侦查策略是必须具有稳定性,这是所有人间规则的共同特性,但是,规则不可能穷尽一切可能,所以侦查策略又必须是动态的,以适应无限变化的现实情势。因此,首先,在职务犯罪侦查策略设计之时便必须考虑到侦查的动态性,而预留具体执行主体相应的自由裁量权。其次,在实施阶段,相关主体应该根据具体情况,发挥主观能动性合理行使自由裁量权,并及时反映策略的缺陷或不足,以不断地完善侦查策略。

二、侦查策略实施的基本要领

（一）公秘结合

“公”,指公开侦查措施。公开侦查措施指的是对于一般犯罪,依法公开进行的调查措施或强制手段。“秘”,指秘密侦查措施。秘密侦查措施指的是,为了对付危害大且侦破难度高的某些特殊犯罪,在法律规定的范围内,侦查机关针对特定案件的侦查对象,暗中搜集犯罪的证据和情报,以揭露和证实犯罪的一种具有隐蔽性和强制性的侦查措施。秘密侦查措施主要包括三类:技术类侦查措施(电子侦听、电话监听、电子监控、秘密拍照或录像、邮件检查等);诱惑类侦查措施(如机会提供型引诱、虚示购买、控制交付等);派遣秘密调查人员类侦查措施(包括线人、特情、卧底侦查员等)。秘密侦查措施是侦查机关为对付技术化、高隐秘性的犯罪而发展起来的,一般不经当事人知晓而进行秘密调查、秘密取证,故此其主要特征是隐蔽性大，从而极易侵害公民的隐私权。[1] 公开侦查措施和秘密侦查措施的功能和使用的方法各不相同，但两者之间联系紧密，互相配合。公开的侦查措施常常被运用于掩护秘密侦查措施，秘密侦查措施常常被用于为公开的侦查措施的实施查明情况，如用秘密侦查措施查明了犯罪组织内部情况，监视控制犯罪嫌疑人，可以为公开的搜查和缉捕的实施提供可靠的依据。

（二）侦技结合

"侦"，是指传统的侦查措施方法；"技"，是先进的刑事科学技术。我国基于职权主义传统等观念和现有的科技水平，致使侦查一直依赖于传统的侦查手段，而使得技术侦查手段滞后于时代所需。此种侦查模式显然不能适应现今犯罪情势。因此，必须加大技术侦查手段于侦查中的比重。以因应科技之发展和法治之进步，以及人民之诉求。当然，虽然刑事科学技术在刑事案件侦查工作中占有十分重要的地位，是刑事案件侦查工作的重要组成部分，但是，两项工作历来是紧密相连的，不可分割的。刑事科学技术要为侦查破案服务，侦查破案必须依靠刑事科学技术。侦技结合，不仅是对付日趋复杂的刑事犯罪的需要，而且对于我国法律规定的刑事诉讼也不可缺少。侦技结合，就要求侦技一体，分工合作，形成合力，只有这样，才能提高侦破效率，有利地打击刑事犯罪。

（三）交叉组合

每一项侦查措施都有其特定的功能，也都有其局限性，每一项策略措施不可能是万能的。因此，为了迅速的推进侦查，必须使各项策略措施在一定的侦查情势下合理组合，形成合力。实践证明，在已经确定的侦查范围内实行多层次、多种类的策略措施组合，只要其中的一种或几种措施发挥了功能，就能迅速地发现侦查线索，推进侦查。因此，在进行侦查策略的设计时，不能机械选用单一策略，也不应盲目随意套用策略。(1)应该分析案件的具体情况，研究案件涉及的法益，其已经或可能造成社会危害性，综合分析该案件的发生而使得正义、自由与秩序等人类普适性价值受到了何种危害。(2)分析侦查策略的具体内容与功能，研究该策略所体现的利益权衡内容与价值取向。因为单一僵化的谋略显然不能适应侦查实际所需，也不符合侦查动态性的特点。(3)综合案件具体情况和侦查策略具体内容，选择最佳的策略组合，实现侦查策略种类的交叉。

即使是单一的策略措施的实施也离不开相关的侦查措施的支持和配合。如每一项策略措施的实施都需要运用正面调查和侧面调查的方法获取有关情况；一些秘密措施的实施也需要运用其他策略措施掩护或监控犯罪嫌疑人。只运用某一项策略措施就能侦查终结某一个刑事案件，或者是单靠某一项策略措施就可以圆满地达到某一项侦查目标在客观上都是不可能的。

---

[1] 王华棉："论刑事诉讼中的秘密侦查措施"，载《江西行政学院学报》2005 年第 1 期。

（四）协同配合

侦查策略是个系统工程，涉及多种谋略、多方主体和多种利益等。因此，在侦查谋略设计过程中应该注重协同配合原则。即各机关或人员必须相互配合，各环节协调同步，各项程序措施紧密衔接，以保证侦查活动的有效性和连续性，保证侦查活动的效益。

侦查策略的具体运行必然涉及多方主体，既有侦查内部机关或人员，也有侦查外部的机关或人员。因此，侦查策略的涉及也应该注重各个策略主体的协调配合。首先，是侦查内部各个主体的协调配合。侦查内部各具体机关或人员，其职责分工或业务范围，或者说是各自特长是不相同的。因此，侦查策略的设计应该力求内部各相关主体的协调配合，使他们能各司其职，发挥所长，将谋略的功能发挥到最佳状态。其次，是侦查内部各主体与外部主体的协调配合。在信息时代的进行，交通、通讯和科技等高度发达，犯罪也出现了许多新型的特征，当然，侦查也有了许多新的技术侦查手段或其他可资利用的技术凭借。因此，侦查策略的运用必然也涉及到侦查机关外部的诸多主体，如聘请专家，争取银行或电信部门的配合等。所以，侦查策略的设计也应该力求侦查内外各方主体的协调配合，使策略的实施能够契合实际条件及实际所需。

当然，侦查策略设计的协调配合还包括其他诸多具体因素，如侦查物资等侦查资源的协调配合，或者考虑国家政策所需以及社会大众心理诉求等。

三、侦查策略的实施

侦查策略的精义便在于其灵活性，即它赋予了侦查机关较大的自由裁量权，使之能够灵活地与犯罪做斗争。但是，也正是侦查策略的灵活性和相当的自由裁量性，使得侦查策略也存在着一些异化的空间，这是与侦查策略的本意相违背的，也是目前侦查备受批评的原因之一，更为我国的法律所不允许。因此，必须完善侦查策略，清除不和谐的杂音，使其能扬长避短。司法实践表明，等腰三角形结构是法治国家普遍采用的一种诉讼结构，这种结构的特点是稳定、合理，这为依此结构产生公正裁判结果提供了一种结构上的保障。而三角形的诉讼结构的根本要义在于控辩双方积极平等对抗，法官居中消极裁判，而控辩双方欲实现平等对抗，则必须具备相应或不至于太悬殊的“实力”，另外还得有中立第三方居中进行裁判监督。如此，才能保证对抗双方既能不越轨，又能充分发挥各自能力，将事实图景经过双方互相“揭露”而最终真正呈现出来。因此，对侦查策略的完善应该首先划定“科学的轨道”，即制定法律来对其进行合理规范，使之有法可依有章可循；其次，应当促使侦查主体与相对方的“实力”相对相当，即增加犯罪嫌疑人等的对抗权利尤其是救济权利；再次，应该有中立第三方居中裁判监督，防止“越轨”。可以从以下三方面入手：

（一）侦查策略的启动

侦查策略的启动主要涉及两个方面：一是侦查策略的种类；二是侦查策略的证明标准问题。二者的完善主要面临的问题是由指定科学合理的法律来进行规范的，使之既能规范侦查策略的实施，又能保持侦查主体足够的自由裁量权。

侦查策略的种类繁多，其本身也一般没有对错之分，而关键是实施主体度上的把握等才可能使其产生消极的异化。当然，有些侦查策略本身就具有一定的危险性，甚至是其消极危险性大于积极性的。如诱惑侦查中的犯意诱发型，“侦查机关在本来并无犯罪倾向的无罪者（innocent person）心里植入（implant）犯罪意图，诱使其实施犯罪行为，然后使他们受到追诉”，这是为各国法律所禁止的。或如讯问中的刑讯逼供，它由于不符合现代法治文明，而且容易造成冤假错案也为各国所明令禁止。因此，对侦查种类的法律规范，应该通过对某些不得实施的策略的列举来划定可以实施的策略的范围，并且通过不断地由实践到理论的反复循环，最终确定侦查策略的种类，以此来指导侦查实践。

具体侦查策略的启动必须有一定条件，否则容易滥用或造成不当侵犯，而这条件便是证明标准，即到什么证据事实标准后才能采取什么样的侦查策略的问题。一般情况下，对于一般的侦查策略并不需要特别的证明标准，因为立案标准或逮捕标准等已有详尽的规定。但是，对于一些侦查策略，如特情的运用监听等，则应该规定相应的证明标准，以规范其启动实施。

（二）侦查策略的运行

平等对抗的优点是能促使控辩双方都积极地提出证据等，使得所有的事实都能被提及并相互对质，则事实越辩越明。但是对抗的前提必须是平等，即双方的实力相当或不至于太悬殊，否则那不是对抗而是单方面打击，那么对抗的本意理性就不能体现。因此，在侦查策略的实施过程中应该注意的是构筑一种平等对抗的态势，其关键在于增加犯罪嫌疑人和案件相关人的权利。当然，侦查主体相对方面的单个实力不可能大到可以与国家对抗的地步，对其实力的提高主要是国家通过限制侦查主体的权力并为其提供对抗性的权利来实现的。如询问和讯问时的律师在场权，和权利受到侵犯时的司法或行政救济权利等。

当然，单单只有法律规定是不够的，必须有明确的中立第三方来确保法律规范能够得到确实的遵守，救济渠道能够确实发挥作用。由于我国专门的法律监督机关是检察机关，而且检察机关一直对侦查过程负有监督之责，因此，侦查策略的监督方应然是检察机关。但是如果检察机关本身就是侦查机关时，则监督可能会相对减弱。因此，就应该通过对侦查策略实施结果的取舍引导，从利益驱动的源头上来实现法官对侦查策略实施的监督。

（三）侦查策略的实效

“如果警察通过非法手段获取的证据在法庭上被排除，那么警察的违法搜查和扣押行为就将停止，至少会最大限度地减少。”为什么我国的非法取证屡禁不止？那是因为我国没有严格的非法证据排除规则，则非法取证的利益驱动尤在。因此，欲对侦查策略进行规范，通过对启动程序或过程的一味规范是不科学的，因为其可能客观上束缚了侦查主体的手脚，而使得侦查策略乃至侦查都失去了效能，因噎废食是十分荒谬的。因此，应该主要通过引导，即从结果取舍上进行引导。这种引导应该主要通过责任的配置及其严格执行来实现。应该明确各个阶段和各种情况的责任后果，如果违反了相关规范，则对侦查主体进行纪律处分和行政处分乃至刑事处罚等，同时对于因此而获得的证据应该予以排除。而对此的执行则应该由侦查主体的相对方或检察机关来揭发，并实行举证责任倒置，即由侦查机关负证明自己没有过失或过错的责任，并由法院最终裁决。

没有责任或没有实际责任的事，任何主体都会自觉或不自觉地违反，或许他们的目的是好的，而且也能获得实体的公正，但是一旦形式或程序的“外衣”千疮百孔时，再美的实体也将黯然失色，使人们对侦查乃至司法的公正性产生怀疑。毫无疑问的，以一种对社会秩序再度不合理破坏的方式来恢复业已被破坏的社会秩序，这本身就是一种悖论。应该通过明确责任承担主体和责任后果，并严格贯彻执行，则势必能够对侦查策略的运行形成良性的引导，最终使其扬长避短。

第三节　侦查策略评价程序

侦查策略之设计与执行，必须有一定的评价标准，以对其进行相应的评价，以促进相关主体勤勉谨慎、恪尽职守，同时，这也是侦查或策略的自我发展与完善之道。任何事务的进行，必有主体、行为和结果之分，对其之评价也应由此入手。而侦查策略主体之合法性正当性等是毋庸置疑的，因为，已有相应的法律法规进行具体的规范，如回避制度等。因此，对职务犯罪侦查策略设计的评价程序应该主要包括对侦查行为和侦查结果的评价：

一、侦查行为的评价

侦查行为指的是按照刑事诉讼法的规定，侦查机关为了调查犯罪，有权采取的专门的调查工作和有关的强制性措施。此外，在司法实践中，侦查机关经常采取的窃听、通讯监听、邮检等不由刑事诉讼法规范的秘密侦查措施，也属于侦查行为。

（一）评价的内容

对侦查行为的评价，主要是考量侦查行为的合法性及社会许容性，即侦查行为是否合乎法律法规的相关规范，是否符合社会大众之心理预期，能否为法律和社会所许容。当然，该侦查行为是否合理有效也是应纳入考量范围的。

1. 对侦查行为合法性的评价。“合法性”概念在社会科学中的使用有广义和狭义之分。广义的合法性概念被用于讨论社会的秩序、规范，或规范系统。狭义的合法性概念被用于理解国家的统治类型，或政治秩序。在此，对侦查行为的合法性评价，指的当然是广义上的合法性。广义的合法性概念涉及广泛的社会领域，比法律、政治更广的范围，并且潜含着广泛的社会适用性。韦伯所谓的合法秩序是由道德、宗教、习惯、惯例和法律等构成的。由于被判断或被相信符合某种规则而被承认或被接受是合法性的精髓。[2] 罗兹曾概括说，“总而言之，韦伯所认为的合法秩序包括这样一些在经验上有效力的规则，它们由于实施方式的差别而分为惯例和法律”[3]。那些由专门人员和机构保证人们遵从的规则是法律，社会自然遵守的规则是惯例。合法性是指符合某些规则，而法律只是其中一种比较特殊的规则，此外的社会规则还有规章、标准、原则、典范以及价值观、逻辑等。因此，合法性的基础可以是法律程序，也可以是一定的社会价值或共同体所沿袭的先例。因此，对侦查行为合法性的评价就要探讨其是否合乎法律，是否合乎惯例和人们的心理预期等。

2. 对侦查行为有效性的评价。侦查行为有效性，可以说是一种“应然”体的集合，这当然是从这些规范要求人们服从但在现实生活中并不总是得到执行或实现的意义上而言的。其实，侦查行为的有效性应包括应然和实然两方面，应然有效性是正义和秩序的综合体；就实然有效性而言，如果一项侦查行为本质上与应然有效性同一，则侦查行为有效，反之，则侦查行为无效。因此，对侦查行为有效性的评价，就要探求侦查行为是否是应然与实然的统一，即侦查行为的实际效果是否与侦查目标预期一致。

（二）评价的程序和方法

1. 评价的程序。对侦查行为的评价程序如下：第一阶段为准备阶段，主要工作为研究有关案卷，进行初步的侦查行为分析和案件侦查情况调查，筛选重点评价项目；第二阶段为正式评价阶段，其主要工作根据第一阶段所筛选出来的评价项目，进行详细的侦查行为分析和案件侦查情况调查，并根据侦查行为的有效性和合法性结合各方主体的信息反馈，进行综合评价；第三阶段为报告书编制阶段，其主要工作为汇总，分析第二阶段工作所得各种情况，给出结论，完成评价程序。

2. 评价的方法。对侦查行为的评价方法有许多中，如直观评价法，绩效评价法和效益评价法等。其中，最主要的是侦查效益评价法，即通过对侦查行为所反映出的侦查效益情况进行评价。简单地说，侦查效益是侦查过程和结果所体现出的效

---

〔2〕 高丙中：“社会团体的合法性问题”，载《中国社会科学》2000 年第 2 期。

〔3〕 Rhoads 1991：168.

果和收益,它反映的是侦查投入与侦查产出之间的关系。侦查效益表述的是侦查机关进行侦查的快慢程度、侦查破案数量的多少以及在侦查过程中对各种资源的利用程度和节省程度以及侦查活动的社会效果等多重含义。侦查成本是投入侦查的基本资源,有侦查的经济成本和侦查的权力成本之分。侦查收益是侦查的物质性收益和非物质性收益的统一,投入侦查成本的目的在于获取侦查收益。侦查效益是侦查收益与侦查成本之间复杂的动态关系,应该兼顾经济属性意义上的成本与收益的分析和社会属性意义上的成本与收益的分析,才能全面认识侦查的成本和收益,才能全面分析侦查的效益问题,对侦查行为进行正确的评价。

(三)评价的结果

对侦查行为的评价总需要得出某种确定性或倾向性的结果,以期及时修正侦查行为或对未来的侦查行为提供经验借鉴。那么,其评价结果一般有以下两种:

1. 肯定结果。对侦查行为的肯定评价结果指的是对侦查行为持赞成的态度。即侦查行为既能够基本合乎法律和社会公序良俗,又能够合乎行为设计本身的目标预期体现实然与应然的统一。

2. 否定结果。对侦查行为否定评价结果指的是对侦查行为的反对态度,而应该被其相对面所废除或消灭。即侦查行为违反了法律规范或社会的许容度,不能体现应然的目标预期,实然与应然出现了不能为人们所容忍的冲突,因此,遭遇了否定性评价。

当然,任何侦查行为也不截然是值得肯定或否定的,它们或许游离于某种微妙的界限之中,体现出某种倾向性。因此,对侦查行为的评价也应该注意综合衡量,以期得出中立、客观和准确的评价。

二、对侦查结果的评价

(一)评价的内容

侦查结果是指侦查机关通过专门的调查工作和有关的强制性措施而获取的相关案件事实、证据资料和犯罪嫌疑人。那么对侦查结果的评价,便主要是考量侦查结果是否达到策略的预期目标,是否达到诉讼对结果的渴求。

1. 对侦查线索的评价。线索,指事情可寻的端绪,路径。侦查线索指的是刑事案件侦查可循的信息路径。对于侦查线索的评价,主要着眼于其是否能为为侦查提供某种逻辑思考的路径或侦查行为推进的依据,即是否具有侦查价值。它相对强调线索对案件侦查的实体价值,而弱化对其程序形式的要求,与刑事诉讼上的价值要求是有区别的。

2. 对证据裁量的评价。证明案件真实情况的一切事实,都是证据。证据必须经过查证属实,才能作为定案的根据。证据有七种:物证、书证;证人证言;被害人陈述;犯罪嫌疑人、被告人供述和辩解;鉴定结论;勘验、检查笔录;视听资料。证据是认定案情的根据。只有正确认定案情，才能正确适用法律，从而正确处理案件。对侦查结果中的证据，应该从证据资格和证明力入手进行评价。

(1)证据资格又称为证据能力，是指证据材料在法律上被允许作为证据的资格。证据要具有证据资格就必须具备证据的“三性”，即合法性、客观性和关联性。证据的合法性指的是证据的来源和形式合乎法律规定。证据的客观性是指作为刑事证据的事实，是客观存在的，不以人的意志为转移的。关联性的含义是作为刑事证据的只能是那些与案件有联系的客观事实，即能够证明案件事实情况的客观事实。因此，对侦查结果的证据资格的评价，主要是看其是否合乎证据的“三性”。

(2)证明力指证据对案件中待证事实的证明效果和力度。评判证据证明力的标准应该是相关性标准和合法性标准。相关性标准指证据具有某种倾向，使决定某项在诉讼中待确认的争议事实的存在比没有该项证据时更有可能或更无可能。[4] 合法性标准。证据的合法性是指证据必须具有法律规定的形式和由法定人员依照法定程序收集、运用。它主要是从权力保障、权力制约和正当程序等政策性需要考虑的。证据具有合法性，则有证明力；证据不具备合法性，则无证明力。合法性标准包括证据来源合法和证据形式合法两个方面。证据要获得证明力，证据来源和证据形式必须都合法。因此，对侦查结果的证据证明力的评价，主要探讨其相关性和合法性问题。

(二)评价的程序

对侦查结果的评价程序，首先是内部评价。主要是侦查机关对侦查结果的自我评价，视其是否达到策略的预期目标，以确定是否需要进行修正或者采取其他进一步的措施。其次，是外部的评价。主要是其他相关机关的评价，如侦查机关将案件移送起诉后，审查起诉机关便需要评价其侦查结果是否合乎起诉之条件，是否需要补充侦查等。同时，还有社会的评价。“人民群众的眼睛是雪亮的”，因此，侦查结果是否契合人们对侦查的应然期许，人民自有其评价。特别是在媒体高度发达的今天，讯息瞬间即达，各种侦查结果也面临着社会的评价，此中情况在网络中表现得极为明显。侦查结果的情况，直接关系着人们对侦查机关侦查队伍甚至是政府公权力的评价，息关社会之和谐。

(三)评价的结果

对侦查结果的评价，其最终的结果由于评价主体的不同，因而评价的结果也是多层次的。

1. 侦查机关内部评价的结果。侦查机关内部评价的结果可能是肯定的，也可能是否定的。当然，此种评价结果的效果仅止于对侦查机关内部的侦查各方面的

---

[4] 《美国联邦刑事诉讼规则和证据规则》，卞建林译，中国政法大学出版社1996年版，第105页。

改革与完善提供一定的参考，或对侦查机关内部绩效考核提供依据，而对案件本身的实体影响是相对有限的。

2. 外部机关评价的结果。侦查机关之外的相关部门，也会对侦查结果进行评价。如检察院对侦查进行监督，最终反映在对侦查部门移送审查起诉的案件是退回补充侦查等否定性评价或移送起诉的肯定性评价。而法院也存在此种涉及案件实体的法定评价，如判决有罪进而肯定侦查结果的评价或退回补充侦查及判决无罪释放的否定性评价。当然，这些评价都是具有法定效力的，直接决定了案件侦查的实体结果，也是各种评价中的重点。

3. 人民群众评价的结果。对于社会主义和谐社会的构建，其着眼点在于对人民最大利益的维护，而侦查作为和谐社会不可或缺的方面，当然应符合社会对侦查自身应有的预期。侦查负有维护社会秩序的重大责任，如果侦查的运行导致的是人民群众的否定性评价，进而影响到侦查的权威和政府的公信力，显然，这将是和谐社会的最大不和谐音符。因此，侦查应该能够合乎人民群众的心理预期，能够为人们所认可，至少应该在人们的心理许容度之内。对于侦查结果的评价，人们也有多种评价，有的是肯定，有的是否定，有的则是毁誉参半。而其评价标准更多的是来自于人们参照自身对道德的解读，因此，侦查结果也应该能够合乎道德对侦查的期许和限定，其实，这也是一种合法性的表现。

问题与研究

1. 侦查策略的运行程序与案件侦查程序之间的关系？

2. 侦查策略的运行程序的本质是什么？

阅读文献

1. 刘为军：《刑事证据调查行为研究—— 以行为科学为视角》，中国政法大学出版社 2007 年版。

2. 何家弘编：《证据调查》（第二版），中国人民大学出版社 2005 年版。

3. 王国民主编：《现代刑事侦查学》，中国人民公安大学出版社 2000 年版。

4. 孙长永：《探索正当——比较刑事诉讼法专论》，中国法制出版社 2005 年版。

5. ［英］哈耶克著：《自有秩序原理》（上），邓正来译，生活·读书·新知三联书店 1997 年版。

6. 马海舰：《刑事侦查措施》，法律出版社 2006 年版。

7. 郭晓彬：《侦查策略原理与实务》，群众出版社 2000 年版。

8. 陈瑞华：《程序性制裁理论》，中国法制出版社 2005 年版。

9. Rolando V. del Carmen，Criminal Proceduer Law and Practice W adsworth Publishing Company Belmont，Califomia. 56 – 57.

复习题

1. 如何进行侦查策略的准备?
2. 侦查策略实施的特征包括稳定性与动态性,二者是否矛盾?
3. 侦查行为合法性与有效性如何兼顾?
4. 对侦查结果的线索与证据评价有何异同?
5. 侦查策略的实施如何应对网络媒体的影响?

第四章　调 查 访 问

本章要点

调查访问是侦查实际中最常用的一项侦查措施。它自身不仅是侦查中非常重要的取证措施，它还可以有效地帮助其他侦查措施有效的开展。本章的内容重要包括调查访问的基本概念；调查访问的基本方法；调查访问结论的审查等几个方面。比较重要的是，本章特别重点介绍了几个对侦查实践具有指导意义的方法，如发现证人的方法等。认真研究和掌握这些方法，可以有效地提高专业技能。

第一节　调查访问概述

一、调查访问的概念

调查访问是查明案件基本情况、发现侦查线索、查清犯罪嫌疑事实、取得证人证言、甄别犯罪嫌疑人供述真伪的侦查措施。

调查访问既是案件侦查中每案必用的侦查措施，也是侦查工作的重要组成部分。

侦查中的调查访问有其特定的含义，它是侦查人员从了解事件情况的人员中获取与犯罪人有关信息，发现犯罪嫌疑人，揭露和证实犯罪的重要手段。狭义的调查访问，是针对刑事犯罪的被害人和其他知情人进行的。广义的调查访问还包括对虽不了解案情，但具备解决与案件有关问题能力和知识的人员的走访，以及对犯罪嫌疑人的早期调查。

调查访问贯穿于刑事案件侦查的始终。每一起案件从审查事件性质到分析判断案情，从发现侦查线索到审查犯罪嫌疑人、查缉逃匿的犯罪人，都离不开调查访问这一侦查措施。不少案件在侦查初期，调查访问是唯一可以利用的侦查措施，只是随着调查工作的不断深人，其他侦查措施才有了利用的必要和可能。在某些犯罪现场已无勘验价值和可能或无犯罪现场可查、物证又已毁灭或散失的案件中尤其如此。

二、调查访问同其他侦查措施的关系

调查访问每案必用、贯穿于案件侦查过程始终。同时,调查访问还是其他侦查措施使用的基础和前提。

调查访问是其他侦查措施必不可少的辅助手段。调查访问不仅贯穿于侦查过程始终,同时也贯穿于其他各种侦查措施的具体实施过程之中。其他侦查措施的实成功施,需要调查访问的配合。其他侦查措施使用中所采取的各种有针对性的策略方法、行动方案、应急对策等,必须通过有针对性的调查访问,方能有效地制定和实施。如侦查实验中如何保证再现事件的准确性,必须首先了解事件发生的原有条件和环境;为了保证追缉堵截成功,追缉过程中也常常需要进行调查访问,以修正追缉方向,调整追堵的形式和策略。

调查访问是印证其他侦查措施结论的可靠性的重要手段。各种侦查措施所获得的材料都有可能成为侦查线索或破案证据,但成为侦查线索或破案证据的前提,是材料本身必须具备可靠性。调查访问是印证可靠性的重要手段。由于调查访问的条件、机会易于获得,便于反复多次从不同侧面,以不同的方式,针对各种情况进行,所以,在实践中,一般都以调查访问来印证其他侦查措施所获材料或结论的可靠性。

三、基本法律程序及原则

调查访问是一种互动行为,调查问的成功,离不开访问者与被访问者之间对访问涉及的法律规则的理解、遵守和执行。刑事诉讼法及有关职能部门所制订的法规中,均对调查访问中需要遵守的法律程序和原则进行了规定,正确理解和执行规则,有助于提高调查访问的成效。

(一)询问对象参与询问活动需要遵守的法律程序及原则

1. 有关证人资格的规定。刑事诉讼法明确规定了哪些人可以成为证人。这是询问对象参与询问活动的前提和基础。

2. 证人义务。刑事诉讼法明确规定了证人必须履行到场和如实陈述的义务。这些义务是证人在接受调查访问时必须遵守和履行的。

3. 在涉及国家秘密的场合,具备证人条件的人对于询问人员的询问及其询问内容有保守秘密的义务。但证人不得借故保守秘密而拒绝作证。如举证词涉及国家或机密,可进行秘密询问。

除以上规定外,刑事诉讼法还对证人在询问中应当享有的权利进行了规定,随着刑事诉讼法的修改,证人权利的种类和保障手段将会大大增强。

(二)调查机关和侦查人员在询问中应当遵守的法律规定和原则

1. 主体:根据刑事诉讼法和公安机关办理刑事案件程序规定,询问经侦查机关指定的侦查人员进行。在人数上,应由 2 名以上的侦查人员进行。

2. 询问原则:询问应当个别进行。本规则有利于保证询问结论的客观真实性。

3. 询问地点:《刑事诉讼法》第 97 条规定:询问可以到证人的单位住处进行,但必须出示人检或公安机关证明文件,必要时也可通知证人到人检或公安机关提供证言。

4. 根据《刑事诉讼法》第 43 条规定,询问证人的方法应是合法的,严禁使用威胁、引诱、欺骗等非法手段取证。询问中,应将取证与尊重询问对象的人格、遵纪守法相结合。

5. 问前告之。根据《刑事诉讼法》第 98 条、第 157 条,《公安机关办理刑事案件程序规定》之 189 条,询问证人前,应当明确地提醒被询问人,告诉其应按法律要求如实提供证言,提供证据,以及有意提供伪证或者隐匿罪证所要承担的法律责任。

6. 关于强制作证我国没有明确规定:虽然可使用传唤,但传唤只是一种间接强制措施,不具备强制力。

7. 对未成年人进行询问的规定:《刑事诉讼法》第 98 条规定,在询问未成年人时,应当选择他们熟悉的环境或地方,必要时可通知其家长或其法定代理人参加。

8. 保密的规定:《公安机关办理刑事案件程序规定》之第 192 条与第 198 条:侦查人员在询问过程中要严守询问工作秘密,不得向询问对象泄露案情或对案件人调查工作,对询问中涉及的被询问人的隐私,应为其保密。

9. 保证证人及亲属的安全。

10. 笔录制作的有关规定。正确理解和执行本规定,可以有效地保障笔录的证据效力。

11. 相关法律法规对证人行使权力的规定,如本民族语言要求核对修正询问笔录。对侦查人员侵权行为提出控告。这一条应严格执行,以实现对侦查人员的监督。

四、调查访问的一般原则

调查访问是一项十分细致复杂的工作,政策性、策略性很强,一般要求遵循以下基本原则:

(一)调查访问必须有计划、有准备地进行

被访问人除了本人的基本情况各不相同外,同案件的关系、知情程度等也是复杂多样的:有的同案件没有利害关系,有的有利害关系,甚至直接同犯罪嫌疑人有某种关系;有的愿意同侦查人员合作,有的因种种原因拒绝提供所知道的情况,甚至编造谎言;有的是一般知情群众,有的则可能是本案或另案将要追查的犯罪嫌疑人。因此,调查访问要讲究策略方法,根据不同的对象,采取不同的调查方法。必要时还应对被访问人的有关情况事先调查了解,为调查访问做好策略方法上的准备。

侦查人员在调查访问前，应当熟悉案件情况，明确调查访问的目的和要求。针对将要通过调查访问查明的问题，拟定比较详细的调查提纲。对于调查访问中可能遇到的意外情况应有充分的分析和估计，并考虑相应的对策。

（二）调查访问应及时、全面、深入、细致

调查访问是一项涉及面广、时间性强、要求严格、艰巨复杂的工作，刑事案件特别是重大案件影响大、危害严重，赃物、罪证易于毁灭、散失，犯罪人还往往继续犯罪。因此，调查访问工作应及时迅速，否则，时过境迁，证据被毁，证人遗忘，会使调查工作遇到极大的困难。调查访问中，对被访问人反映的情况，要按照“五何”（何人、何事、何时、何地、何因）要素，查清来源，准确判断性质和可靠程度。侦查人员应注意收集各方面的情况，不仅要重视一般群众的意见，也要重视有违法犯罪劣迹、思想落后人员的意见。正面的、肯定的情况要收集，反面的、否定的意见也要收集。调查材料应进行对照评断，绝不能满足于一面之词、一得之见。只有调查访问全面细致，占有的材料充分，才能透过现象看清本质，准确地揭露与证实犯罪。调查访问并不都是十分顺利的，常常遇到困难的局面，这就需要侦查人员有不畏艰难、深入细致的工作作风。凡是需要调查的人和事必须查到、查清。一旦发现线索，一定要顺线深入调查，直至查清问题为止。

（三）坚持实事求是的原则

调查访问材料是分析判断案情、制订侦查计划、采取其他侦查措施的依据。调查所获得的材料是否真实可靠，直接关系着侦查活动的客观性和能否及时准确地揭露与证实犯罪。因此，调查访问一定要坚持实事求是的原则，切忌先入为主。在调查访问中绝不能把自己的主观设想强加给被访问人，不能向被访问人透露案件情况和侦查人员的分析判断，或诱使被访问人根据自己的需要进行陈述。侦查人员的提问不能带有倾向性，对被访问人陈述的情况不能当面表示肯定或否定，或者在自己的言谈举止中给对方以某种暗示。调查笔录要如实地反映被访问人的陈述，不能按侦查人员的主观愿望加以取舍和修改。

（四）对调查访问材料要认真进行分析、综合评断

调查访问的材料有肯定的，也有否定的。同一调查材料中，可能有些反映了客观事实，有些错误地或歪曲地反映了事实真相，侦查人员对此必须持客观的态度，全面进行分析，结合其他侦查措施获得的有关情况，综合评断其真实可靠性及对侦查破案的价值，并结合案件的具体情况和侦查工作实际，正确地、有区别地加以运用。

第二节　调查访问的基本方式

刑事侦查中,需要通过调查访问查明的问题是多方面的。调查访问常常由于任务不同而需要采取不同的方式,最基本的方式可以分为正面调查访问和侧面调查访问两种。

一、正面的调查访问

正面调查访问是侦查人员以公开的身份,直接同被访问人接触,询问了解与案件有关情况。例如,询问事主、被害人,走访现场周围群众以及可能为侦查工作提供有用情况的有关人员。正面调查访问一般有以下四种方式:

(一)广泛走访群众

走访就是侦查人员深入到发案地点周围及犯罪人口可能前往和逃离的沿途群众之中,调查收集发案前后他们耳闻目睹的与案件有关的情况和材料。走访多是在侦查初期,尚无特定访问对象的情况下进行的。其目的在于全面收集与案件有关的情况,开辟侦查线索来源。有时,知情群众并不知道自己掌握的某种情况与案件有关,不会主动向侦查机关报告。通过广泛走访群众,这些对侦查工作有用的情况就能够及时收集起来,帮助侦查人员正确、迅速地选择侦查途径和措施。走访不仅是一种调查访问的方式,同时也是侦查工作贯彻群众路线的具体形式。

(二)查询和诘问

这是就某个重要情节的关键问题进行更进一步深入访问、查问的调查访问。查询和诘问一般是针对同案件有某种利害关系的人或报案人进行的。在听取了上述人员对案情的陈述后,如果发现他们的陈述不够清楚,存有种种矛盾,或者还可能隐瞒了某些重要情况时,侦查人员常常采用这种方式对其作进一步的询问,使被访问人的陈述互相印证、互相补充,以便对案件性质和事实作出正确的判断。

(三)个别询问

个别询问是调查访问的基本方式。它是为查清某一个具体问题或某个特定的人的情况而进行的有确定访问对象和具体目的的调查访问。凡涉及国家机密、个人隐私、矛盾冲突、特定的嫌疑对象以及其他需要排除外界干扰、保守侦查秘密和保证被访问人无顾虑地陈述时,就应当采取个别询问的方式进行调查。个别询问必须严格坚持单独询问的原则,既不能让其他无关人员在场,也不能对多个被访问人同时进行询问。

(四)集体座谈

为了广泛地发动群众,开辟线索来源,有些案件可以有控制地向群众公布案情,组织群众座谈,提供和分析可疑情况。有些案件为判明一些专门性的技术问题或某些现象的发生和出现的条件、物品的制作工艺、方法、用途和销售渠道情况等,也可以召集有关专家集体座谈,请他们进行分析并提供意见。集体座谈是一种特殊的调查访问方式,不能不分时间、场合、对象地滥用,必须有组织、有限制地使用,并注意遵守有关规定,讲究策略方法。

二、侧面调查访问

侧面调查访问是侦查人员在不暴露自己身份或侦查意图的前提下,就案件中的某些问题进行调查。侧面调查访问一般有以下几种方式:

1. 侦查人员隐蔽自己的真实身份和意图,直接同犯罪嫌疑人或其他调查对象接触,了解有关情况。

使用这种方式进行调查,侦查人员需要假借其他身份为掩护,以合适的借口,选择适当的时机接触被访问人,以灵活的策略方法见机行事,查清有关情况。

2. 侦查人员自己不露面,物色可靠、合适的人员接触被访问人,间接了解有关情况。

在侦查人员不便接近被访问人或不直接出面更为适宜的情况下,多采用这种方法进行调查。物色调查人员时应考虑其对侦查人员是否忠诚可靠,有无接近被调查人的便利条件,以及是否具有相应的活动能力。物色对象时,侦查人员应在有关部门的配合下进行。对物色好的对象,应向其交代纪律、任务和必要的策略方法。

3. 侦查人员以掩护身份深入犯罪团伙内部或违法犯罪人员经常活动的场所进行秘密调查。

在一些重大案件和多发性案件的侦查中,侦查人员以某种伪装身份主动贴靠违法犯罪人员或深入违法犯罪人员经常活动的场所,不仅可能收集到本案的线索,还可能发现积案、隐案和预谋案件的线索,因而具有主动进攻的积极意或其他调查对象接触,了解有关情况。使用这种方式进行调查,侦查人员需要假借其他身份为掩护,以合适的借口,选择适当的时机接触被访问人,以灵活的策略方法见机行事,查清有关情况。

第三节　发现调查对象的方法

对于调查访问而言,访问对象的发现,是进行调查访问的基础和前提。

一、发现寻找调查访问对象依据

调查访问对象的发现,建立在案件侦查需要的基础上,它是依据一定的条件,作为寻找调查对象的依据的。在侦查实践中，寻找发现调查访问对象的依据主要有以下几个方面：

1. 案件已掌握的线索。

2. 现场涉及的社区范围。

3. 被害人及其亲属和其他社会关系。

4. 犯罪嫌疑人及其亲属和其他社会关系。

5. 与案件有关的痕迹、物品的来源及去向。

6. 已有的证人提供的相关情况。

7. 其他相关的线索。

二、发现调查访问对象的一般方法

在侦查的各阶段，发现调查访问对象的一般方法是不一样的。

（一）在现场勘查阶段

在现场勘查阶段，发现的方法主要有三种：

1. 向现场保护者了解情况。

2. 便装混入围观群众。以普通群众的身份混入围观者中，注意倾听他们发表的意见，从他们的谈论中去发现谁能是目击者，谁可有是其他知情人。

3. 巡视现场，从现场涉及的环境中发现调查访问对象。

（二）在案件侦查与其他阶段

1. 介绍法：根据已掌握的证人和物证中反映的其他与本案存在联系的人和物的情况，进行定向定位的发现调查对象方法，它有三种具体操作方法。

（1）以人介绍法：依据已发现的证人及证人证言中包含的信息，发现调查访问对象。它又分为两种：①直接介绍：侦查人员按照已经发现的证人提供明确指示，或依据他提供的名单，去发现新的调查对象，多种方法用在从间接他人到直接证人的发现过程中。②间接介绍：不通过其直接介绍而是在他的社交圈内去发现调查访问对象。

（2）依据已经掌握的涉案事实进行调查对象的发现。这种方法被称为以事介绍法，它的基本操作方法是侦查人员通过案件的具体事实，情节所揭示的与特定人员的联系，去发现被询问的人。

（3）以物介绍法：侦查人员根据能够证明有关案件事实的痕迹物证所揭示的与特定人员联系，去发现调查对象。

2. 信息反馈法。这种方法的实际操作是：利用各种信息传播工具，向潜在的调查对象的可能范围，发布信息，然后通过接受信息，发现调查访问对象，基本手段：通缉、通报、向社会公布案情。

3. 需求审定法。这种方法是侦查人员通过对案情进行分析判断，经过严密推理，推断谁期望在案件中获得其中利益，或者期望达到其中目的，然后依据这种联系去发现调查对象，在经济犯罪案件中侦查中，常使用这种方法。

4. 委托法。侦查人员把大量具有偶然性、摸索性的搜寻证人的工作，借助或委托有关人员去进行寻找和发现工作。如委托单位内保、派出所去了解和发现其他知情人。

在对现场周围环境的个人的访问中，要首先使用能够引起对方注意的提问方式作为盘问的开始，如"这前面，昨晚有人被杀……"，以引起其注意并将看到的特定人紧紧与事件联系起来。如果不采用这种能引起兴趣的问话方式，就引不起对方的重视，结果对方就会回答：我什么也没有看见(有没有看见可疑的人?)，因为犯罪人在犯罪前后身份合法，行为也与常人没有什么不同。证人发现工作，很多时候采取走访的方式进行，因此，侦查人员在语气、态度上要随和，要注意尊重人格。

第四节　调查访问的策略方法

一、调查访问前的准备

调查访问是访问者与被访问者之间的互动行为。侦查人员要保证访问的成功，除了要提高访问技巧外，访问前得到精心准备非常重要的基础。一般而言，访问前的准备，重要包括以下几个方面。

(一)熟悉案情，明确调查访问的目的。

在进行调查访问之前，参与调查访问的侦查人员，应全面掌握熟悉已经收集到的案件情况，通过熟悉案情，明确案件中已经解决的和未解决的问题，以确定总体的调查目标和应解决的具体问题，在此基础上，根据已发现的证人的具体情况，确定访问的次序和访问重点；确定采取的调查访问的方式；选择相应的访问结束的表达形式：包括口头陈述，书面陈述，制作笔录或者录音、录像。

(二)了解访问对象，制订访问计划

被访问对象，是整个调查访问的焦点，被访问对象是否能有效地配合调查，是访问能否成功的关键。

1. 访问对象的基本内容：

(1)一般情况：年龄、性别、民族、职业、文化程度、健康状况、性格特点、个人爱好、生活习惯。

(2)访问对象与案件本身和案件当事人的关系。

(3)侦查人员若以掩护身份进行调查时，还需要了解借用的身份特点的工作内容和基本知识。

物色他人进行调查时，还需要了解被物色人的基本情况。

2. 了解访问对象的基本途径：

侦查实践中，通常可以通过以下5个方面的途径了解访问对象的基本情。

(1)向举报人了解。

(2)从被访问对象的档案材料中了解。

(3)向被访问的对象所在单位的领导进行了解。

(4)向被访问对象居住地的派出所、居委会、村委会或社区管理委员会等社区组织了解。

(5)向被访问对象的同事、街坊邻居了解。

3. 通过了解，科学分析和判断被访问对象的基本特点：

所谓科学分析和判断被访问对象的基本特点，是指在前面了解的基础上，分析访问对象在访问中可能的作为倾向，以便提前制订方案，一般而言，主要应了解以下几方面的特点。

(1)被访问对象的行为能力。主要了解法律上所规定的，作为证人的行为能力。

(2)被访问对象的性格特点。了解被访问者的的性格特点，就能有针对性地制订如何与之进行情感沟通的策略方法。

(3)访问对象的需要。被访问对象的内在需要，在某种程度上可以决定他对待访问的态度，和访问结论的客观真实性。这些需要多方面的。掌握了这种内在需要，我们也可以找到与被访问对象进行沟通和促使他正确作证的方法、途径。

(4)被访问对象对待询问的心理和行为倾向。被访问对象对待询问的心理和行为倾向，可以直接决定他对待访问的态度。影响被访问人的心理和行为倾向的因素是多方面的。侦查人员如果能够事先掌握这些相关因素，就可以找到与访问对象进行沟通，疏导和纠正对方不正确作证倾向的方法和途径。

4. 制订调查访问计划：

一般而言，对重要的调查对象，应制订详细的书面调查提纲，一般情况下，不一定需要形成书面计划。

计划内容包括以下几个方面：访问询问目标；访问的内容；访问的对象；访问的时间、地点；访问的程序、方法；访问的组织；访问必需的器材。

器材方面包括：与具体访问活动相关的证据材料，背景资料；各种相关的证明文件；交通图、交通时刻表、话费；记录用纸、笔、捺印用的印泥盒；特定情况下使用的录音、录像设备、磁带、胶卷等。器材的确定，主要依据对具体访问对象的访问要求确定。

二、调查访问的一般策略方法

(一)同被访问人建立良好的心理接触

调查访问基本上是以侦查人员同被访问人双方问答、会话的方式进行的。在一定程度上讲，是情感、信息的交流，需要双方都有良好的情绪，融洽的感情，互相信任和了解，有交流的兴趣和愿望。在许多场合，这些条件并不是事先就已经具备了的。被访问人是否愿意同侦查人员合作，是否有相应的兴趣，在很大程度上取决于侦查人员的个人品格和工作能力，取决于他们的言谈举止和对待被访问人的态度。

侦查人员在访问中应保持亲切友好、严肃认真的态度，使被访问人意识到侦查人员是精明强干的、具有明察秋毫的能力和认真负责的精神，产生敬畏的心理，从而欣然合作。对于一部分被访问人，侦查人员的这种态度还可以促使他们打消伪证或拒绝作证的念头。

侦查人员在听取被访问人陈述时，应保持客观冷静。对案情允许有自己的分析判断，但不应将自己的分析判断作为衡量被访问人陈述真伪的标准，甚至用以诱导对方的陈述。无论是符合自己分析判断的材料，还是不符合自己分析判断的材料都应客观全面地加以收集。符合的，不能盲目轻信，不符合的也不能随意摒弃。侦查人员在询问中也不能对被访问人的陈述擅加反驳，做主观取舍和理解。在任何情况下都不能表露出对陈述的满足或失望的情绪。在整个访问过程中，侦查人员应处处表现出对被访问人的尊重，对他们的陈述应始终持认真听取的态度。在询问中，用语应和蔼可亲、心平气和，不能粗鲁严厉、挖苦嘲讽。对被访问人的陈述应专心听取，认真记录，不要同时做一些分散注意力的事情，或显得漫不经心，否则将会削弱被访问人陈述的兴趣。询问中不宜过多地打断对方的话题，只有当其陈述离题太远，才应巧妙委婉地引导其回到话题上来。否则频频地打断对方的陈述和过多的插问，可能使被访问人失去陈述的主动性，使其正常的联想、回忆受到干扰，甚至受到不良的暗示。

（二）被访问人的自由陈述

在被访问人愿意同侦查人员合作的基础上，侦查人员应提出需要查询的问题。先让其将自己掌握的有关情况完整不间断地自由陈述一遍。在这个过程中，侦查人员不宜随意截断或追问。通过被访问人的自由陈述，侦查人员不仅可以大致了解对方所掌握的情况，还可对被访问人的个性、陈述能力、观察能力及其作证态度作出初步的分析判断。这对于决定以后的询问重点、策略方法是一个良好的基础。

同时，自由连贯的陈述使被访问人容易全面准确地回忆所感受到的有关情况，在事件发生的原来顺序中尽可能详细地回忆有关情节。有的被访问人，在自由陈述时，由于不了解侦查人员真正关注的是哪些情节，或已掌握了哪些情况和做出了什么判断，因而可以消除其作伪证、歪曲隐瞒事实真相或“投其所好”的企图。实践证明，被询问人在自由陈述阶段受到不良影响的可能性大大小于其他阶段。

（三）侦查人员的辅助提问

调查访问中，仅仅通过被访问人的自由陈述就达到调查访问目的的情况是比较少的。一般情况下，在被访问人自由陈述的过程中，侦查人员应适当进行辅助提问，这样可促进和引导调查访问顺利而有效地进行。

有时，由于被访问人不了解或误解了侦查人员的查询目的或者是由于思路偏题，陈述能力低下，其陈述完全偏离了调查的本意。例如，被访问人的陈述内容显然同案件无关，或者仅仅是发表自己的分析意见、主观想象。这种情况下，侦查人员应适时通过恰当的辅助提问巧妙地截断对方的陈述，调整其陈述的话题，使之回到正题上来。

有时，有的被访问人可能并不知道自己掌握的情况哪些对查缉犯罪人有价值，哪些没有价值，因而他们可能根据自己的主观判断进行取舍，详尽陈述自己认为重要的情况，将其认为无关紧要的情况略去不讲。在询问中，侦查人员应根据被访问人的知情条件、知情原因等多方面的因素作出准确判断，通过明确具体的提问，引导被访问人讲出自己所掌握的一切与案件有关的情况。

被访问人曾经感知的与案件有关的情况，发生部分遗忘是一种普遍现象。遗忘可分为两种情况：一种是永久的遗忘，即不经重新感知，记忆不能再行恢复。一种是暂时遗忘，即一对不能回忆或认知，但有了适宜的条件，记忆还可能恢复。对后一种情况，侦查人员通过适当的辅助提问，有助于被访问人回忆，产生联想，使被访同人重新回忆起暂时遗忘的情节。

被访问人常常还可能在感知同案件有关情况的当时，由于没有留心观察，而忽略了一些主要的情节，对此自然无法作准确的陈述。对于这种情况，侦查人员的辅助提问亦可能帮助澄清这些疑点。例如，犯罪事件的目击者并没有注意犯罪人实施犯罪的确切时间，侦查人员应询问目击者当时在干什么，目击犯罪事件前后的活动情况。这样可能有助于他们联想到某一特定的时间，从而回忆起或推断出犯罪活动的确切时间。

（四）对可疑情节的诘问

当侦查人员从被访问人的陈述中发现有可疑情节存在时，应就这些情节进行反复具体的追问。对可疑情节的诘问一般应在被访问人自由陈述之后进行，而且这同盲目追问被访问人确实不掌握的问题，或诱使对方作出侦查人员主观希望的陈述是性质完全不同的。可疑情节的出现，常常有复杂的原因，可能是被访问人故意编造谎言，也可能是陈述中无意的错误，或者是侦查人员对陈述的错误理解。对可疑情节诘问，首先，可以考查被访问人的作证态度，对侦查人员是否作了如实的陈述；其次，可以使数个被访问人关于同一情况的陈述得以印证，从而消除被访问人之间、被访问人与侦查人员之间可能存在的陈述和理解上的歧义；再次，有利于侦查人员分析证言的确切程度，即可以考查被访问人对案件有关情况是否有准确的感知、记忆和陈述,其陈述的是客观事实还是自己的推断估计。

三、对不同对象的调查访问策略

被访问人的个性差异和与案件的不同关系,使得他在接受询问时心理状态各具特色。因此,对不同的对象应有不同的询问策略方法。

(一)对事主、被害人的调查访问

大多数案件中,事主和被害人都是重要的调查访问对象。事主和被害人由于遭受犯罪的侵害,大多具有惊吓恐惧、愤恨痛惜的心理,情绪短时期内难以平静,理智程度也会有所降低。因此,询问时,侦查人员的态度既要严肃认真,又要和蔼可亲。对事主、被害人及其亲属的不幸应表示同情和安慰,并指明他们的陈述对侦查工作的重要意义,待稳定他们的情绪后再进行调查访问。事主和被害人大多愿意同侦查人员合作,拒绝接受询问的很少。但是他们常常可能因为精神刺激过大,心绪不宁而陈述紊乱,态度生硬。侦查人员应以理解的态度耐心听取,帮助其回忆事实情节。

由于事主和被害人是刑事犯罪的直接受害者,他们总是有惩罚犯罪人和挽回损失的愿望,陈述难免偏颇,常有强烈的过激情绪和明显的主观倾向。因此,其陈述难免有夸大和虚构的成分,如将犯罪手段形容得十分残忍,扩大犯罪的人数或损失财物的数额,甚至虚构可能加重犯罪人罪责的情节。侦查人员对此应有充分的估计和正确的判断,必要时还应采取适当的方法予以揭露,并指明这种做法的危害性,促使其如实陈述。

事主和被害人还可能隐瞒部分事实或缩小一些情节,其中的原因是很复杂的。例如,个别情况或细节涉及本人利益或隐私;犯罪之所以发生同事主、被害人的违法犯罪行为、过错行为有关;受到犯罪人方面的威胁或收买等。上述种种原因都可能使事主和被害人在陈述时将某些情节隐瞒下来,或缩小其严重程度。在这种情况下,侦查人员应针对其陈述中的矛盾和明显的空缺深入追询,反复诘问,以便从中发现问题,了解和消除其思想顾虑。

(二)对犯罪事件目击者、知情人的调查访问

调查访问的重要任务之一,就是尽力发现犯罪事件的知情人和目击者。在最初的侦查工作中,通过勘查犯罪现场,访问事主和被害人,一般不难发现犯罪事件的知情人和目击者,应当及时对他们进行调查访问,以开辟侦查线索来源,查清事实真相。

犯罪事件的目击者,就是亲眼看见犯罪人实施犯罪全过程或部分情节的人。目击者亲身感知了案件事实,但不一定了解犯罪事件的性质和内容。对他们的调查主要在于了解他们看见、听见的犯罪情况。目击者的陈述是对案件事实的直接反映,可靠性一般较大,意义也十分显著。但即使是最诚实的目击者,他们的陈述也会或多或少偏离事实真相。绝大多数目击者只是偶然目击了犯罪活动,这同事

前有任务、有准备的观察是完全不同的。因而，目击者感知案件事实的质量一般不高。同时，目击者常常并不是感知犯罪事件后，马上就向侦查机关报告，关于案件事实的记忆信号不仅可能减弱、消失，而且还可能发生记忆的扩展、歪曲，或者混入其他记忆材料，致使案情的记忆发生变化，甚至面目全非。因此，应尽早发现犯罪事件的目击者，及时进行调查访问。同时，在询问目击者时，要充分考虑各种影响提供真实情况的因素，要善于帮助他们回忆当时的情境，为其提供不受干扰、适合个别询问的安静环境和充足的回忆时间。必要时，还应在类似于犯罪活动发生的时间，带领目击者回到现场，以利于联想的产生，再认的实现，追忆已开始淡漠的事实情节。

犯罪事件的知情人，就是了解犯罪事件的全过程或一部分内情的人。他们并不一定亲眼目睹了犯罪事件发生的经过，其知情的原因或是来自犯罪人、被害人、事主亲自述说，或是来自其他知情人的透露。有些知情人的陈述虽不是案件事实的直接反映，但对侦查破案仍具有重要意义。但是，应当指出，由于描述事件事实的人和传闻者在陈述传闻时，总是希望引起听者注意和重视或因某种顾虑对部分情节加以改变和隐瞒。实践中知情人的陈述一般夸大、隐瞒较多，容易出现偏差。对此，侦查人员应有充分的估计。因此，询问知情人，必须查清情况的来源，以便发现或及时访问其他知情人或直接感知案件事实的人，使调查访问材料能得到印证。

知情人中，常常有一部分同犯罪嫌疑人特别密切的人，如犯罪嫌疑人的亲友、同伙等。他们因同犯罪嫌疑人关系特别密切或参与了犯罪的准备活动，为犯罪人提供过帮助或庇护，顾虑较多，对他们的调查访问应持特别慎重的态度。在犯罪人及其罪行尚未公开揭露之前，侦查人员一般应隐瞒自己的身份或物色适当的人员侧面进行调查访问。当条件成熟后，再直接同这些知情人接触，进一步判断其对犯罪事件的知情程度和原因，或是否同犯罪事件有某种牵连。在此基础上，应有针对性地进行思想、政策和法律教育。对愿意提供情况的人，要及时予以鼓励；对知情不报者，应指明后果或晓以利害；对同犯罪事件有牵连或有其他思想顾虑的人，要区别他们同犯罪嫌疑人的不同关系，指明前途或采取有效措施消除其怕报复、怕牵连的思想顾虑，使其畅所欲言。询问目击者和知情人，绝对不能先人为主或施加任何暗示。有时为了帮助他们回忆，引起联想，列举某些与案件有关情况或出示一些与案件有关的物品是允许的，但列举的情况或出示的物品应当是多种多样的，可以使被访问人客观地进行联想回忆。而不应当有促使他们作出唯一判断的消极暗示作用。对于被访问人提出的试探性的问题，侦查人员更应注意分析其目的，谨慎灵活地对待，避免暴露侦查工作的动向和意图。

对知情人、目击者提供的情况，必须进行查证。在询问中可以通过追询细节、诘问疑点查证，对目击者的陈述还成注意分析同感知案情时的客观环境条件有无矛盾。侦查人员还可以策略地查询知情人和目击者是否曾经将自己陈述的情况告诉过其他人。若有这种情况,应当立即前往调查访问,取得他们的陈述,以供对比查证。此外还可以用其他侦查措施获得的材料来对照分析,必要时还可以用侦查实验加以验证。同时,也应注意,如果数个知情人或目击者关于同一事实分别提供的陈述,主要情节一致,细节上存在某些差异,应仔细考察产生差异的原因,分析是否因某种客观原因所致。相反,如数个知情人或目击者关于同一事实的陈述在细节上都完全一致,则应引起足够的警觉,并认真进行查证。总之,查证知情人和目击者的陈述,需要结合其他方面的材料综合进行分析研究,对发生差异的原因求得合理的解释。

四、调查访问记录

调查访问记录是重要的证据材料。正面的调查访问必须按照法定要求制作调查访问记录,装入侦查案卷。侧面的调查访问不能当着被访问人的面制作记录,应由侦查人员将调查所得到的情况写成材料,附卷备查。

调查访问记录通常采用笔录的方式,如果有必要而又有条件,也可以同时录音记录。笔录的前面部分应详细记录询问的地点、时间、被询问人的姓名、年龄、籍贯、职业、住址、工作单位、笔录的总页数、附件数目。笔录正文以问答方式记载,问话和回答的内容都要如实记录,不能擅自修饰、改写或增减。

笔录制作完毕应交被访问人阅读,如其阅读有困难,应由侦查人员如实宣读。如被访问人认为某项事实或情节记录有误或有遗漏,须立即进行改正或补充,待被访问人确认记录无误后,应让其在记录上签名、盖章或按印指纹。侦查人员亦应签注自己的姓名和职务。

如被访问人因故口述困难或不能口述,但有书写能力,调查时也可让他作书面陈述。被访问人的书面陈述亦应写明询问的时间、地点及被访问人的基本情况,并由被访问人签名或盖章,侦查人员应签注自己的姓名与职务。

第五节　调查访问材料的审查评断

调查访问材料必须经过认真的审查评断。审查评断应持客观的态度,结合其他方面取得的材料,进行综合对比分析研究。

一、评断调查访问材料的一般方法

审查评断调查材料的方法应围绕调查材料的真实可靠性及证据意义提出。审查评断调查访问材料需要综合运用心理学、证据学、刑事诉讼法学、刑法学、逻辑学、刑事侦查学等方面的知识。审查评断的方法有:

（一）逻辑分析法

逻辑分析法是运用逻辑推理，分析论证调查材料中有无违背同一律、矛盾律、排中律及充足理由律的成分。真实可靠的调查访问材料在逻辑上应当是经得起推敲的。

（二）对比分析法

对比分析法，是在其他侦查措施所获得的材料与调查访问材料之间、调查访问材料与调查访问材料之间的相互对比基础上，进行的分析审查。

有时，单从某个调查访问材料本身来分析，并不会发现矛盾和疑虑，需要在逻辑分析法的基础之上，进一步借助对比分析法对调查访问材料进行审查评断。对比分析法的关键在于用作对比的材料必须客观真实。如某种侦查措施所获得的材料是虚伪的或尚有待查证，就不能作为对比分析的客观标准。

（三）补充询问法

在调查材料的真实性难以确定时，可采用补充询问的方法，即通过补充询问使材料更为详尽、具体、准确，以便进行评断。补充询问的重点是上一次询问中没有询问或询问不够彻底的情况。对含糊不清、可以作多种理解或容易发生误解的情况，也应通过补充询问使之具体化、明确化，否则其他的审查评断方法将失去可靠的基础和必要的条件。

（四）调查法

调查法，是指围绕调查材料收集能验证其真实性的客观事实的方法。当调查材料同现有的其他材料相矛盾，或调查所获得的案件情况缺乏相应的材料印证，都应当采取调查法进行审查评断。

调查时，侦查人员应首先查明被访问人知情的原因及来源，并以此为线索，采取多种相应的侦查措施进行调查，以求获取能对比验证调查访问材料是否真实的依据。

（五）实验鉴定法

如果调查访问材料所反映的案件情况，能够通过实验、技术鉴定的方法得到印证，在必要的时候，就应采取实验鉴定法。实验鉴定法只要策略方法恰当，不出现技术上的差错，其结论可靠性一般较高，是一种较理想的审查评断方法。

二、审查评断调查访问材料的主要内容

不同的案件，审查评断的具体内容不尽相同，重点各异。通常审查评断的内容有以下几个方面：

1. 被访问人所了解掌握的情况的来源；

2. 被访问人同犯罪嫌疑人、事主及被害人、犯罪事件的关系；

3. 被访问人提供情况的态度和动机；

4. 被访问人的陈述同客观规律、客观事实是否相符；

5. 数个被访问人对同一事实的陈述有无矛盾;
6. 调查访问材料同其他侦查措施所获取的关于同一事实的材料是否一致;
7. 调查访问的策略方法是否符合法律规定,是否恰当;
8. 侦查人员的取证倾向。

问题与研究

1. 侦查实践中,制约证人调查的重要因素。
2. 刑事诉讼法以及证据理论,对调查访问有哪些制约和帮助?
3. 在调查访问中,可以使用哪些侦查策略?

阅读文献

1. 何家弘主编:《证据调查》,法律出版社 1997 年版。
2. 孙长永主编:《刑事诉讼证据与程序》,中国检察出版社 2003 年版。
3. 杨宇冠:《非法证据排除规则研究》,中国人民公安大学出版社 2002 年版。
4. 万毅:《刑事诉讼原则:程序正义的基石》,中国方正出版社 2004 年版。
5. [日]田口守一:《刑事诉讼法》,刘迪译,法律出版社 2000 年版。
6. 马海舰:《刑事侦查措施》,法律出版社 2006 年版。
7. 郭晓彬:《侦查策略原理与实务》,群众出版社 2000 年版。

复习题

1. 调查访问与询问。
2. 如何发现访问对象?
3. 访问的一般步骤和方法。

第五章　辨　　认

本章要点

辨认在整个侦查过程中有非常大的作用,是鉴别被出示辨认的客体同过去看到的那个客体作出是否同一的重要侦查措施。本章首先阐述了辨认的基本概念,包括辨认的种类和法律程序及其原则。接着,本章阐述了辨认的基本方法,包括辨认前的准备,对人的辨认、对物品的辨认、对尸体的辨认、对场所的辨认以及辨认笔录的制作。最后论述了辨认结果的审查和运用。

第一节　辨认概述

一、辨认的概念

辨认是由辨认人察看侦查人员向其出示的客体,并将此客体同自己以前曾经看到的、同案件有关的客体的记忆形象加以识别对照,对被出示辨认的客体同过去看到的那个客体作出是否同一的认定过程。它是公安机关组织安排有关人员对某人、物、尸体、场所进行识别的一种侦查取证措施,是发现、审查犯罪嫌疑人,发现、确认犯罪地点,确认某些物品的持有人、查明不知名死者的身份和有关情况,为案件侦查和认定犯罪嫌疑人提供证据的重要手段。其具体作用可归纳为五点:发现和审查犯罪嫌疑人;为认定犯罪嫌疑人是否犯罪提供依据;发现和确认犯罪地点;确认某些物品的物主、持有人;查明不知名死者的身份和有关情况。

从某种意义上讲,辨认的实质是同一认定的过程。辨认的方法实质上同一认定的方法。在辨认的过程中,辨认人通过仔细察看侦查人员向他出示的客体,并将此同以前曾经看到的、同案件有关的记忆形象加以识别和对照,对被出示辨认的客体与过去所见的客体作出是否同一的认定,即本质上是利用客体的反映形象及其特征。

根据侦查工作的需要,辨认可分为许多种类,但分类的标准通常有以下几种情况:

（一）根据辨认的方式不同分类

根据辨认的方式不同分类，辨认可分为公开辨认和秘密辨认。公开辨认是指在被辨认人或被辨认对象拥有者所知悉的情况下所组织的辨认。此种辨认多适用于对已被羁押的犯罪嫌疑人的辨认等情形。在对人的公开辨认中，被辨认人的权利能得到较有效的维护。常用的是秘密辨认，秘密辨认是指在被辨认人或被辨认对象拥有者不知悉的情况下组织的辨认。多适用于对未被羁押的犯罪嫌疑人的辨认以及秘取物品的辨认等。其优点在于不易被侦查活动相对人察觉而暴露侦查意图，利于保守侦查工作秘密，掌握侦查主动权，便于侦查工作的开展。公开辨认一般是在秘密辨认做出了肯定的结论基础上进行的。

（二）根据辨认的目的不同分类

根据辨认的目的不同分类，辨认可分为认定辨认和寻查辨认。认定辨认是对已发现的辨认客体进行识别、认定的辨认，寻查辨认是侦查中为了发现和查获犯罪嫌疑人而在其可能出现的地点、路线进行寻找、识别的辨认。

（三）根据辨认对象的不同分类

根据辨认对象的不同分类，辨认可分为对人的辨认，对物品的辨认，对尸体的辨认以及对场所的辨认。

（四）根据辨认对象的状态分类

根据辨认对象的状态分类，可分为静态辨认和动态辨认。静态辨认是以被辨认对象的静态特征为认定依据的辨认。这是侦查实践中经常使用的辨认形态。如对物品、尸体、场所及犯罪嫌疑人的面貌特征等的辨认。动态辨认是以被辨认对象的动态特征为认定依据的辨认。如站立、行走时的习惯性动作、语音等。它适用于对作案人的动态特征有所感知且对该特征有较深刻印象的辨认人所进行的辨认。

（五）根据辨认的载体物分类

根据辨认的载体物分类，辨认可分为直接辨认和间接辨认。直接辨认是指辨认人不凭借中介物而直接观察辨认对象实体进而作出。如实物辨认、亲身到疑似犯罪场所的地点进行的辨认。间接辨认是辨认人通过中介物感知辨认对象进而作出识别、认证的辨认活动。如照片辨认、录像辨认、录音辨认。

二、辨认的基本法律程序和原则

根据公安部《规定》和最高人民检察院《规则》的有关规定，辨认应当遵守下列程序：

1. 公安机关、人民检察院在侦查各自管辖的案件的过程中，需要辨认犯罪嫌疑人时，应当分别经办案部门负责人或者检察长批准。

2. 辨认应当在侦查人员主持下进行。在公安机关侦查的案件中，主持辨认的侦查人员不得少于 2 人。在辨认前，应当向辨认人详细询问被辨认对象的具体特征，并应当告知辨认人有意作假辨认应当承担的法律责任。

3. 几名辨认人对同一辨认对象进行辨认时，应当由每名辨认人单独进行，必要时，可以有见证人在场。

4. 辨认时，应当将辨认对象混杂在其他人员或物品中，不得给辨认人任何暗示。

5. 公安机关侦查的案件，对犯罪嫌疑人的辨认，辨认人不愿公开进行时，可以在不暴露辨认人的情况下进行，侦查人员应当为其保守秘密。

6. 辨认的经过和结果等情况，应当制作笔录，由主持和参加辨认的侦查人员、辨认人、见证人签名或盖章。

7. 人民检察院主持进行辨认，可以商请公安机关参加或协助。

我国的《刑事诉讼法》中并未对侦查辨认作任何规定，而2007年对《刑事诉讼法》的再修改意见中已将此条提上日程，专家首先建议在法律条文中明确规定侦查辨认措施，即侦查人员认为有必要的时候可以让被害人、证人和犯罪嫌疑人对与犯罪有关的物品、文件、尸体、场所等进行辨认，也可以让被害人、证人对犯罪嫌疑人进行辨认或者让犯罪嫌疑人对其他犯罪嫌疑人进行辨认，并同时建议规定辨认的相关程序，如辨前告知、询问活动且制作笔录，辨认时应遵循的规则诸如个别辨认、混杂辨认等；同时还建议规定辨认的人数（物品）不得少于5人，照片不得少于5张；规定了侦查人员不得给予任何暗示、严禁辨认人与被辨认对象进行接触等相关内容；最后建议规定是制作辨认笔录且有在场见证人的签名盖章。

通过各个法律法规相关的规定，为保障辨认结论的可靠性，辨认必须遵守下列规则：

1. 个别辨认。为了保证辨认结论的客观公正性，防止辨认人受来自其他辨认人、辨认对象等各个方面的影响，辨认时要进行个别辨认。个别辨认包括两层含义：一是如果对同一辨认对象有几个辨认人时，辨认应该分别单独进行；二是一个辨认人面对多个辨认对象进行辨认时，也应该让辨认人进行分别单独的识别。

2. 混杂辨认。混杂辨认主要适用于对人和对物品的辨认。对人和物品进行辨认时，应当将辨认对象混杂在若干与其相似但无关的人或物品中间。在选择混杂对象时，应以辨认对象的特征为依据。在进行对人的辨认时，混杂陪衬的对象与被辨认人之间，应当在性别、年龄、相貌、身高、体态等方面相同或相似。在进行物品的辨认时，混杂陪衬的对象与被辨认对象之间应当在种类、颜色、大小等方面相同或相似。除此之外，对照片、录音、录像的辨认，也应当遵守混杂辨认的规则。

3. 自由辨认。自由辨认是指在进行辨认活动时，应当保证辨认人在不受任何干扰的情况下，自由而独立地进行识别。侦查人员在辨认人进行辨认的过程中，不得进行任何方式的暗示或诱导，更不得进行明确的指认。因此，在组织辨认活动时，应该从辨认开始以前就注意在各个方面保证自由辨认。在辨认开始前，不能让辨认人事先了解有关辨认的情况，不能让辨认人看见辨认对象和知道辨认对象的情况。在辨认过程中，侦查人员可以帮助辨认人全面、细致地观察辨认对象的特征，也可以进行必要的解释，但必须保持客观态度。

4. 辨认前应当向辨认人详细询问被辨认人的具体特征，禁止辨认人见到被辨认人，并告知有意作假辨认应负的法律责任。

5. 应当明确告知证人，犯罪嫌疑人有可能不在列队里或照片之中，从而使证人觉得自己不一定必须要辨认出某一个。

6. 在列队或照片中不应该突出犯罪嫌疑人。证人曾经对犯罪嫌疑人的某些特征进行特殊的关注，或对犯罪嫌疑人的特征进行过了言语描述，那么辨认中的犯罪嫌疑人最好避免出现这些特征，否则容易干扰证人的辨认。证人的言语描述对于面孔的记忆会有干扰作用。

第二节　辨认的方法

一、辨认前准备

一般而言，无论进行何种辨认，都应做好以下几方面的准备：

（一）向辨认人了解有关情况

在辨认开始前和辨认结束以后，主持辨认的侦查人员都应对辨认人进行询问。有的案件在辨认开始前就多辨认人已经进行了访问，但在辨认开始以前，仍然应当仔细对辨认人进行有关的询问，这是组织辨认必不可少的程序。

在辨认开始之前，询问的重点是辨认人究竟掌握了哪些特征，辨认人能否依据对此的感知和记忆进行辨认。同时，侦查人员还应当问明辨认人感知的时间、条件、环境、辨认人自身的感知能力如何等，以便对辨认人掌握的情况的可靠性和设计提供相应的辨认环境和条件提供可靠的依据。

辨认结束以后，针对辨认人做出的结论，侦查人员还应对辨认人再次进行询问，问明作出辨认结论的依据，以便对辨认结论进行正确的评断。

（二）确定辨认的时间和地点

组织公开的辨认活动时，辨认的时间和地点应尽量安排在符合辨认人原感知条件且外界干扰较小的环境中进行。秘密辨认时，应注意不能让被辨认人察觉，因此，在时间地点的选择上应符合保密的要求。

（三）制定辨认的实施方案

辨认应当有组织、有步骤地进行。因此，在组织辨认活动时，应制定具体的实施方案，方案的内容主要包括人员的分工、辨认的步骤和方法、辨认中可能出现的问题和相应的对策。

（四）辨认条件的准备

就辨认条件而言，应从以下方面进行准备：选择符合条件的混杂陪衬对象；对进行辨认活动的场所进行布置；向辨认人宣布辨认的要求和辨认中应注意的问题以及要求辨认人认真对待辨认活动。

二、辨认的实施

（一）对人的辨认

在对人的辨认开始之前，应当重点询问清楚辨认人掌握了犯罪人的哪些特征，能否依据对此的感知和保存的记忆进行辨认。同时还应问明辨认人是在什么时间、环境条件下看见犯罪人的，当时的视觉、听觉能力和其他有关的客观条件如何，以便据此设计相应的辨认环境。

对人的辨认应严格遵守混杂陪衬辨认的原则。《公安机关办理刑事案件程序规定》第249条第2款规定“辨认犯罪嫌疑人时，被辨认的人数不得少于七人；对犯罪嫌疑人照片进行辨认的，不得少于十人的照片”。《人民检察院刑事诉讼规则》第213条第2款规定“辨认犯罪嫌疑人时，受辨认人的人数不得少于五人，照片不得少于五张”。

对人进行直接辨认时，多采用静态辨认的方法，即以被辨认人的静态特征，尤其是以人的面部特征为依据，让辨认对象处于基本静止的状态，以便辨认人仔细而有序地观察被辨认人的外貌特征。如果辨认人对犯罪人的动态特征，如说话的声音、行走的姿势等有所感知和记忆，可以增加对犯罪人的动态特征的辨认。

除此之外，根据案件侦查的需要，侦查人员还可以组织寻查辨认。寻查辨认是发现犯罪嫌疑人的有效方法。

在对人进行辨认时，对于辨认人作出的有关静态特征中的稳定性不高的特征的结论，应进行谨慎的审查判断。

（二）对物品的辨认

对物品的辨认通常有三种情况：一是对不知名死者的衣服和随身携带的物品的辨认，这种辨认通常应先有控制、有选择地组织现场周围群众对物品进行识别，侦查人员应对这些物品的产地、流通和使用范围作出初步的判断；二是对现场遗留物品的辨认；三是对赃物的辨认，有时若不易取得实物，则应及时设法取得该物的照片，提交辨认。

在对物品进行辨认时，侦查人员应先通过询问辨认人，查明同犯罪事件有联系的物品具有的特征，然后再进行辨认。如果辨认人可能是该项物品的所有者，询问时可让辨认人提供与被辨认的物品原属同一整体或者附属关联的物品，或者相类似的物品。这有利于描述和理解物品的特征，有利于评断辨认的真实可靠性。

对物品进行辨认时，同样应当注意贯彻混杂辨认的原则。在挑选混杂陪衬的物品时，只要求一般特征相似即可。如果被辨认的物品比较特殊，难以找到同类的混杂陪衬物品，或者被辨认的物品的特定特征十分明确，经过询问，辨认人对物品的特征，特别是一些特殊的、不易被他人所知的细小特征十分了解的，也可以不混杂辨认，而将辨认物品单独提交辨认人辨认。

（三）对场所的辨认

在部分案件的侦查过程中，有时需要请被害人或者其他知情人对与犯罪有关的场所进行辨认，如犯罪将被害人挟持到其不熟悉的地点进行侵害，而被害人事后又无法说清确切的犯罪地点和具体方位。

对场所辨认时，侦查人员应首先对辨认人进行详细的询问，并根据辨认人所描述的该场所的特征，分析该场所可能位于何处。然后，引导辨认人经由这些地点，由辨认人自由辨认，并作出结论。考虑到辨认人可能存在的感知错误，当辨认人指认了某个场所后，侦查人员应该及时对该场所进行认真仔细的勘察，并结合辨认人事先作出的有关犯罪事件的陈述，评断辨认结论的可靠性。

有些犯罪由于行为的过程较长，情节复杂，犯罪人和被害人的活动涉及的地域范围大，为了确定犯罪过程中某个行为发生的确切地点，也可以组织进行对场所的辨认。对场所的辨认不适用混杂辨认的原则，但辨认的其他规则必须遵守。

（四）对尸体的辨认

对尸体的辨认应在法医的协助下进行。对尸体的辨认不适用混杂辨认的原则。但如果是多人进行辨认，则应贯彻个别辨认的原则。

在进行具体的辨认之前，首先应在法医的帮助下，对尸体做好必要的清理整容和发现、记录尸体的各种特征。对于已成白骨的尸体，可进行必要的颅骨复相，根据尸骨和牙齿对死者情况作出法医骨学和法齿学的分析判断。对于尸体上存在的用肉眼无法直接观察到的各种特征，不宜在辨认开始前向辨认人公布，而应该在辨认人进行辨认的过程中，向辨认人查明这些特征，并作为评断辨认结论的依据。如果是为了及时地引起认识死者的人的注意，以便他们及时参与辨认，也可以对这些特征做有限制的、有保留的公布。

侦查人员在调查过程中，一旦发现有同不知名死者类似的失踪人线索，应立即组织失踪人的亲友或其他熟悉失踪人的知情人进行辨认。如尸体已经不复存在，应将尸体的辨认照片和死者的衣服交给辨认人辨认。

三、制作辨认笔录

公开的辨认应当制作辨认笔录。秘密辨认则应当制作辨认报告。辨认报告不能用作诉讼证据，但应归入侦查卷宗，以供案情分析研究，其内容同辨认记录基本一致。

辨认笔录应包括以下内容：

1. 辨认前对辨认人的询问情况和辨认人的陈述情况；

2. 辨认的时间、地点、环境条件；

3. 混杂人员的姓名、年龄、住址，混杂物品的数量、来源、基本特征；

4. 辨认的结论，侦查人员就辨认结论对辨认人进行的询问情况和辨认人的陈述；

5. 混杂人员或者混杂物品同被辨认人或物品混杂在一起的照片，被辨认出的人或物品的照片；

6. 参与辨认的侦查人员、辨认人、混杂人员和被辨认人、见证人等的签名或盖章。

辨认笔录的内容应通过问答的形式记录，辨认笔录应力求客观、详细、准确。

第三节　辨认结论的审查评断

因为辨认的主体是人，其主观性很强，很容易受到人的感知、记忆的影响，还会受到各种客观因素的影响，因此对辨认的结论应该进行认真的审查和评断。对辨认结论的评断主要从以下几方面进行：

一、辨认人的自身情况

首先是审查辨认人的生理状况。应查明辨认人是否具备正常的感知能力、保持能力、再认能力，有无近视、远视、弱视、色盲、色弱、夜盲、听力减弱和健忘等生理缺陷，触觉和嗅觉是否正常，以及年龄大小等。其次是审查辨认人的基本情况。包括同案件结果的关系、同当事人的关系、文化程度、职业、对待辨认的态度、诚信程度等。

二、辨认人感知时的具体状况

一是感知时的客观因素。感知时的环境条件，特别是光线、地形、距离、气候、噪声等。二是感知时的精神状态。必须查明辨认人在感知时是否有顾虑、不安、恐惧、惊愕等消极情绪或极度饥饿、疲劳、睡眠不足、负伤流血等健康不佳的状况存在。

三、辨认人掌握辨认特征的实际情况

辨认人是通过自己了解的与犯罪有关的人、物品、场所的某些特征同被辨认对象的特征的对比、识别，进行辨认的。用于对比的特征是否具有排他性，除了特征本身以外，还取决于辨认人对该特征认知的深度和准确程度。因此，在评断辨认结论时，应仔细分析对比特征之间的准确性和可知程度。

四、辨认人所掌握的特征与辨认对象之间的误差

在辨认实践中，辨认人所掌握的特征与辨认对象之间往往存在一定程度的差

异。辨认对象的某些特征随着时间的推移或者人为的、自然的因素的影响，往往会发生改变，这是必然的。因此，对于辨认结论中出现的辨认人所掌握的特征与辨认对象之间的误差，应认真分析研究造成差异的原因。在具体分析的判断中，应根据事物的变化的客观规律，结合考察犯罪嫌疑人有无故意乔装的行为，并参照其他侦查措施所查获的情况，辩证地分析判断辨认结论。

五、侦查辨认程序

首先审查其是否已进行过其他形式的辨认。侦查人员必须重视辨认人的每一次辨认，严格遵循辨认规则及其他程序性要求。对于确有必要进行第二次辨认的，就要在辨认结论的审查时考虑这一因素对结论可靠性的影响。其次是审查其是单独辨认还是混杂辨认。一般说来，混杂辨认结论要比单独辨认结果可靠一些。再次审查辨认所设置的环境条件。最后审查辨认时是否遵循辨认规则：第一，审查是否遵循辨认前提醒规则，是否遵循禁止暗示规则。第二，是否遵循混杂辨认规则。第三，是否违背禁止接触规则。

对物品的辨认结论的评断是一个比较复杂的过程。对物品的辨认结论，即使是经过审查并认为是可靠的，也不能直接确定持有被辨认物品的人或被辨认物品的物主同犯罪事件存在着直接联系。通过对物品的辨认，只能确定被辨认物品原来同谁存在着物品的所有权关系，该物品现在的持有人同犯罪事件是否存在着直接联系，还必须通过其他途径作进一步的审查判断。

辨认结论只有经过认真、细致的评断，并与其他证据验证无误以后才能作为证据使用。辨认结论一般不能单独作为认定案件事实的依据，必须与案件中的其他证据材料结合使用。

问题与研究

1. 如何更有效地唤起辨认人的认知记忆？
2. 如何防止辨认过程中侦查人员“作弊”现象发生？
3. 如何完善我国刑事诉讼法对辨认的相关程序规定？

阅读文献

1. 徐立根主编：《侦查学》，中国人民大学出版社 1991 年版。
2. 杨宗辉等编：《侦查学》，群众出版社 2002 年版。
3. 李锡海：《侦查方法学》，中国人民公安大学出版社 1993 年版。
4. 孙长永：《侦查程序与人权》，中国方正出版社 2000 年版。
5. 郭晓彬：《侦查策略原理与实务》，群众出版社 2000 年版。

复习题

1. 辨认的概念。
2. 辨认的法律程序及原则。
3. 对人的辨认的基本方法。
4. 对物品辨认的基本方法。
5. 对场所辨认的基本方法。
6. 对尸体辨认的基本方法。
7. 辨认结论从哪些方面进行审查?

第六章　侦查实验

本章要点

本章首先阐述了侦查实验的概念，侦查实验的基本法律程序及原则。接着论述了侦查实验的基本规则。然后阐述了侦查实验的基本方法，包括：实验前的准备，实验的事实，实验笔录的制作。最后论述了侦查实验结论的审查和运用。

第一节　侦查实验概述

一、侦查实验的概念

侦查实验是为确定对案件侦查有意义的某一事件或现象是否存在，或者在某种条件下能否发生，参照事件原有条件将该事件或现象加以再现的一种侦查措施。这种侦查措施有时单独进行，有时在现场勘察时进行。侦查实验为分析判断案情提供依据，为侦查破案提供线索和证据，帮助侦查人员判明事主、被害人和证人的陈述是否真实可靠，以及查明犯罪嫌疑人和被告人的供述和辩解是否真实可靠。

在侦查过程中，许多问题可以通过侦查实验加以解决。例如：确定某种条件下，某种现象是否能发生；确定在某种条件下，能否完成某种行为；确定在一定条件下能否看见某种目标或听见某种声响；确定在某些情况是否曾发生或可能在什么条件下发生。

二、侦查实验的基本法律程序及原则

根据刑事诉讼法及公安部《规定》的有关规定，为查明案情，在必要的时候，经县级以上公安机关负责人批准，可以进行侦查实验。进行侦查实验时，禁止一切足以造成危险，侮辱人格或者有伤风化的行为。

由于侦查实验是一种特殊的侦查行为，只有在下列情况下，才能进行侦查实验：

1. 确定在一定条件下能否听到或看到；
2. 确定在一定时间内能否完成某一行为；

3. 确定在什么条件下能够发生某种现象；

4. 确定在某种条件下某种行为和某种痕迹是否吻合一致；

5. 确定在某种条件下使用某种工具可能或者不可能留下某种痕迹；

6. 确定某种痕迹在什么条件下会发生变异；

7. 确定某种事件是怎么发生的。

侦查实验，应当由侦查人员进行，并应当邀请见证人在场。在必要时也可以聘请具有专门知识的人参加。

侦查实验的经过和结果，应当制作侦查实验笔录，由参加侦查实验的人员签名或者盖章。

第二节　侦查实验的规则

侦查实验的条件是由被重演、待验证事件原有条件决定的。由于侦查人员并未直接感知被重演、验证事件的原来情况，所以，侦查实验中的各种情况、条件和其他因素都是在分析研究事件现场环境、各种痕迹物证、证人证言，以及犯罪嫌疑人、被告人供述等因素的基础上重建的。绝对地恢复原有情况和条件是不可能的。但侦查实验的结果是否能够正确地表明案件的某些情况，是否能够在证实或否定犯罪事实中起到证据的作用，同侦查实验的条件是否符合事件原有条件有直接关系。侦查实验的条件与原有条件差异越大，其结论的可靠性就越小。所以，进行侦查实验必须使实验的条件符合或基本符合事件的原有条件。为了保证侦查实验结论的可靠性和侦查线索、证据的价值，应当严格遵守侦查实验规则。

一、侦查实验一般应根据案件的实际情况，尽可能在事件原来地点进行

如原来地点的具体条件已发生可能影响实验结果可靠性的变化，应先恢复原状，再按照要求重演或重现事件发生、发展的过程。实验时，还应尽量使用原有的物品或工具，若原物已经损坏或不宜使用，应设法考虑使用同类同规格的物品代替。同时还应充分考虑犯罪人所具有的特殊生理条件和作案时特殊的心理条件。某些特殊的侦查实验，如爆炸等案件的侦查实验，可以在其他条件类似的地点进行。

二、进行侦查实验的时间应尽量与被验证的事件发生的时间一致

这里所指的时间是多种因素的集合。实验的时间同时具备被验证时间发生的时间特点是很困难的。可视侦查实验的性质、任务和目的，有选择的重点确定对实验结果的真实性有影响的几个因素。如实验能否看见某种目标或听到某种声响时，就应选择与事件发生相同的白天或夜间同一时间进行，因为白天和夜间的光线明暗、环境的安静程度差异是很大的。有些侦查实验则需要考虑环境变化,气候差异等。有的侦查实验不受时间影响,也可以不考虑时间条件。

三、进行侦查实验应选择与事件发生相同的自然条件

这方面的具体条件要根据实验所要解决的问题不同而具体考虑。例如,有的实验要求在风速、风向、温度或水的流速、流向等方面相同,有的实验则要求在阴晴、雨雪等方面相同。但自然条件不是人们主观决定的,侦查实验不能因为没有恰当的自然条件而长久等候。因此,在进行实验时,应注意因某些自然条件的不一致可能导致实验产生的误差,设法采取模拟条件补救,并在实验记录中加以说明。

四、同一情况的实验应当反复多次进行

在实验过程中往往出现许多偶然情况影响实验的结果。坚持同一情况反复实验,可以提高侦查实验结果的可靠性。反复实验的方式很多,一般包括:在原有条件下以原有实验方法反复实验;原有条件下变换实验方法或适当变换实验条件反复实验;以及适当变换原有条件和实验方法反复实验。采用哪一种或哪几种方式进行侦查实验,一般根据侦查实验的具体任务决定。

五、保守侦查实验结果的秘密

参加侦查实验的人员不能泄露侦查实验情况和实验结果。不能允许无关人员参加、观看侦查实验。侦查实验的过程和结果,应详细制作记录,附入案卷备查。

第三节 侦查实验的方法

一、侦查实验前的准备

(一)明确实验任务

侦查人员应当仔细研究案件的有关材料,进一步询问待验证事件的有关人员,把将要通过实验加以验证的问题肯定下来。如果实验是为了查明某种现象发生的原因,在实验前最好对有关材料集中进行研究,以便确定该现象能不能做出某种客观的解释;如果实验是为了审查事主、被害人的陈述或者是犯罪嫌疑人的供述,最好对他们再进行详细的询问或讯问,分析疑点是否由于以前的的询问或讯问中的误述、误听、误记或是理解上的错误等形成的。如果通过上述工作,疑点已有了合理解释,则可避免空耗人力、物力和时间进行实验。相反,如果经过分析研究对某种现象形成的真正原因仍不清楚或者事主、被害人和犯罪嫌疑人仍然坚持原有说法,这样就可以使侦查实验的目的和实验所要解决的问题更加明确和肯定,实验结论也更具有说服力和证明力。

（二）确定实验的内容和实施的方案

实验前应当根据实验的种类、任务、目的确定实验的具体内容、实验方法、次数、同样条件的反复实验与变换实验方法的具体方案，具体活动的顺序及连接组织，以避免紊乱，影响实验的顺利进行和结论的准确性。确定实验的具体内容和实施方案时，各方面的有关细节都应充分考虑到。有些细节虽然对于侦查破案本身没有很大的价值，但对于侦查实验却可能十分重要。如果案卷材料中没有这些细节，还应通过补充调查加以了解。对于实在难以确定的条件和细节，应设计多种不同的方案，在不同的条件下反复实验。

（三）确定实验的时间和地点

根据实验的任务、目的、具体内容、组织方式，确定同被验证事件相同的时间和地点，或者安排在更有利于实验进行的时间和地点进行。

（四）确定参加实验的人员

任何侦查实验都应该有侦查人员、实验项目的操作人员和两名以上的见证人参加，其他人员是否参加，应视实验的种类和内容而定。侦查实验必须在侦查人员的主持下有计划地进行。侦查人员是侦查实验的组织指挥者，不应自行操作实验的具体项目，以免影响实验的公正性。参加实验的侦查人员的数量，应视实验是否分组、分处进行而定。

如果实验需要利用某种专业知识或具有一定危险性，还应有具有这种专业知识或能有效地预防危险发生的人员参加，并让他们担任实验项目的操作执行者。见证人一般为两人，如果实验要分组、分处同时进行，见证人的数量还应随需要而相应增加。侦查实验的见证人应当同被验证事件无关，而具有理解实验内容、评断实验结论的知识，不具备这些条件的人员则不能担任见证人。

若是侦查实验需要审查事主、被害人、证人、犯罪嫌疑人或被告人的陈述或供述，或者是实验的内容同他们有联系，应当让他们参加，一方面可以启发他们对当时情形更深层次的回忆，另一方面可以使其的谎言暴露。

为了保证侦查实验的顺利进行，还应指派一定的工作人员担负实验现场的警戒工作，尽量使实验不受围观群众的干扰。

除此之外，侦查实验还必须准备必要的技术手段和器材设备。

二、侦查实验的实施

实验开始前，侦查人员应将实验的任务告诉每个实验参与者，并明确其各自的任务或担任的实验项目。但值得注意的是，有时候，提前告诉参与者，可能会影响到他们的心理状态、注意力方向和感知的敏感程度发生变化，从而会影响到实验的结果。

在进行实验的过程中，侦查人员始终是组织指挥者，不应亲自去执行具体的实验项目，也不应让见证人去执行，以免影响实验的质量和结论的公正性。有些实验活动应当事先组织具有专门知识技能的人执行;有的实验项目可由参加实验的事主、被害人、证人或犯罪嫌疑人执行;有的实验活动应由数个具备不同条件的人依次分别执行。

三、制作笔录

侦查实验的过程和结果,应客观细致地制作记录。即使是在现场勘察过程中进行的侦查实验,也应该单独制作记录,而不能合并在现场勘察记录之中。从实验开始就应有专人依照实验进程,采用笔录、绘图、照相、录音或录像等记录手段,将实验的过程和结果客观详细地记录下来,侦查人员在记录时不得将自己的分析判断记录进去,只能记录客观的实验过程和结果。侦查实验的记录以笔录为主,其他资料如录音录像作为笔录的附件,侦查实验记录的内容大致分为三个部分:

第一部分主要记录事件发生的时间、地点、简要案情和侦查实验的目的等基本情况。

第二部分是笔录的重点部分,记载侦查实验的全部过程。这部分应详细写明实验的情况,进行了哪些实验;实验的条件或环境;实验的方式和次数;实验了哪些内容,做了哪些动作,有何结果;有哪些变换条件的实验;每个实验项目的结果;整个实验过程是如何组织实施的等。

第三部分主要说明侦查实验的起止时间,具体地点,参加人员的姓名,职务和工作单位。凡参加实验的人员都要在记录上签名或盖章。

若参加实验的人员有某种说明性质的意见,可在记录的末尾加以注明。

第四节 侦查实验结论的审查评断

要在侦查实践中对侦查实验结论正确地加以利用,就要对侦查实验结论进行审查判断。只有侦查实验的结果是真实可靠的,才有必要进一步评断其作为证据的意义。对侦查实验的审查是指评断通过侦查实验所得到的结果在事实上是否确有发生或存在的客观可能性,即是否具有可靠性。

一、侦查实验结果可靠性的评断

侦查实验结论的审查判断是一项复杂系统的工作,审查判断的过程要排除种种矛盾和疑点。其审查判断主要从以下几个方面进行:

(一)对与侦查实验有实质影响的客观条件的审查

侦查实验的客观条件包括:

1. 时间条件。即实验所选择的时间与被验证事件发生的时间应当相似。

2. 地点条件。即验证事件应当尽可能在事件发生的原地点进行。如果原地点的具体条件已发生重大变化，那么应首先恢复原状，再进行实验。

3. 气象条件。实验所选择的天气状况（如阴晴、雨雪、云雾等）应当与事件发生时的天气状况相同或相似。

4. 照明条件。实验要在与原事件发生时相同的光照条件下进行。

5. 工具、物品条件。实验应尽可能使用原来的工具和物品。

（二）对侦查实验的组织过程的审查

在审查侦查实验的组织过程中，首先要审查具体的侦查实验是否有周密的实验计划，侦查实验的目的是否明确，对实验参加人（侦查实验的主持人员，实验的具体执行者以及实验的见证人）的选择是否符合法律的规定，满足实验的具体要求，而对一些复杂的实验，其必要的工具、设备的准备情况如何也是审查的内容；其次要审查侦查实验的实施方案，判断实验的顺序、内容是否恰当，实验的分工是否合理。

（三）对与侦查实验有关的主观因素的审查

作为侦查实验的实际执行人，其心理、生理因素以及是否具备某种专门知识、技能，有无解决某种专门性问题的能力和其与案件是否存在利害关系，能否客观公正地进行实验，对实验结果的可靠性和能证性有重大影响。因此，在实验的参加人员的主观因素与实验结果的可靠性有实质影响时，必须对这些主观因素进行审查。

通常，侦查实验结论分为肯定性结果和否定性结果。对得到的否定性结果在评断审查其可靠性时应当特别慎重。因为，侦查实验之所以得到否定的结果，可能是由于在进行侦查实验的情势下，实验的实际执行者感到异常，因而使动作的协调程度或者智力功能下降所致。

（四）对侦查实验技术的审查

侦查实验作为一项技术性要求很高的侦查措施，其真实程度与实验技术的正确运用密切相关。首先，要审查侦查实验所使用的技术设备的性能及其可靠程度。其次，要审查有关人员的操作技术水平。同时，还要对该人员是否具备一定的职业资格进行审查。

（五）对侦查实验策略方法的审查

作为一项具体的侦查措施，侦查人员在实施侦查实验的过程中，往往会基于特定的行为目标或某一环节所要达到的目标，而对实验对象采取一定灵活而有效的方法，这就形成了侦查实验中的策略方法。组织实施侦查实验的策略方法是否恰当，对实验结果的可靠性也有着直接影响。

二、侦查实验结论的运用

侦查实验结论的证据意义，应当根据实验所要解决的问题和实验结果的性质进行综合分析。有些实验所解决的问题，只能为分析案情、确定侦查方向和范围提供依据，不能直接作为诉讼证据。有的实验结果能否作为证据，以结果是肯定还是否定、是单一的还是非单一为转移。

侦查实验结论一般有肯定性实验结论和否定性实验结论。如果实验结论证实,某事实或现象客观上是可能发生或存在的,那么该实验结论便是肯定性实验结论。如果实验结论证实,某事实或现象客观上是不可能发生或存在的,那么该实验结论便是否定性实验结论。肯定性实验结论只能为分析案件某一情节提出依据,否定性实验结论则不能证明该情节或事实就一定不存在;肯定性实验结论只能为缩小侦查范围提供依据,而不能证实某人一定犯罪,否定性结论则可排除该人具备一定的犯罪条件。

侦查实验的结论还可以分为单一性实验结论和非单一性实验结论。如果实验结论证实某一事实或现象的发生或存在只有一种客观可能性,那么该实验结论便是单一性的。如果实验结论证实某一事实或现象的发生或存在至少有两种以上的可能性,那么该实验结论便是非单一性的。

侦查实验结论一般从以下几个方面进行运用:

(一)审查案件性质,决定是否立案

现实中,许多刑事案件的立案线索来自于控告、举报或犯罪嫌疑人的自首。根据《刑事诉讼法》第 86 条的规定,法院、检察院或公安机关应根据各自的管辖范围,对控告、举报或自首材料进行审查。即审查控告、检举和自首材料是属于犯罪事件还是非犯罪事件。审查案件是否成立有很多途径,其中根据控告人、检举人、自首人陈述的事实情节,进行必要的侦查实验是一种有效的方法。经过侦查实验,如果控告人、检举人、自首人陈述的事件不可能发生,则案件不能成立,如果侦查实验证明可能发生,案件就可能发生,就可能作出立案侦查的决定。

(二)指明侦查方向、划定侦查范围

侦查方向的确定可以以犯罪条件和犯罪嫌疑人的个人特征为依据。侦查实验通过模拟案发当时的条件,可以确定在案发现场的某种痕迹是否是由某种条件下的特定行为所引起的,特定条件下使用某类特定工具是否会留下某种痕迹以及完成某种行为是否需要某种特殊技能或具备一定的身体条件。如,通过侦查实验,发现现场的痕迹是由某种特殊工具所形成的,而这种工具只能是具有特殊职业的人才能拥有和使用的,那么侦查方向就应当是在具有此种工具或有机会获得此种工具的人中去查找犯罪嫌疑人。

明确侦查范围,实际上是解决在什么地区、何种行业中去查找犯罪嫌疑人的问题。侦查范围的确定可以以犯罪时间、犯罪嫌疑人对现场环境和现场内部情况的熟悉程度、犯罪手段和方法、作案过程等为依据。侦查实验能够确定犯罪嫌疑人完成某种行为所需的时间,也可以根据现场遗留的痕迹模拟有关的作案过程,发现犯罪嫌疑人的犯罪手段和方法等。由于有的案件在犯罪时间上能直接反映出犯罪嫌疑人的居住范围或藏身的范围,而侦查实验能够验证在特定的时间内行为人能否完成特定的行为，进而明确侦查范围。

（三）配合其他侦查措施，侦破案件

为了迅速地推进侦查，必须使每项侦查措施在一定的侦查情势下合理组合，形成合力。侦查实验是确定与案件有关的某一情节或事实是否有发生、存在的客观可能以及如何发生变化的一项侦查措施，其对查明案件真实情况有特殊的证明作用。但就侦查实验中如何保证再现事件的准确性，就必须首先了解事件发生的原有条件和环境，而调查访问则可以根据不同的情况和对象，采取不同的策略方法、行动方案、应急对策，有针对性的对事件发生的条件和环境予以调查，以明确案件原有的条件，确保侦查实验再现案情。

问题与研究

1. 如何有效地确保侦查实验的真实性？
2. 如何使侦查实验最能反映案发当时的情况？
3. 实验过程中，如果有当事人参与，如何把握当事人的心理状态？

阅读文献

1. 徐立根主编:《侦查学》，中国人民大学出版社 1991 年版。
2. 杨宗辉等编:《侦查学》，群众出版社 2002 年版。
3. 李锡海:《侦查方法学》，中国人民公安大学出版社 1993 年版。
4. 孙长永:《侦查程序与人权》，中国方正出版社 2000 年版。
5. 郭晓彬:《侦查策略原理与实务》，群众出版社 2000 年版。

复习题

1. 侦查实验的概念、基本法律程序及其原则。
2. 侦查实验的基本规则。
3. 侦查实验的基本方法。
4. 实验结论的审查及其运用。

第七章　搜查、扣押

本章要点

搜查是我国刑事诉讼法规定的七种侦查行为之一。本章首先阐述了搜查与扣押的基本概念及其法律程序和原则。接着本章论述了搜查的基本方法，包括：搜查的前期准备、对室内场所的搜查、对公共场所的搜查和对人身的搜查等。最后本章论述了扣押的基本方法，包括扣押的范围和扣押的执行等。

第一节　搜查、扣押概述

一、搜查

（一）搜查的概念

搜查是我国刑事诉讼法规定的七种侦查行为之一，是指公安机关、人民检察院的侦查人员依法对犯罪嫌疑人以及其他可能隐藏犯罪或证据的人身、物品、住所和其他有关地方进行搜索、检查。它是侦查机关同犯罪行为作斗争的重要手段，对于侦查机关及时收集证据，查获犯罪嫌疑人，防止其逃跑、毁灭、转移证据，揭露、证实犯罪，保证诉讼顺利进行，从而有力打击犯罪具有十分重要的意义。

由于对搜查进行分类的标准不同，搜查通常分为以下几类：

根据搜查的范围和目的不同，搜查分为人身搜查、住宅搜查和露天搜查三种。人身搜查是指为了收集与案件有关的各种痕迹物证，对犯罪嫌疑人的身体、衣、帽、鞋、袜以及随身携带的物品等进行搜索检查。住宅搜查又称为室内场所搜查，是最为常见的搜查措施。露天搜查又称为室外搜查，是指对可能留有犯罪证据的露天场所进行搜索、检查。

根据警察执行搜查时有无令状将搜查分为有证搜查和无证搜查。在实施搜查之前，执行机关必须先取得法律指定的有权做出搜查决定的机关签发的搜查令状，并把持有或出示搜查令状视为合法搜查的先决条件；只有在法律规定的个别情况下，才准许在没有预先取得搜查令状的情况下实施搜查。

根据搜查实施的方式不同，搜查可分为公开搜查和秘密搜查。公开搜查大多是在执行逮捕拘留或讯问过程中进行的，秘密搜查多是在侦查过程中进行。公开搜查必须严格履行法律手续。

（二）搜查的基本法律程序及原则

我国的刑事诉讼法和《公安部关于办理刑事案件的程序规定》明确规定了搜查应当遵守的法律程序：

1. 搜查只能由侦查人员进行，其他任何机关、团体和个人都无权对公民人身和住宅进行搜查，否则，情节严重构成犯罪的，将依法追究其刑事责任。

2. 搜查的人员不得少于 2 人。

3. 搜查时，必须向被搜查人出示搜查证，否则被搜查人有权拒绝搜查。但是，侦查人员在执行逮捕、拘留时，遇有紧急情况，不另用搜查证也可以进行搜查。紧急情况是指下列情形之一：（1）可能随身携带凶器的；（2）可能隐藏爆炸、剧毒等危险物品的；（3）可能隐匿、毁弃、转移犯罪证据的；（4）可能隐匿其他犯罪嫌疑人的；（5）其他突然发生的紧急情况。

4. 任何单位和个人都有义务按照公安机关和人民检察院的要求。交出可以正面犯罪嫌疑人有罪或无罪的物证、书证、试听资料等。遇有拒绝者，侦查机关可依法强制提取。

5. 搜查时，应当有被搜查人或者他的家属、邻居或其他见证人在场。

6. 搜查妇女的身体，应当由女工作人员进行。

7. 搜查的情况应当制作笔录，由侦查人员和被搜查人员或者他的家属、邻居或其他见证人签名或盖章。如果被搜查人在逃或者他的家属拒绝签名、盖章的，应当记明。

以后的《刑事诉讼法》的修改中，法律的走向趋势会更加遵守宪法精神，即“尊重和保障人权”，届时，搜查前就必须申请检察院批准，只有被搜查人或被搜查地点、物品的权利人、持有人以书面形式同意搜查的，可以不经过检察院批准。对于特殊情况下，如紧急情况下的无证搜查，必须在 24 小时内书面报告人民检察院。

二、扣押

（一）扣押的概念

扣押是指侦查机关依法向持有人强制提取、留置同案件有关的物品或文件的侦查措施。扣押通常是在搜查和现场勘察过程中进行，有时也可单独进行。而扣押的对象一般是为书证和物证。扣押的目的在于取得和保全证据。侦查机关即使通过扣押行为能够防止证明犯罪嫌疑人有罪或无罪、罪轻或罪重的物品文件发生毁弃、丢失或被隐藏等现象，从而保证侦查人员依法扣押的物证、书证在认定案件事实，揭露、证实犯罪，保障无罪公民不受刑事追诉方面发挥应有的证据作用。

（二）扣押的基本法律程序及原则

扣押是一种强制性的侦查措施，直接关系到公民的合法权益是否受到非法侵害，根据我国刑事诉讼法的规定，扣押应当遵守下列程序：

1. 扣押只能由侦查人员进行，且需要两名以上。侦查人员如果在现场勘察和搜查中发现需要扣押的物品、文件时，凭勘察证和搜查证即可予以扣押；如果是单独进行扣押，则应持有侦查机关的证明文件，如侦查人员的工作证件。

2. 扣押的范围仅限于查明于案件有关的具有证据意义的各种物品、文件，对与案件无关的物品、文件不得随意扣押。如果发现是违禁品，无论是否与本案有关，都应先行扣押，然后交有关部门处理。但凡应当扣押的物品、文件，持有人拒绝交出的，侦查机关可以强行扣押。

3. 对于扣押的物品和文件，应当会同在场见证人和被扣押物品、文件的持有人查点清楚，当场开列清单，写明物品或文件的名称、编号、规格、数量、重量、质量、特征及其来源，由侦查人员、见证人和持有人签名或盖章。持有人及其家属在逃或拒绝签名时，不影响扣押的进行，但应当在扣押清单上注明。对于应当扣押但不便提取的物品，应当现场加封，并由专人负责保存。

4. 对于扣押的物品和文件，侦查机关应当妥善保管或封存，不得使用，损毁或丢弃，对于涉及国家秘密的文件、资料等应当严格保守秘密。

5. 侦查人员认为需要扣押犯罪嫌疑人的邮件、电报时，经公安机关或人民检察院的批准，即可通知邮电机关将有关的邮件、电报等扣押。不需要扣押时，应当立即通知邮电机关。根据案件侦查的需要，公安机关和人民检察院可以按照规定查询、冻结犯罪嫌疑人的存款、汇款，已被冻结的，不得重复冻结。只要查明是犯罪嫌疑人的存款或汇款，不管是否以犯罪嫌疑人的名字存入、汇出的款项，都可以予以查询和冻结。

6. 对于扣押的物品、文件、邮件、电报或冻结的存款、汇款，经查明确实与案件无关，应当在3日以内解除扣押、冻结，退还原主或原邮电机关。

第二节　搜查的基本方法

一、搜查前的准备

（一）明确搜查的目的

搜查的目的是为了收集犯罪证据和查获犯罪嫌疑人。在具体案件的搜查中，搜查的目的是多样的。例如，有的案件重点是搜查犯罪的赃证如物品、现金、票据等;有的案件的重点是发现犯罪工具或制作犯罪工具的剩余物质如放火的引火物、包装毒物的物品或剩余的毒物、杀人凶器等;有的案件则是为了发现同犯罪有关的痕迹如墙壁、地面、家具上沾染的血迹。

因此,搜查前,所有参加搜查的人员均应详细、准确地了解搜查的具体目的和重点。通常,参加搜查的人员对同犯罪有关的物证究竟隐匿在何处,哪些物品、痕迹可能同犯罪行为有关,并不可能都事先完全了解。因此,除了事先熟悉了解案情外,还应结合搜查的目的、任务进行必要的补充调查。了解搜查的具体目的和重点及有关情况,有助于搜查人员判断和发现目标。

(二)了解被搜查人及搜查现场环境

在了解搜查目的和重点的基础上,应对被搜查人及家庭成员,搜查地点进行详细的了解。这些情况,一般可以通过讯问被搜查人、走访知情群众、分析案件材料及实地观察加以掌握。掌握上述情况,搜查人员即可初步判断赃物、罪证可能藏匿的地点以便搜查时合理布置力量,有针对性、有重点地进行搜查。

(三)确定参加搜查的人员及分工

为了保证搜查行为的效率和有序性,应当根据案件的性质和搜查的目的确定参加搜查的人员及其分工,这对于顺利完成任务具有重要意义。

参加搜查的人数应该根据搜查工作量的大小决定。参加搜查的人员必须在两人以上,不允许一人单独执行搜查。如果搜查需要进行大量的体力工作或细致的查找、核对工作,应适当增加辅助人员参加协助搜查。

如果识别某些物品或痕迹是否同犯罪相关,需要专门知识,还应安排相应的专业技术人员参加协助搜查。如被搜查人中有妇女,还应事先选派女性侦查人员参加搜查。

此外,为了保证见证人能够及时到达搜查现场,应事先延请两名以上与案件无关的群众作为见证人。

搜查还需要相应数量的担任警戒工作的人员,以防止被搜查人脱逃、行凶、自杀或转移毁灭罪证。

(四)搜查工作的物质准备

搜查前应根据案件的性质和搜查的目的,准备必要的器材工具,搜查常用的器材工具一般有以下几类:

1. 照相、摄影器材、照明工具;
2. 探测工具,如探针、小型 X 光机、紫外线及红外线灯、金属探测器等;
3. 用以提取、包装检材样本的器材;
4. 搜查文书,包括搜查笔录、扣押物品清单等;
5. 交通、通讯工具及武器、戒具等。

决定具体的搜查时间是一项非常重要的内容,一般而言,发现有搜查必要,就应立即实施搜查，以免罪证毁灭、散失或被转移。室内搜查应尽可能选择被搜查人家庭成员多在家中时进行。

二、搜查方法

（一）住宅搜查

被搜查人的住宅常常藏匿有罪证、赃物或保留有能证实犯罪嫌疑人预备犯罪、实施犯罪的各种物品和痕迹。在有些案件中，犯罪嫌疑人的住宅同时又是实施犯罪和预备犯罪的场所。因此，住宅内能证实犯罪证据和发现新的侦查线索。但是，住宅内一般家具，杂物较多，加之犯罪嫌疑人在搜查前对痕迹的精心消除，物证的专门藏匿，使住宅搜查有相当的难度，要求搜查人员必须掌握正确的搜查策略方法。

1. 搜查的初步行动。搜查人员到达搜查地点时，应在搜查现场周围布置警戒监视岗哨，断绝搜查现场同外面的联系。搜查人员还应事先了解搜查场所的环境，如房屋结构、室内摆设等。

进入搜查现场后，应立即向被搜查人出示《搜查证》，令其在上面签字。随后，对被拘捕的犯罪嫌疑人和在场其他可能隐藏有赃物罪证的人，进行人身搜查。除留被搜查人或其一名家属在场外，其余人员均应带离搜查现场，集中监视看管。住宅内的电话及电源也应予以控制。搜查人员应察看住宅的情况和周围的环境情况，确定搜查的重点和方法。

2. 搜查的顺序。住宅搜查应根据搜查的目的和室内的结构特点，先从最有可能发现搜查目标的部位开始搜查，并采取分区定位的搜查方法。搜查人员分组分别搜查指定的区域，如果有必要重新搜查，可让搜查人员相互调换搜查的区域。

搜查每一个房间都应先确定搜查的起点，沿墙壁的一定方向，搜查沿壁安置的物品、挂在墙上的物品及墙壁本身、墙下的地面，最后搜查位于房屋中间的物品及地面。

3. 住宅搜查的重点。住宅搜查一般应重点搜查以下几个部分：

（1）地板。搜查时要注意发现是否有秘密处所，细小的物质或可疑的迹象。要特别注意放置家具的位置有无移动迹象。

（2）墙壁。搜查墙壁应注意观察墙面有无可疑痕迹，墙内有无秘密处所。

（3）家具、日常用品。搜查时要注意发现这些地方有无夹层。

对已发现的可疑物品，即使尚不能证实同犯罪有关，也不应轻易放过。应分析物品和痕迹的存放方式、出现的情况是否符合常规，同被搜查人的情况是否相符，以及被搜查人对此的解释是否可信。

4. 搜查过程中的观察和分析。在搜查过程中，应随时注意观察被搜查人的神情举止。有时，被搜查人也可能用一些有意的言行分散搜查人员的注意力，将正在接近搜查目的物的搜查人员引开。搜查人员在搜查过程中，不仅需要认真细致的工作作风和科学的策略方法，还需要准确地进行临场分析判断。要在一定程度上模拟被搜查人的思维方式，依据搜查目标的特点，被搜查人的职业、生活习惯、兴趣爱好及个人的特殊心理品质等对其藏匿物品行为的影响，判断应该用什么方法，在何处可能发现搜查的目的物。

住宅搜查应按规定制作搜查笔录和进行必要的拍照。搜查笔录应扼要、明确，如实地记录搜查行动的全过程。搜查结束，当被搜查人和见证人确认记录无误后，被搜查人、见证人、搜查人员应在搜查笔录上签名或盖章。搜查笔录应制作一式两份，一份随诉讼案卷材料移交，一份放在侦查卷内备案。

（二）露天场所的搜查

露天场所的搜查一般是住宅搜查的继续或组成部分。有时，如有特殊情况，如根据被搜查人的交代、案情的分析判断、有关情报的获悉等，也可专门进行。

露天场所，范围较大，环境复杂，犯罪人用以藏匿赃物罪证的条件比较好，痕迹物证容易受人为、自然和动物的因素破坏或散失。搜查前应走访群众，特别是向搜查地点周围的老住户，长年在附近劳动、作业的人员详细询问。

在调查访问的基础上，应根据搜查的任务，结合搜查地点的环境特点，划定搜查范围。

搜查过程中，应注意根据搜查的物品特性，结合现场的具体情况搜寻。注意观察地表及植物的情况也有助于发现搜查目的物。同时，还应注意动物的痕迹及动态，尸体或有些物品气味特殊，能招引鸟兽，而根据它们的活动及活动痕迹，有利于发现上述目标。

有时，翻转人在藏匿物品后，还会留下识别记号，以备自己将来取回该物品时便于寻找。犯罪人在预留识别记号时，一般要考虑其避免遭受到自然因素、动物或人为因素的无意破坏，隐蔽记号与藏物地点的内在联系等因素。因此，在搜查时应仔细观察一些与表面无关的现象，有时也可以发现这些识别记号，使搜查事半功倍。

（三）人身搜查

人身搜查的目的，主要是从被搜查人身上及随身携带的物品中发现证据或侦查线索。执行逮捕拘留时，应对被拘留人进行人身搜查。搜查住宅时，有时也需要对被搜查人或在场的亲属及其他可能隐藏赃物罪证的人员进行人身搜查。此外，根据侦查工作的需要，也可以在必要时，对其他可疑人员依法进行人身搜查。

人身搜查的基本方法是：

1. 搜查并解除被搜查人随身携带的武器、毒物及一切可能用来伤人的物品，以防备其行凶或自杀。

2. 关于搜查人员的人数和力量的配置。一般情况下是两名以上侦查人员搜一名被搜查人，若遇到人少搜人多时，则需出示证件，更严重的情况下是出示武器以控制局面。此外，在人身搜查的同时，要分配两人以上担任警戒，负责搜查现场的安全。

3. 搜查的姿势和顺序。搜查时，比较常用的搜查方式是站立式，即被搜查人背向搜查人员，两脚分开站立，举起双手并伸展手指。顺序应该是从背后开始，从上到下，由两侧至前后，由外及里进行全身搜查。除了站立式以外，还有在缉捕时常用的跪式和遇到强烈反抗时使用的卧式搜查姿势。

4. 搜查的重点。人体的腰间、腋下、前后胸、裆部，还有长发、耳孔、口腔等可以藏匿物品部位。人的衣物，要注意衣袋、衣领、垫肩、裤腰、鞋底、袜底、皮带、袖口等有夹层的部位，必要时拆开检查，此外还要求被搜查人身上贴有的药膏，扎着的绷带，在不伤害其健康的情况下应拆开检查。

5. 对女性被搜查人要尽量避免在公开场所进行搜查，而且应由女搜查人员执行。

第三节　扣押的基本方法

一、扣押的范围

扣押只限于与案件有关的具有证据意义的物品和物证，大致包括以下几种：

1. 搜查中发现的一切可以用来证明被搜查人有罪或无罪的各种物品和文件；
2. 被搜查人主动交出的同犯罪有关的物品和文件；
3. 用以补偿因犯罪行为造成损失的现金、有价证券和各种财物；
4. 违禁物品及国家法律法规明文规定不允许个人使用、持有的物品。

二、扣押的执行

扣押必须经过有关组织和机关批准，若是搜查现场的扣押，由指挥人员决定，必须由两名以上侦查人员执行扣押。

对需要扣押的物品和文件，搜查人员应会同见证人、被搜查人当场查点清楚，逐件登记编号，详细写明物品的名称、数量、特征，并开具《扣押物品清单》一式两份，由搜查人员、见证人和被搜查人核对后签名，一份交被扣押品的持有人，一份附卷备查。如果被扣押物品持有人或家属拒绝签名的，搜查人员应在《搜查证》、《搜查笔录》及《扣押物品清单》上分别注明。

扣押的各种物品、文件都应该妥善保管或者封存，不得使用、损毁和丢失。应当扣押但又不便马上提取的物品，应封存等候提取；不能封存的应责令被扣押物品持有人或其亲属暂时保管，并先行将该物品拍成照片附入案卷。

问题与研究

1. 如何完善我国现有的搜查与扣押制度?
2. 室内搜查时,如何把握所有者的心理活动?
3. 人身搜查时,突遇嫌疑人抵抗,如何应对?
4. 扣押的物品如何妥善保存?

阅读文献

1. 徐立根主编:《侦查学》,中国人民大学出版社 1991 年版。
2. 杨宗辉等编:《侦查学》,群众出版社 2002 年版。
3. 李锡海:《侦查方法学》,中国人民公安大学出版社 1993 年版。
4. 孙长永:《侦查程序与人权》,中国方正出版社 2000 年版。
5. 郭晓彬:《侦查策略原理与实务》,群众出版社 2000 年版。

复习题

1. 搜查与扣押的概念。
2. 搜查与扣押的法律程序。
3. 室内搜查的基本方法。
4. 露天场所搜查的基本方法。
5. 人身搜查的基本方法。
6. 扣押的基本方法。

第八章　控 制 赃 物

本章要点

本章主要介绍控制赃物的策略方法。首先，介绍了控制赃物的概念和控制赃物的基本法律程序及原则；其次，介绍了犯罪人处置赃物的常用手段方法；最后，介绍了控制赃物的策略方法和赃款赃物的追缴方式。通过对本章的学习，应当对控制赃物的概念、控制赃物的途径和方法做一个全面的了解；较为熟悉地掌握犯罪人处置赃物的方式方法；灵活选择控制方法和途径；注意控制赃物和收缴赃物过程中的相关规则。

第一节　控制赃物概述

一、控制赃物的概念

赃物是犯罪分子犯罪所得之物。由于贪利已成为犯罪分子犯罪的一个重要趋向，多数刑事案件都直接或间接地与经济利益有关，因此，也都有赃物的存在。赃物具有各不相同的使用价值和存在形态。它既可以反映出犯罪分子实施犯罪的动机、目的，反映出犯罪人的兴趣和需求，又可以通过其数量，结合运赃方式和犯罪时间等，推断出实施犯罪的犯罪分子的人数。由于赃物持有者多系犯罪分子或是与犯罪分子有着直接和间接的联系，因此，控制和发现赃物顺迹追踪犯罪人就成为侦查工作的一条基本思路。

所谓控制赃物是指侦查机关在侦查有赃物可查的刑事案件时，为发现赃物的隐藏、转移、销售、毁灭、使用等而采取的侦查措施。这项侦查措施主要适用于有赃物的刑事案件，如盗窃、抢劫、诈骗、走私、伪造等案件。它不同于对赃物的搜查，因为控制赃物不仅仅是直接查获赃物的措施，而且还可以通过控制赃物存放的地点、流通的渠道及交易的处所，从较为广泛的领域为侦查破案提供线索和证据，甚至直接抓获犯罪人，破获案件。

二、控制赃物的基本法律程序及原则

（一）控制赃物的意义

控制赃物是长期的侦查基础业务和具体案件侦查措施的有机结合。涉及财物的刑事案件一旦发生，侦查机关通常应当迅速部署控制赃物，并以此作为侦查的主要途径。就具体案件的侦查而言，控制赃物是作为侦查措施而存在的。但从全局侦查的角度，控制赃物是一项重要的侦查基础业务，需要建立专门的控制队伍和控制网络，运用专门的控制手段。因此，控制赃物不仅仅在具体案件的侦查中发挥功能，而且也贯穿于侦查的基础业务建设的始终，具有广泛的作用。

1. 直接破案。对有赃物可控制的案件，通过对犯罪嫌疑人及其住处和有关行业、场所的严密控制，可以在犯罪嫌疑人销售、转移、毁灭和使用赃物的过程中，人赃俱获，从而直接破案。

2. 发现线索。在侦查过程中，案件线索是与案件有关的一切情况和信息。这些情况与信息是依附于人、事、物，并通过其反映出来。侵财型或贪财利型案件的犯罪嫌疑人在实施犯罪后，大多有将赃物进行伪装、隐藏、转移、销售的过程，并且不可避免地在处置赃物的过程中与人、事、物发生联系，这种联系往往可以形成侦查的线索。因此，对赃物的滞留场所和流通渠道严密控制，即使不能直接抓获犯罪嫌疑人，也可以有效地发现侦查线索，并顺迹侦查发现犯罪人。

3. 获取证据。赃物是揭露和证实犯罪的物证。犯罪嫌疑人实施犯罪后隐藏、转移、销毁和毁灭证据的活动经查证后也是证据。同时，伴随着犯罪嫌疑人处置赃物的活动还会产生一些其他方面的证据。而这些证据大多可以通过控制赃物直接或间接获得。

4. 挽回损失。通过控制财物，及时、有效地追缴犯罪人犯罪所得，可以为国家或个人挽回部分或全部损失，而且可以通过发还赃物这一环节教育群众，密切侦查机关和人民群众的关系，进一步激发群众同犯罪作斗争的积极性。

5. 提供犯罪资料。控制赃物所获得的信息材料，如犯罪人处置赃物的手段和方法，可以反映出犯罪人犯罪的规律和处理赃物的特点。通过对这些材料进行整理和分析，不仅可以使控制赃物的措施更具有针对性和有效性，而且还可以丰富侦查情报资料的建设。

（二）控制赃物的基本法律程序

目前国内针对控制赃物还没有具体的法律条文出台，但因为控制赃物是刑事案件侦查中的一项重要的侦查措施，因此可以参照其他侦查措施的实施依照相关法律、法规执行。依据我国《刑事诉讼法》及《公安机关办理刑事案件程序规定》，对犯罪案件采取各种侦查措施，应由有侦查权的县、市以上公安机关，以及由省、市、自治区公安厅（局）授权行使侦查权的公安（保卫）处、科实行。根据公安工作实际需要，基层派出所要为上一级公安机关侦查部门对本管区发生的刑事案件进行调查侦查工作,提供信息资料和一切可能的协助,因此,也可以按规定同侦查人员一样使用某些一般性的侦查措施。除以上规定的机关、部门外,其他没有侦查权的公安保卫组织不能单独实施侦查,但应协助配合侦查工作。在实行侦查措施时,要依照法律程序和公安部有关规定,严格履行报审批准手续。特别是实行秘密措施和技侦手段时,必须执行依程序向上级呈报审批的具体规定,获得批准后方可使用。任何侦查措施的实施都不能侵犯公民的人身权、财产权和民主权等合法权利。

(三)控制赃物的原则

1. 依法性原则。这一原则就是按照法律、法规的规定行使侦查权,任何一种侦查措施的实施,都不能与法律、法规的规定相抵触。

2. 战机性原则。就是遵循实施侦查措施的时间紧迫性和及时性的原则。目标赃物一旦确定之后,控制赃物的侦查措施部署就要及时,组织落实措施的行动要迅速,侦查措施实行的周期要短,侦查措施的反馈要快捷。只有这样才能做到用兵神速快查快办,速战速决,充分发挥控制赃物的效能。控制赃物本身就有很强的时间性,贻误战机,不仅失去了其使用价值,而且会给整个案件的侦查带来严重后果。

3. 针对性原则。就是遵循实施赃物控制要坚持因情制宜、因案制宜、因人制宜的原则。即指因不同的赃物类型,因不同赃物的情况,采用与之相适应的不同的控制方法。针对性的另一含义是采用侦查措施的机动性和灵活性。机动性就是采用的控制方法要随着侦查工作情况的变化而随时加以调整;灵活性就是不以固定不变的控制模式和千篇一律的控制方法,对待各种复杂的、千变万化的赃物情况,防止在使用赃物控制措施的思想方法上的主观性、片面性。

4. 优选性原则。是指侦查人员在实施赃物控制的活动中,坚持对几种可能采取的控制方法进行最佳选择的原则。优选是一个从比较到决断的侦查决策过程,是使用赃物控制措施的关键步骤。优选的重要根据是赃物控制措施的可行性和最优性。可行性,是侦查部门的人力、物力,以及赃物所处环境、社会基础等各方面的条件,最有利于所选择的控制措施的实施;最优性,是要选择代价最小,风险最低,取得的效益最大的赃物控制措施。

5. 综合性原则。是指在同一刑事案件的侦查中,根据实际情况和现有条件,坚持充分发挥有关各类赃物控制措施的优点。综合性原则与优选性原则并不矛盾。优选,并不等于选择一种控制方法与措施。此外,优选主要是指在相似或相同情况的赃物控制中优选。综合性主要是指从多角度、多渠道、多功能等方面,发挥各种赃物控制方法及措施在侦查工作中及其在各个环节上的各自功能,以提高打击犯罪的综合效益。每一控制方法都不是万能的,都有它的局限性。各项控制措施的综合运用能够扬长避短,互为补充,相辅相成。

第二节　处置赃物的常用手段方法

犯罪人实施犯罪后对赃物的处置并无固定的模式,但要受着种因素的制约。由于对赃物的处置涉及多个环节,因此,处置的方法也多种多样。

一、犯罪人处置赃物的制约因素

(一)犯罪动机

犯罪动机是指犯罪人实施犯罪的内心起因。犯罪嫌疑人通过犯罪获取赃物的动机多种多样,如贪图享受、生活所迫、泄愤报复、博取他人欢心等。犯罪动机不同,犯罪人对赃物的处置方法也不同,如为贪图享受而犯罪所获取的赃物,大都是犯罪分子挥霍使用;为博取他人欢心而获取的赃物,一般会采用赠与的方式送给特定的人员。

(二)赃物的特性和特征

不同的赃物有着不同的特性,如使用价值、使用方式。有些赃物,需通过变卖、套取等环节后才能实现其经济价值,如存折;有些赃物,如日常生活用品,则可以直接被犯罪分子消费和使用。

不同的赃物也有不同的特征,如数量、体积、明显标志。数量和体积大的赃物处理的难度相对较大,同样,有明显标志或有特定用途的赃物处置时也容易被发现。

(三)犯罪人的条件

由于犯罪人客观上存在着个体差异,尤其是智能方面各不相同,因此,对同类赃物或同一赃物,不同的犯罪人也会有不同的处置方法,如流窜犯由于有丰富的反侦查经验,往往甲地获取赃物,乙地处理赃物;智能较高的犯罪分子在实施犯罪后,如遇侦查风声较紧,控制严密之时,往往对赃物进行隐藏而不急于处置。

(四)侦查工作的力度

犯罪嫌疑人实施犯罪获取赃物后,如果侦查工作力度较大,尤其是调查摸底和对赃物的搜寻工作力度影响较大时,犯罪嫌疑人常常通过隐藏、转移、抛弃或毁灭等方式来割断赃物与自身的联系。而侦查工作较为松懈,尤其是控制措施不严密时,犯罪人则会将赃物挥霍使用或销售变卖来实现赃物的经济价值,达到其犯罪的目的。

二、犯罪人处置赃物的主要方法

犯罪人通过犯罪获取赃物后,都有采取各种手段对赃物进行处置的过程。对赃物处置的目的,一方面是满足犯罪人的非法要求,使其获取一定的物质利益;另

一方面是通过对赃物的处置,割断赃物与自身的直接联系,从而逃避侦查。犯罪人处置赃物的主要方法有:

(一)销售赃物

销售赃物是指犯罪人通过销售变卖,将赃物兑换成为现金,以便挥霍、藏匿和逃避侦查。在当前市场经济的条件下,犯罪人销售赃物的方法越来越多,也越来越狡诈。

1. 异地销赃。犯罪人将犯罪获取的赃物转移至远离其居住地或发案地的地方进行销售变卖,旨在利用时间上和地点上的差异,造成销赃地和案件管辖地的分离,从而逃避侦查控制。

2. 低价销赃。犯罪人将一些高价赃物以低廉的价格销售给买主,目的是为了将赃物迅速脱手,尽快离开销赃场所,避免被发现或招致怀疑。

3. 物色买主,暗中销售。犯罪人在不法交易场所或公共复杂场所暗中物色买主,讨价还价后将买主带至赃物隐匿点成交。

4. 化整为零,小量多次销售。有些案件中,犯罪人获取的赃物是大量的成批或成套的同类物品,如成批的布料、服装、工业原材料、仪器设备零部件,如果这些物品一次出售,容易招致行业管理部门或群众的怀疑,因此,犯罪嫌疑人往往将赃物分成若干份,分次以较小的数量出售,以免被发现和查获。

5. 销毁或改变赃物特征后销售。有些赃物原有明显特征,销售时易为人们识别发现,犯罪人多在销售前设法将这些特征消除或改变。

6. 伪造身份,冒名顶替销售。有些赃物的销售,或在特定的交易场所销售赃物,需要出具证明销售者身份的证件,犯罪人为此常设法借用、盗用他人的身份证件或利用伪造、变造的证件在旧货交易市场、寄卖商店和典当行等公开销售赃物。

7. 利用他人代销赃物。为防止暴露,犯罪嫌疑人往往一般不公开出面销售赃物,而是寻找相关人员代销,如利用专门从事"窝赃"、"销赃"的窝主进行销售,利用他人经商之便代为销赃等。

(二)隐藏赃物

犯罪嫌疑人在实施犯罪后,有时并不急于销售、转移、使用赃物,而是将赃物隐藏起来,再相机处理。如系本地人犯罪,赃物大多隐藏在家中、办公地点或住地周围有隐藏条件的地点,或假借各种名义存放在亲戚、朋友处。如系流窜犯罪分子犯罪,赃物往往寄存在车站、码头的寄存处或隐藏在某一寄居处或窝点内。

犯罪嫌疑人隐藏赃物的原因多种多样,有的是为了窥探侦查机关侦查控制工作的动向,等待时机,伺机处理;有的则是为了打探和掌握市场行情,伺机销售;还有的是惧怕犯罪后会受到法律的严厉制裁,因而将赃物隐藏以留下"退路"。一般而言,犯罪嫌疑人隐藏赃物需要在他人的协助下才能完成,这是发现隐藏赃物线索的一个有利条件。

（三）转移赃物

转移赃物，是犯罪人犯罪心理决定的。犯罪人手持赃物总是惊恐不安，总是要考虑如何将赃物转移到安全地方。促使犯罪人转移赃物的因素有：一是由于侦查工作力度加大而使犯罪人，尤其是单位内部的犯罪人转移赃物；二是有的犯罪人惧怕亲朋好友或有关群众发现或觉察其犯罪事实而转移赃物；三是流窜犯罪分子因不便携带而将赃物通过邮局或车站寄、托运回家。

还有些犯罪嫌疑人把犯罪后所获取的赃物作为礼品，无偿赠送给亲朋好友或其他关系人。还有的犯罪嫌疑人实施犯罪获取赃物后，由于惧怕受到侦查打击和法律的制裁，而主动将赃物抛出，往往秘密地将赃物放置于较为显眼的地方，企图希望侦查机关在查获赃物后放弃对犯罪人的查找工作。

（四）毁灭赃物

毁灭赃物是犯罪人实施犯罪后处置赃物的一种惯用手法，其目的是通过毁灭赃物达到割断其与案件的内在联系。一般而言，犯罪嫌疑人销毁赃物的目的有两个方面，一是通过犯罪获取赃物的，目的是为了报复被害人，获取赃物后即毁灭赃物；二是为了转移侦查工作视线，逃避法律制裁，如在私仇杀人案件和奸情杀人案件中，犯罪嫌疑人为了掩盖其与被害人的特定因果联系，而故意将现场上的某些物品拿走后毁灭，以制造图财杀人的假象。

毁灭赃物从某种意义而言即毁灭了揭露证实犯罪的重要物证。但是，毁灭赃物不可能不暴露出任何迹象，不可能不遗留任何痕迹。通过勘验所获取的犯罪分子毁灭财物的痕迹往往是证明其犯罪的新的物证，经过调查所获取的犯罪嫌疑人毁灭赃物的迹象或过程又成了证明犯罪嫌疑人处理赃物的重要证据。

（五）挥霍使用赃物

赃物都有使用价值，犯罪嫌疑人实施犯罪获取赃物的主要目的之一就是为了挥霍享受。有些赃物，如现金、日用生活消费物品，犯罪嫌疑人往往用于挥霍使用。

对于赃物的挥霍使用，侦查一般难以控制，但可以通过深入的调查工作，发现犯罪嫌疑人犯罪后经济上的反常现象和行动上的反常迹象进而发现和查获赃物。

第三节　控制赃物的策略方法

一、控制赃物的重点范围

控制赃物的范围是指犯罪人销售、挥霍、使用、转移、隐藏和销毁赃物所要涉足的行业和场所。控制赃物的重点范围主要是依据犯罪嫌疑人处置赃物的规律和特点而确定。

（一）特种行业

特种行业是治安学中的概念，主要是指饭店业、旅馆业、废旧物品收购业、修理行业和刻字印铸业等，这些行业是犯罪嫌疑人吃、住、销经常驻足的场所。

（二）公共复杂场所

公共复杂场所是指车站、码头、机场、影剧院、娱乐场所、货物集散地等。这些场所既是犯罪活动的多发场所，又是犯罪嫌疑人转移赃物、挥霍享受的地方。

（三）重点地区

重点地区主要是指治安情况较为复杂的地区，如赌博、吸毒、地下色情娱乐场所；以收购、销售赃物为业的人员集中的地区；犯罪嫌疑人聚集的地区；城郊结合部及治安死角地区等。这些地点常涉及赃物的挥霍、销售、收购、转移等活动。

（四）金融机构和商贸交易场所

金融机构主要是指银行、外币兑换场所、证券交易场所等；商贸交易场所是指商场、集市以及自发形成的地下黑市交易场所等。金融机构和商贸交易场所常常是赃物的兑换、隐藏、转移、销售所要涉及的场所。

二、控制赃物的基础业务建设

控制赃物既是一项有效的侦查措施，又是侦查机关基础业务建设的重要组成部分。控制赃物能否有效实施，在很大程度上取决于控制赃物的基础业务建设工作。侦查机关应在治安、交通运输、物质交易、金融、工商行政管理、税务等管理部门的密切配合下，切实做好控制赃物的基础业务建设。

（一）建立控制赃物的情报网络

1. 控制赃物情报网络的布建。控制赃物情报网络应根据犯罪嫌疑人处置赃物的一般规律，并在服务于上一级情报网和协调邻近及相关地区情报网的基础上布建。犯罪人处理赃物常涉及的场所都是控制赃物情报网络的布建范围。控制赃物情报网的基本要求是网络化、系统化，即应多层次、多渠道，点面结合，连成一体，形成疏密相宜的收集情报的整体。

就地域而言，控制赃物情报网络的布建应注重条块结合，从实际需要出发，确定情报网的范围。在规划和协调方面，统筹安排，统一规划，以便能充分而恰当地运用各种力量和各项措施，适应查证工作的实际需要。

2. 控制赃物情报的类型。按照情报的基本属性，控制赃物情报可以分为三种不同的基本类型。

（1）线索型控制赃物情报。这是能为控制赃物提供线索的一类情报。这类情报是具体的控制赃物行动的前提和基础，尤其是对预谋严密、行动隐蔽的销赃活动的控制，具有十分重要的作用。线索型控制赃物情报属于动态情报，具有模糊性、易变性的特点，需要透过诸多模糊的现象，进行跟踪对比、分析判断，方能认识其实质。

（2）资料型控制赃物情报。资料型控制赃物情报是为现行案件和积压的未破案件提供查缉线索的情报，是一种静态型情报。控制赃物情报网络通过存储可疑物品的流向、交易方式、交易双方的基本情况等资料，不仅可以提供控制赃物的线索、方向和范围，而且还可能提供并案侦查的依据。

（3）预测型控制赃物情报。这是为涉及赃物犯罪趋势提供的犯罪统计数据、情况报告、典型调查以及同涉及赃物犯罪活动相关的政治、经济、文化、教育及其他诸因素的社会情报。预测型控制物情报包括线索型和资料型两类情报的有关内容，同时也包括控制赃物策略实施过程中的反馈信息，是制定控制赃物战略性决策的情报。

3. 控制赃物情报的收集范围。控制赃物情报网应当根据侦查机关及有关部门的要求，结合侦查工作的具体情况，从下列方面收集情报：

（1）涉及赃物犯罪对策情报。这类情报资料主要包括：已破获的涉及赃物的犯罪案件材料；控制赃物的措施和方法；赃物鉴定和辨认识别资料；研究和反映控制赃物经验教训的著述等。

（2）有关控制赃物的通缉通报资料。这类情报资料包括通缉令、协查通报、失物招领启事、寻物启事、犯罪嫌疑人处理情况等。

（二）组建控制赃物的专门队伍

由于涉及赃物的刑事案件在整个刑事案例中所占的比重大，而且控制赃物所涉及的行业和范围越来越广泛，因此，控制赃物的任务越来越繁重，传统的单兵作战式的控制赃物方式已越来越不适应侦查工作的客观需要，迫切需要在侦查机关内部建立专门的控制赃物的队伍。

专门控制赃物队伍的主要任务是针对犯罪嫌疑人处置赃物涉及面广、随机性强、隐蔽化程度高的特点，认真研究犯罪人处理赃物的规律特点，合理布建秘密力量，广泛协调与有关行业和部门的关系，把控制赃物的措施落实到实处。同时，加强控制赃物工作的基础业务建设，对有关的赃物情报资料及时查证，为侦查破案工作提供有效服务。

（三）健全区域协作的联合控制赃物机制

为了打击流窜犯罪，我国侦查机关在总结同犯罪作斗争的经验基础上，已经建立了东北、华北、东南、中南、西南、西北的刑侦协作区以及长江沿线、津沪杭、京广、陇海等治安联防线，形成了打击流窜犯罪的网络。控制赃物可以依托和利用这些区域性的阵地控制网络，根据赃物的流向规律和特点，以侦查机关控制赃物的专门队伍为纽带，组建区域性的联合控制赃物网络，其主要任务是：

1. 交流交通沿线、赃物通道区段之间的控制赃物情况和经验；

2. 协调控制赃物的统一行动；

3. 相互提供涉及赃物犯罪活动的情报资料，互通信息；

4. 根据相互提供的有关情报资料，发现并案线索，开展联合并案侦查；

5. 加强侦查机关与铁路、公路、水上运输、民航、交通部门的配合，强化阵地控制。

三、控制赃物的一般方法

控制赃物的一般方法，主要依据案件性质、被控制赃物的属性、数量、价值及其有无明显特征和侦查对象的情况以及所在的单位、住址、人际交往关系等决定。

（一）对隐藏赃物的发现

1. 对发案不久，已发现嫌疑有据的对象，可以在正面突击审查时，运用搜查措施发现隐藏的赃物。

2. 在侦查过程中发现了重点嫌疑对象，经过一定的批准程序，可运用秘密搜查措施发现隐藏的赃物。

3. 在现场勘察过程中，扩大搜索范围，必要时使用警犬追踪，发现犯罪嫌疑人隐藏的赃物。侦查人员以化装身份或委托他人深入到或委托他人深入到有关场所进行侧面观察，发现隐藏的赃物。

（二）对转移赃物的控制

在侦查中控制犯罪人转移赃物一般有两种做法：一是有明显的犯罪嫌疑对象，根据案件侦查需要，采取跟踪守候监视的方法，在犯罪嫌疑人转移赃物的过程中寻找时机，人赃俱获。另一种是尚无明显的犯罪嫌疑对象或分析系流窜犯罪时，侦查机关可充分利用联防卡口、巡逻盘查等措施，对携带有可疑物品或形迹可疑的人进行盘问。另外，还可以利用秘密力量贴靠犯罪嫌疑人，设法了解犯罪嫌疑人转移赃物的时间、地点，然后组织力量选择相关地点拦截。

（三）对销售赃物的控制

1. 及时印发赃物协查通报，请求各有关地区、行业和有关部门协助控制。涉及赃物的刑事案件发生后，如财物损失较大，赃物特征比较明显，侦查机关应在初步查清财物损失情况后，迅速向有关地区、有关单位以及自己建立的控制网络发出赃物协查通报，在赃物协查通报上详细写明赃物的种类、数量和特征，必要时可附上该物品的照片。赃物协查通报一般不向社会公开，发放的行业范围和地区范围都应有针对性。

2. 依靠治安、工商税务、海关、边防等职能部门，在公开的职能管理中发现和控制赃物。对于特种行业，应依靠公安机关的力量，通过日常的治安行政管理工作，加强对犯罪人销售、转运、隐藏和使用赃物活动的控制；对于各种贸易场所，应依靠工商、税务、城 管、卫生防疫等部门的行业管理发现和控制赃物；对于走私、贩毒、拐卖人口等过境犯罪，侦查机关则应同海关、边防检查部门密切配合，在出入境关口等发现犯罪线索，查获赃物和犯罪人。

3. 依靠有关行业职工，组成城市控制赃物的行业网络。城市控制赃物的网络是区域性控制赃物网络的基础和组成部分，它主要是依靠有关行业职工，由“三道防线”构成。

（1）车站、码头、机场。这些场所是犯罪嫌疑人进出某地的必经场所，同时也是部分犯罪人进行联络接头、交易和物色买主、转移赃物的场所，是控制赃物的第一道防线。根据这类场所的特点，控制的一般方法是：

第一，发动行业内部职工对旅客中的可疑人员进行监视，发现赃物线索；第二，利用售票员、检票员、乘务员、安全检查员的工作便利，通过观察、询问和行李检查等发现赃物线索；第三，组建由地方侦查机关和铁路、民航、交通运输行业侦查机关组成的联合查缉队伍，负责通缉通报的查控和堵截、查缉犯罪嫌疑人；第四，布置一定数量的力量，主动出击，发现和控制犯罪嫌疑人的活动。

（2）市内公共交通工具和公共复杂场所。市内公共交通工具、公共复杂场所的共同特点是：人员流动量大、成分复杂、聚散短暂、活动多种多样、进出自由方便。其中，市内公共电汽车、出租车是犯罪人在市区内活动，如运送赃物、进入或逃离本地、挥霍享受常利用的交通工具。市内公共复杂场所，如集市贸易、娱乐场所，商场、繁华地段等，则多是犯罪人寻找销赃机会和对象、接头联络、进行交易和挥霍享受的场所。这类场所涉及面广，情况复杂，控制难度大。侦查机关应以公开和秘密手段相结合，依靠这些场所的从业人员和布建的秘密力量，利用犯罪人在这些场所活动较多，以职业身份不易引起犯罪人察觉的有利条件，观察、打探可疑情况，及时将可疑情况报告给侦查机关。

（3）旅店业。旅店是流窜犯罪嫌疑人落脚藏身及藏匿赃物的场所。由于住店旅客来源广泛，成分复杂，互不相识，流动性大，因此，控制的难度较大。

对旅店业的控制，在具体方法上要依靠旅店业的从业人员及秘密力量严格地把好住宿登记验证关、服务观察关和进出店存取物品关。侦查人员还应经常向旅店业从业人员和秘密力量通报控制赃物情况，传授发现和识别赃物的具体方法。

4. 组织基层治安保卫组织和治安积极分子，严密控制犯罪人场外销赃。部分犯罪人获取赃物后，为了逃避侦查打击，不到有关场所去销售赃物，而是到处兜售，常规方法难以控制。因此，侦查机关应当依靠基层保卫组织和治安积极分子，对那些易于销赃的居民区、公共复杂场所、非法交易市场等，实行分片包干、责任落实的方法，严加控制。

5. 布置秘密力量，进行重点控制。普遍控制要和重点控制相结合。对于犯罪人经常销赃的重点场所和地区，侦查机关应布置足够数量的秘密力量进行控制，发现可疑物品后立即报告。对于重大和特别重大的案件，如有具体的控制目标和控制范围，侦查机关应运用专案特情和情报特情开展活动，以便控制发现赃物。在有条件的情况下，侦查人员还应带领被害人及有关知情人到重点地区和场所对赃物进行寻查辨认。

6. 严密控制隐藏、购销赃物窝点。在涉及赃物的犯罪较为严重的地区，违法人员尤其是犯罪人员集中的地段、地下色情娱乐场所和赌博窝点、部分特种行业等场所，常常会形成购销赃物的窝点。这些窝点内，销赃人员、购销人员、赃物购销中间人及其他违法人员云集，是赃物线索较为集中的地方。这些窝点一经查明，侦查机关可在治安、工商、城管等部门的配合下，从控制赃物的实际需要出发，分以下三种情况分别处置：

(1)对于现实危害严重，人员活动情况极为复杂，难以有效控制的窝点，在查清其基本情况并掌握一定证据后，予以彻底摧毁，并大张旗鼓地加以宣传，以震慑犯罪分子，压缩犯罪人处置赃物的阵地。对抓获的可疑人员要认真深入地进行审查，对可疑线索要及时组织力量顺迹追查。

(2)对于虽然犯罪人员较为集中，但是能够有效控制的窝点，侦查机关可暂时不予触动，而是通过秘密的监视控制，发现并监控其中进行购销赃物的重大犯罪嫌疑对象，待其前来购、销赃物时，在不惊动其他犯罪人的前提下，将其秘密捕获，然后通过对捕获的犯罪人的审讯，查清案情。如侦查机关的缉捕行动未被暴露，则该窝点一般可继续保留，以通过对其的监视控制发现更多的和更重要的犯罪嫌疑人。反之，若该窝点已不宜保留或已无保留的价值，则应及时予以摧毁。

(3)对于部分隐藏较深、关系复杂和案情重大的窝点，可以依法派遣秘密力量或精干的侦查人员打入其内部，在外线的监控配合下，查清其内部情况、犯罪成员、往来关系等，寻机以公开的方式予以彻底摧毁。

第四节　赃款赃物的追缴

一、追缴赃款赃物的概念

所谓追缴赃款赃物是指司法机关采取的，对于犯罪人违法所得的赃款赃物予以追缴或者责令退赔的行为。追缴赃款赃物不仅是获取证据的重要途径，而且是扩大办案效果的重要方法。

二、追缴赃款赃物的方法

(一)通过搜查发现和获取赃款赃物

采用搜查措施发现和获取赃款赃物，是案件侦查中追赃的常用方法。侦查人员可根据侦查中发现的线索、群众的举报、犯罪嫌疑人的交代及侦查人员自己的分析判断，对可能隐藏有赃款赃物的场所依法进行各种形式的搜查。

在具体进行搜查时，要做到时机准、行动快、检查细。如果发现赃款赃物已经转移的，应扩大搜查范围或进行突然的重复搜查。

（二）根据获取的书证提供的线索追查赃款赃物

在案件侦查实践中，有的犯罪嫌疑人出于种种原因，将赃款赃物隐藏在外地亲友处，一旦案发，彼此间往往会通过书信、电话进行联系；有的犯罪嫌疑人会对赃款赃物隐藏转移的地点、具体去向进行记载。由此，侦查人员可对扣押的记录本、邮件、电报等进行分析判断，以判明赃款赃物的具体取向，并以此为线索追缴赃款赃物。

（三）通过讯问犯罪嫌疑人查明赃款赃物的具体去向

犯罪嫌疑人对于赃款赃物的具体去向是最清楚的。在讯问的过程中，侦查人员应对犯罪嫌疑人进行积极退赃、减少实际损失与罪责之间的关系的教育，促使犯罪嫌疑人如实提供赃款赃物的具体去向。

（四）动员犯罪嫌疑人的家属、亲友交出赃款赃物

犯罪嫌疑人的家属、亲友或多或少地享用了不法所得所带来的利益，而且也往往知道赃款赃物的下落，有的本身就是窝赃者。动员犯罪嫌疑人的家属、亲友交出赃款赃物，是案件侦查中一项非常重要的工作。由于犯罪嫌疑人的家属、亲友往往与侦查人员之间存在对立情绪，不愿意与侦查人员配合，因此，侦查人员应对其讲明窝赃与主动退赃的利害关系，促使其端正态度，权衡利弊，做出趋利避害的选择。同时，侦查人员还要结合对犯罪嫌疑人社会关系中同他较亲密的人进行侧面调查，从全方位、多层次的角度查清赃款赃物的具体去向。

（五）冻结银行存款，扣押财产

冻结犯罪嫌疑人的银行存款、扣押财产是追查赃款赃物时采用的扣押物证、保全诉讼证据的一种常用并行之有效的方法。这一方法有利于发现和保全诉讼证据，并可能促使犯罪嫌疑人被迫交出赃款赃物，是被害人的经济损失得到不同程度的弥补。

除此之外，对于携款潜逃的犯罪嫌疑人，在进行追捕时，应兼顾追赃。对于犯罪嫌疑人将赃款赃物借与他人、赠送他人或用于行贿、投资入股的，侦查人员也必须查明情况，逐一追缴。对于犯罪嫌疑人已将赃款赃物挥霍殆尽，或用于购置房产、高档消费用品的，原则上应以购置品或犯罪嫌疑人的其他个人财产抵赃退赔，或者勒令其筹款退赔。追缴赃款赃物具有强制性，如追缴受阻，可强制扣押赃款赃物。

三、追缴赃款赃物应注意的问题

（一）追缴赃款赃物应迅速及时，积极主动

赃款赃物作为一种证据，对于查明犯罪事实是十分重要的。因此，犯罪嫌疑人总是千方百计地隐藏、转移赃款赃物。追缴赃款赃物若错过时机，不仅会使侦查工作陷入被动，而且不易于挽回经济损失。一般而言，在立案审查时，就应当注意发

现和控制赃款赃物的具体去向。对于犯罪嫌疑人已经交代了赃款赃物的具体去向的,应迅速追缴,防止节外生枝。对于已经存入国外的银行或者已经携款外逃的,应结合其他侦查措施的使用,迅速追缴。

在追缴赃款赃物的过程中,不得因为犯罪嫌疑人已经受到了刑法处罚而放弃追赃;也不得因为犯罪嫌疑人不交代赃款赃物的具体区县各让其对隐藏赃款赃物地点和赃款赃物的发现、追缴;更不得因为赃款赃物的持有人不是领导干部,或者是对侦查人员具有某种影响或制约的人物而不敢依法追缴赃款赃物。

(二)追缴赃款赃物应依法进行

追缴赃款赃物应贯彻我国刑法规定的罪责自负、不株连无辜的原则,以及民事法律规定的有关精神,维护被害人、犯罪嫌疑人家属及其他公民的合法权益。非赃款赃物不得任意扣押、追缴。对于应当追缴的赃款赃物,必须按规定制作《收缴赃款赃物通知书》一式二份,其中一份交被收缴人。对于应予追缴不得退还或者无法退还的,应依照有关规定上缴国库。对于查没的财产,应制作《没收财物决定书》,填写《没收财物清单》一式二份,分别交被没收人和附卷备查。同时,不得以任何形式为经济纠纷当事人追款讨债;不得滥用职权,随意冻结企业的流动资金,逼企业还债。除此之外,严禁采取非法方式扣押人员,更不得以扣押人质的方式追缴赃款赃物。

问题与研究

1. 如何看待公安机关在实践中对赃款赃物及其追缴、退赃措施的误解和滥用?
2. 如何规范赃款赃物的控制和追缴?

阅读文献

1. 黄风:《贝卡利亚及其刑法思想》,中国政法大学出版社 1987 年版。
2. 冯英菊:《赃物犯罪研究》,中国政法大学出版社 2000 年版。
3. 高铭暄主编:《刑法专论》,高等教育出版社 2002 年版。

复习题

1. 追缴赃款赃物的基本原则是什么?
2. 赃款赃物的追缴方式是什么?

第九章　查询、冻结

本章要点

本章主要介绍查询、冻结的策略方法。首先介绍了查询、冻结的概念；其次，介绍了查询、冻结的基本法律程序及原则；最后，介绍了查询、冻结的策略方法。通过对本章的学习，应当对查询、冻结的概念有一个全面的了解；较为熟悉地掌握查询、冻结的方式方法，并应灵活选择；注意查询、冻结过程中的相关法律、法规。

第一节　查询、冻结概述

一、查询与冻结的概念

（一）查询的概念

查询是世界各国常用的一种侦查措施，特别是经济发达国家，由于金融工具发达，信用制度健全，货币的结算、支付大多不以现金形式，而通过金融票据。因此，在侦查经济领域犯罪时，通过查询存款、汇款，往往能取得好的效果。

在我国法律工作中，查询是指人民法院、人民检察院和公安机关依法向银行等金融机构查阅和调取与案件有关的个人或单位的银行存款和其他有关会计资料的一项侦查活动。查询是调取证据的方法之一，其主要对象是个人或者单位、机关、团体在银行等金融机构内存款的数额以及资金往来情况。另外，与案件有关的会计资料和公司申请开户资料也在查询之列。

（二）冻结的概念

冻结是公安机关根据侦查犯罪的需要，依法通知银行、金融和邮政部门暂时停止支付犯罪嫌疑人或单位存款、汇款的一种侦查方法。

我们在理解上述概念时，有三点需要明确：

1.“犯罪嫌疑人的存款、汇款”既包括以犯罪嫌疑人名字进行的存款、汇款，又包括将涉嫌的赃款以其假名、化名或家属、亲友名义进行的存款、汇款；既包括存进、汇进的款，又包括取出、汇出的款；既包括查询时还在犯罪嫌疑人账户上的款，又包括在一定时期内犯罪嫌疑人账户上款项存进、取出的整个流动状况。

2.“与案件有关的单位的存款、汇款”，其中有的属于“犯罪嫌疑人的存款、汇款”，如单位犯罪案件中单位的存款、汇款；通过单位转账的犯罪嫌疑人的款项。但有些则不属于“犯罪嫌疑人的存款、汇款”，而是“与案件有关”，如在侦查贪污、挪用公款、集体私分国有资产、签订合同失职被骗等犯罪案件中，往往需要查询、冻结与案件有关的单位的存款、汇款。因此，最高人民检察院《规则》第198条规定，查询、冻结与案件有关的单位的存款汇款的办法，适用查询、冻结犯罪嫌疑人存款、汇款的有关规定。

3.查询的对象，根据最高人民检察院《规则》第195条的规定，包括银行、非银行金融机构（如信托公司、融资中心等）和邮电部门。是否包括期货公司和证券公司，司法解释没有列入。我们认为，这些公司可以而且应当作为查询的对象，因为在当前投资渠道多样化的情况下，较多的犯罪分子会将赃款用于投资，而不用于存银行取息。但是，由于这些公司不是从事信贷业务，而是投资中介，故这里查询到的款项人民检察院不可能冻结，而只能采取扣押措施。

二、基本法律程序及原则

（一）查询、冻结犯罪嫌疑人存款、汇款的程序

1.根据最高人民检察院《规则》第195条的规定，向银行或者其他金融机构、邮电部门查询或者要求冻结存款、汇款的，应当经检察长批准，分别制作《查询犯罪嫌疑人存款、汇款通知书》和《冻结犯罪嫌疑人存款、汇款通知书》，送达银行或者其他金融机构、邮电部门执行。

2.根据《刑事诉讼法》第117条第2款和最高人民检察院《规则》第196条的规定，犯罪嫌疑人的存款、汇款已被有关机关冻结的，人民检察院不得重复冻结，但是应当要求银行或者其他金融机构、邮电部门在解除冻结或者做出实体处理前通知人民检察院。

3.根据《刑事诉讼法》第118条和最高人民检察院《规则》第197条的规定，对于冻结的存款、汇款，经查明确实与案件无关的，应当在3日以内解除冻结。

（二）查询、冻结单位存款、汇款的程序

根据最高人民检察院《规则》第198条规定，查询、冻结与案件有关的单位的存款、汇款的办法适用《规则》第194条至第197条的规定（指查询、冻结犯罪嫌疑人存款、汇款的规定）。至于具体做法，1993年12月11日中国人民银行、最高人民法院、最高人民检察院、公安部《关于查询、冻结、扣划企事业单位、机关、团体银行存款的通知》作了规定。程序如下：

1. 人民检察院因查处经济犯罪案件需向银行查询企业事业单位、机关团体与案件有关的银行存款或查询有关的会计凭证、账簿等资料时，银行应积极配合。查询人应出示本人工作证和人民检察院《协助查询存款通知书》。由银行行长或其他负责人签字后并指定银行有关业务部门凭此提供情况和资料，并派专人接待，查询人对原件不得借走。需要的资料可以抄录、复制、照相并经银行盖章。

2. 需冻结企业事业单位、机关、团体与案作直接有关的一定数额的银行存款的，必须出具人民检察院《协助冻结通知书》及本人工作证或执行公务证明，经银行行长（主任）签字后银行应立即凭此文书，并按应冻资金的性质，冻结当日单位银行账户上的同额存款，如遇被冻结单位存款不足冻结数额时，银行应在6个月的冻结期内冻结该单位银行账户可以冻结的存款，直至达到需要冻结的数额。被冻结款项在冻结期内如需解除，人民检察院应制作《解除冻结存款通知书》，送达银行执行。

3. 需扣划企业事业单位、机关、团体的银行存款的，应当出具人民检察院《协助扣划存款通知书》和本人工作证或执行公务证明。有生效法律文书的，还应附该法律文书的副本，银行应当凭此立即扣划单位的有关存款。

4. 作出查询、冻结、扣划决定的人民检察院与协助执行的银行不在同辖区的，可以直接到协助执行的银行办理于续，不受辖区范围的限制。

第二节　查询的方法

当前，邮政部门体系单一，故查询冻结存款、汇款比较简单，而金融机构则因从业机构庞杂多样、业务网点星罗棋布，使查询存款困难较多。虽然部分银行正在全国部分城市实行电脑联网，且随着储蓄实名制的实施和遗产税的开征，电脑联网将会逐步普及，从而为查询、冻结存款带来有利条件，但是，目前仍有许多金融机构未能电脑联网，因此必须研究查询存款的方法。

查询存款一般有两种方法：一种是拉网式的查询。这种查询工作量大，效率低，效果差。另一种是有针对性有重点地查询。这种查询工作量小，效率高，效果好。因此，应当尽量采用第二种查询方法。只有在采用第二种方法无果的情况下，才采用第一种方法。

要做到有针对性有重点地查询，一般可从以下两个方面人手：

一、从发现犯罪嫌疑人的存款线索入手

从发现犯罪嫌疑人的存款线索入手的主要途径有：

1. 通过搜查发现存款线索。有效的搜查，不仅可能查获存单，有时还能通过查

看犯罪嫌疑人及其家属的信件、笔记本、日记和写有数字、代号的字条，发现存款的线索。

2. 通过讯问犯罪嫌疑人及其家属、子女发现存款线索。犯罪嫌疑人及其家属、子女往往是存款行为的实施者，他们对赃款的去向一清二楚，因此，要善于抓住犯罪嫌疑人及其家属、子女企盼得到从宽处理的心理，运用谋略，加强政策攻心，促使其坦白交代赃款去向。

3. 通过调查有关知情人发现存款线索。有些有心人特别是与犯罪嫌疑人有特殊关系的人，有可能对犯罪嫌疑人存款的大致地方有所了解，因此，通过分析犯罪嫌疑人的社会关系网，有重点地进行调查了解，可能会有所收获。

二、从分析犯罪嫌疑人的存款方位入手

要根据人趋利避害的心理，通过分析不同金融机构信誉的高低、利率的高低、风险的大小、网点的多少（网点多就方便）、服务态度的优劣、离家的远近等情况，分析犯罪嫌疑人会将赃款存于哪个金融单位、哪个储蓄所，以此决定查询的重点或顺序。

第三节　冻结的方法

一、冻结的具体实施

（一）个人存款、汇款的冻结

当侦查人员在侦查过程中需要冻结犯罪嫌疑人的存款、汇款时，首先应当制作《呈请冻结犯罪嫌疑人存款（汇款）报告书》，报请县以上公安机关负责人批准；如果是冻结华侨的存款、汇款，应报请地（市）以上的公安机关负责人批准。经批准后，侦查人员填写《冻结犯罪嫌疑人存款（汇款）通知书》，并将通知及时送达有关的银行、金融机构和邮政局，经银行、县市支行、市分行区办一级核对后，或经邮政局核对后，通知所属的储蓄所或邮电局办理暂停支付手续。犯罪嫌疑人的存款、汇款已被冻结的，不得重复冻结。

冻结的期限最长不超过六个月，逾期自动撤销。有特殊原因需要延长的，应重新办理继续冻结手续。

如果犯罪嫌疑人在停止支付期间因生活必需需要提取存款、汇款时，银行、邮政局应及时主动与冻结的单位联系，并根据实际情况具体处理。

（二）单位存款的冻结

关于冻结单位存款的问题，《刑事诉讼法》和《公安机关办理刑事案件程序规定》没有做出规定，可根据中国人民银行、最高人民法院、最高人民检察院、公安部《关于查询、冻结、扣划企业事业单位、机关、团体银行存款的通知》的规定办理。

公安机关在查处经济犯罪案件过程中，需要冻结企事业单位、机关、团体与案件有关的一定数额的银行存款时，应当制作《呈请冻结单位存款报告书》，报请县以上公安机关负责人审批，后填写《协助冻结单位存款通知书》，将通知书送达银行，经银行行长（主任）签字后，银行即冻结当日单位银行账户上的同额存款，如单位存款不足冻结数额时，银行应在六个月的冻结期内冻结该单位银行账户上可以冻结的存款，直到达到需要冻结的数额。

公安机关在通知银行冻结单位存款时，应提供被冻结单位开户银行名称、户口和账号、冻结金额等。

冻结单位存款的期限不超过六个月，逾期自动撤销。有特殊原因需要延长的，应在冻结期满前办理续冻手续，每次续冻期限最长不超过六个月。

二、解除冻结的条件和程序

具备下列情形之一的，应解除冻结犯罪嫌疑人的存款、汇款：

1. 经过侦查，查明被冻结的存款、汇款与本案无关；

2. 经过侦查，查明被冻结的存款、汇款虽与本案有关，但不是本案的赃款，也不是进行犯罪活动的资金；

3. 经侦查，查明被冻结的存款、汇款系本案赃物，需要依法将赃款发还被害人或被害单位，或需要作其他处理；

4. 人民检察院认为犯罪嫌疑人具备不起诉的条件，对犯罪嫌疑人做出不起诉决定；

5. 人民法院判处犯罪嫌疑人无罪。

当侦查人员认为不需要继续冻结犯罪嫌疑人或单位存款、汇款时，应当制作《呈请解除冻结存款、汇款报告书》，报请县以上公安机关负责人审批之后，填写《解除冻结存款、汇款通知书》，并且送达有关的银行、邮政局，通知银行或邮政局解除冻结犯罪嫌疑人或单位的存款、汇款。

问题与研究

公安机关查询、冻结金融机构存款实行审批和监督的依据与现实必要性。

阅读文献

1. 黄风：《贝卡利亚及其刑法思想》，中国政法大学出版社 1987 年版。

2. 冯英菊：《赃物犯罪研究》，中国政法大学出版社 2000 年版。

3. 高铭暄主编：《刑法专论》，高等教育出版社 2002 年版。

4. 高铭暄主编:《新型经济犯罪研究》,中国方正出版社 2000 年版。

复习题

1. 查询、冻结存款、汇款的基本原则。
2. 冻结存款、汇款的基本程序。

第十章 通缉、通报

本章要点

通缉、通报都是侦查机关协同作战的重要的、法定的、公开的侦查措施，侦查活动中运用通缉、通报，目的在于查寻犯罪人、犯罪嫌疑人的行踪，并将其缉捕归案。但二者在适用对象，管理权限以及实施主体等方面存在区别。本章主要介绍通缉、通报的策略方法。首先介绍了通缉、通报的概念；其次，介绍了通缉、通报的基本法律程序及原则；最后，介绍了通缉、通报的策略方法。通过对本章的学习，应当对通缉、通报的概念有一个全面的了解；较为熟悉地掌握通缉、通报的方法，并应灵活选择；注意通缉、通报过程中的相关法律、法规。

第一节 通缉、通报概述

通缉、通报都是侦查机关协同作战的重要的、法定的、公开的侦查措施，侦查活动中运用通缉、通报，目的在于查寻犯罪人、犯罪嫌疑人的行踪，并将其缉捕归案。但二者在适用对象、管理权限以及实施主体等方面存在区别，因此，在侦查实践中，不能将二者混淆。

一、概念

（一）通缉的概念

通缉是公安机关为了缉捕逃跑的犯罪嫌疑人，以通缉令的形式，通告各有关地区的公安机关以及其他有关部门予以协助的一种查缉人犯的侦查措施。

（二）通报的概念

通报是为了查缉犯罪嫌疑人和控制赃物，各地侦查机关之间互通情报、协同作战的一种侦查措施。在侦查过程中，除了通缉在逃的犯罪嫌疑人外，侦查机关还常常根据侦查工作的实际需要，以通报的形式与邻近或相关的侦查机关取得联系，互通情报或请求某些方面予以协助，以利于侦查工作的顺利进行。

二、基本法律程序及原则

通缉是一项法定的侦查措施,刑事诉讼法明确规定:“应当逮捕的犯罪嫌疑人如果在逃,公安机关可发布通缉令,采取有效措施,追捕归案。”本条文中明确规定了,只有公安机关才有权采用通缉措施,即适用通缉的主体只能是公安机关,这是因为通缉本身是执行逮捕的继续,而执行逮捕权为公安机关专属。因此,人民检察院在办理自侦案件中,如需通缉犯罪嫌疑人的,应通过公安机关进行。

通缉的主要形式是发布通缉令。通缉令是可以采取有效措施将被通缉人追捕归案的法律依据,也就是说,根据通缉令,任何公民都有权利和责任将被通缉的犯罪人扭送到公安机关、人民检察院和人民法院。为此,为便于在运用通缉措施中贯彻专门机关与群众工作相结合的侦查原则,通缉令既可以发往各地的公安保卫部门、国家机关、企事业单位、人民团体,又可以进行公开张贴,以达到公而告之的效果,便于人民群众参与。

通缉令必须由县(市)以上公安机关发出,其他任何机关不得自行发布通缉令。各级公安机关在自己管辖的地区以内,可以直接发布通缉令,超出自己管辖的地区,应当报请有权决定的上级机关发布。对于通缉令发布的范围是某个地区还是全国,应根据案件的具体情况而定。在全国范围内发布通缉令,必须由公安部决定和发布。在侦查实践中,为了减少工作环节,也可采取商定互相授权的方式,联防协作区内可以直接发布通缉令。

在侦查实践中,通缉令通常发布至以下地区:

1. 犯罪嫌疑人逃跑可能经过的车站、码头、机场以及其他主要道口。

2. 犯罪嫌疑人可能出现的地点。这主要是指与案犯有一定社会关系的地区,如某地有案犯的亲友等,以及可以作为罪犯隐藏、居住的地区,如宾馆、饭店等。

3. 预计可能捕获在逃犯罪嫌疑人或犯罪人的地区。

通缉与通报尽管都属于查缉犯罪嫌疑人的侦查措施,但二者之间既存在联系,也有区别。通报是公安机关内部通力合作、协同破案的一种有效方法,它一般都是发布至有关地区的公安机关内部,不对外张贴。而通缉令是人民群众参与查缉犯罪嫌疑人的法律依据,它需要广大人民群众的积极参与配合,因此,它可以对外张贴。

通报的适用范围广,通缉只用于查缉已潜逃的、应予逮捕的犯罪嫌疑人,而通报除了用做查缉在逃的犯罪嫌疑人以外,还可用于查缉犯罪人,在这种情况下使用通报通常只知道其外貌特点、作案手段、携带的赃物等一般情况,而不知道他的真实姓名和地址。对潜逃的重大犯罪嫌疑人,在未确定拘捕之前,不宜使用通缉手段,必要时可以向有关地区公安机关发布通报,请求协助查缉,可见,通缉与通报两者适用的对象是不同的。正确区分二者的不同,是正确使用两种措施的前提。通缉和通报之间也存在联系。通缉发布后又发现新情况的,可以补发通报,对于通缉中不易暴露的情况，也可在发布通缉时，用通报的形式，一并发往有关地区，这既做到了内外有别，又保证了有关机关有效地进行查缉工作。二者之间存在一种相互配合的关系。

第二节　通缉的实施要点

一、通缉的对象

根据《中华人民共和国刑事诉讼法》第123条的有关规定，通缉只能适用于在逃的、应当逮捕的犯罪嫌疑人。按照《逮捕拘留条例》的规定，应当逮捕的犯罪嫌疑人是指已有证据证明其有犯罪事实，可能被判处有期徒刑以上刑罚的犯罪人。

从以上规定中，我们可以看出，通缉是针对特定对象而采取的侦查措施。通缉的发布在适用对象上应既包括具备《中华人民共和国刑事诉讼法》第60条规定的逮捕条件，应当依法逮捕，而下落不明的犯罪嫌疑人，也包括已被依法执行逮捕，羁押期间又逃跑的犯罪嫌疑人。具体说，通缉只适用于符合下列三个条件的对象：

1. 被通缉的人必须是犯罪嫌疑人；
2. 该犯罪嫌疑人符合逮捕条件；
3. 该犯罪嫌疑人确实在逃避法律责任而下落不明。

只有以上的三条同时具备的犯罪嫌疑人才构成通缉对象，除此以外，均不能使用该措施，对于那些尚不够逮捕条件的一般违法犯罪人和未决定拘捕的犯罪嫌疑人，尽管他们已外逃，也不能采取通缉的方法。

侦查实践中，通缉主要针对以下对象采取：

1. 案件发生不久，经过侦查已有证据证明其犯有可能判处有期徒刑以上的刑罚，但潜逃在外的犯罪嫌疑人；
2. 案件经过侦查，破案条件已经成熟，已准备将其逮捕而逃跑的犯罪嫌疑人；
3. 已经逮捕，在关押、押解或讯问过程中，因看管不严脱逃的犯罪嫌疑人；
4. 已经判刑，在服刑、关押期间越狱逃跑的犯罪人。

总之，在逃和应予逮捕是确定是否使用通缉的先决条件，但是通缉不是缉捕在逃的犯罪嫌疑人的唯一措施，侦查实践中需要发布通缉令的，一般是去向不明的重大、特大案件的犯罪嫌疑人，他们或者是罪行严重，或者是可能继续犯罪，对社会治安有很大危害，应当有针对性地发布通缉令，以获得有关地区、部门和广大公民的协助。

二、通缉的作用

通缉是缉捕在逃犯罪嫌疑人的有效措施，它属于紧急措施的范畴，在侦查中，

通缉具有很重要的作用,概括起来有以下三个方面:

(一)适时发布通缉令,有利于抓住战机,及时破案

侦查的终极目的是获取证据,并将犯罪嫌疑人缉拿归案,唯有此,才能实现刑事诉讼的目的。通缉令的适时发布,可以有效地调动有关地区及广大人民的整体力量协同作战,既弥补了负责案件侦查地区的公安机关,受各种因素如人力、物力限制所造成缉捕力量的不足,还可以使在逃的犯罪嫌疑人处于一种无法隐藏的境地,有利于及时地发现和抓获犯罪嫌疑人,特别是在现场勘查阶段或案件侦查初期,如果能抓住案件发生不久、犯罪嫌疑人外逃不远、处于一种惊魂不定的状态、无法有效地构筑反侦查的防线、无法从容地销赃和隐藏的有利时机,发布通缉令,可以及时有效地缉捕犯罪嫌疑人,有效地缩短发现、缉获犯罪嫌疑人的时间,节省大量的人力、物力,特别是在发布通缉令的同时,配合追缉堵截等措施,将更有力地推动案件侦查的进程。犯罪嫌疑人一经抓获,即可通过审讯、辨认、调查访问等多种措施,进一步查明事实真相,获取犯罪证据,使侦查、起诉、审判、执行等诉讼程序顺利进行。

(二)适时发布通缉令,可以有效地防止新的犯罪的发生

因出于潜逃后生存的需要,或为了倾力逃跑和隐匿,犯罪嫌疑人都可能继续犯罪,特别是一些自知罪行严重的亡命之徒,更可能在潜逃期间疯狂犯罪,这些都将给社会治安带来潜在的重大危害。适时发布通缉令,特别是有针对性地向犯罪嫌疑人有可能销赃、藏身的地区发布通缉令,可以迅速地形成一种强大的进攻态势,使犯罪嫌疑人处于一种风声鹤立的境地,敲山震虎,从而震慑犯罪嫌疑人,使其收敛犯罪活动,不敢犯罪;另一方面,各有关地区和部门在接到通缉令后,既可以有效地启动各种预防措施,加强有关部位的预防,消除可能有利于犯罪嫌疑人重新犯罪的条件和途径,使犯罪嫌疑人无法重新犯罪,又可以有针对性地组织缉捕,使犯罪嫌疑人早日落网,从根本上消除可能的犯罪隐患。同时,通缉令在有关地区部门的发布,公开张贴,可以对广大公民起预警作用,既可以使他们早做防范准备,免遭犯罪的侵害,又可以有效地获得群众的帮助,使专门工作与群众工作结合起来,有力地推动缉拿犯罪嫌疑人工作的进展。

(三)适时发布通缉令,可以有力地打击和防范流窜犯罪

改革开放、社会主义市场经济机制的建立,促进了经济的发展,人、财、物的大流动,现代化的交通、通信的发展不仅给经济的发展、人民的生活带来极大的方便,也同样给流窜犯罪分子采用跨大区域的以流窜的方式进行犯罪带来了极大方便,在新形势下,过去行之有效的条块结合、以块为主的侦查管理模式就明显地适应不了犯罪的这种变化,与之相伴的是犯罪防范控制机制机能的相对滞后,各种犯罪机遇令人防不胜防,许多犯罪人不难寻找到犯罪的合适机遇。因此,要解决有效的打击和控制流窜犯罪中的各种难题,靠各地区各自为战是难以实现的,而通缉这一侦

查措施的广泛运用，能使犯罪人、犯罪规律特点的信息得以及时地传递，从而协调各地的警力，共同作战，这对于查获和打击流窜犯罪具有重要意义。

此外，对于刑事犯罪情报资料的建设而言，通缉令亦是一种犯情报资源的重要来源，对通缉令所反映出的犯罪信息的整理、储存、研究和利用，已成为许多地区的侦查机关重要的日常业务工作内容。有效地利用侦查情报，是侦查机关打击流窜犯罪的重要手段与方法之一。

三、通缉前的调查工作

通缉的目的，在于通过发布通缉令，使潜逃的犯罪嫌疑人被缉拿归案。因此，通缉令的发布一定要有明确的针对性，只有认真搞好通缉前的调查工作，才能保证通缉令通缉的内容明确具体、通缉令发布的地区准确。

在发布通缉令之前，应当切实查明被通缉人以下几方面的情况：

1. 查明被通缉人的全部社会关系。被通缉人的社会关系是被通缉人赖以生存的保障。因此，查明了被通缉人的社会关系，就能明确通缉令的发布方向。被通缉人的社会关系主要包括其亲友、同事、同学和同案犯及其姓名、住址，以及被通缉人在出逃前是否表示要前往某地，或流露过其他行动计划。获取以上情况主要通过向被通缉人的亲友、邻居、所在单位及其他知情人等进行调查访问来获取，必要时还可考虑搜查通缉人的住所或与之有关的场所。通过以上工作获取的情况，发布通缉令的公安机关根据案情的实际需要，另以情况通报的形式，一同发往通缉令发布范围内的公安机关及有关部门，以便有重点、有目的地布置查缉工作。

2. 设法取得被通缉人的照片和指印。照片及指印均可通过搜查获得，或请被通缉人原来所在单位提供。对于有犯罪前科的被通缉人，还可通过有关司法部门获取。照片的选用上，应尽可能选用被通缉人近期所摄的非艺术照片。

3. 确认被通缉人的衣着特征和体貌特征。这方面材料的来源，一是询问熟悉被通缉人的人或知情人；二是分析研究被通缉人的近期照片；三是利用某种有关痕迹或遗留物品进行分析判断。

四、通缉令的格式及主要内容

通缉令应按规定的格式制定，在内容上应力求具体，简练明确，使人一目了然，在语言表述上应规范，并通俗易懂，以便有关机关及广大人民群众协助查缉。

通缉令的格式及主要内容一般应包括以下几方面：

1. 标题部分。包括题目（通缉令）和发文号。

2. 内容部分主要包括以下几方面：

（1）案件的基本情况。包括案件的性质、发案时间、地点及简要的案件情况以及犯罪的手段、方法，实施了何种犯罪，造成了何种后果，逃跑的方向和方式。

（2）被通缉人的基本特征。这是通缉令的主要内容，应详细描述。

被通缉人的基本特征方面，主要应写明以下情况：被通缉人的姓名（包括姓名、绰号)、性别、年龄、籍贯、职业、住址、逃走时的衣着打扮、体貌特征,并附上被通缉人的照片。

描述被通缉人的体貌特征,应参照《外貌描述》的特征分类有序地进行,从身高、体型、头型、发型、颜、眉、鼻、眼、嘴、下颌、耳、肩、身等方面,依次描述其特征,对各种通常外露的、容易引人注意和易于识别的特征(如斑痣、痕疾、残疾、纹身等)应重点具体、形象地描述。对于照片中不能反映的动态特征(如讲话口音、地方习惯、特殊的嗓音、行走的特殊姿势等)要力求加以准确、具体、通俗易懂的描述,以便于识别。

(3)被通缉人出逃时携带物品的特征。如果已知被通缉人出逃时带有某种物品,应将物品数量、种类及特征在通缉令中加以具体准确的描述。特别是对那些随身携带武器的被通缉人,一定要尽力详细地注明武器的种类、型号、数量等有关情况,以提高查缉人员的警惕性,有针对性地采取措施。

(4)通缉的要求及联络方法。这包括通缉令发布的有关地区在接到通缉令后,落实查缉工作的要求,缉捕犯罪嫌疑人时应该注意的问题,以及同发布通缉令的单位联系的方法和具体的联络地址或电话,包括邮政编码、电话号码、传真号码等。

3. 结尾部分,应包括发文单位(应加盖公章)及发布日期。

第三节 通报的实施要点

一、通报的作用

通报不仅能有效地帮助查缉犯罪嫌疑人,而且能有效地推进侦查工作,它在侦查工作中具有重要的作用,主要表现在以下三个方面:

(一)通报是广辟侦查线索来源的有效方法

由于犯罪的手段日趋智能化,流窜作案突出,许多案件发生后,犯罪现场虽然存在,但许多现场要么不明显,要么勘查的价值不大,通过常规的现场勘查,往往不能从中获取有价值的侦查线索,加之犯罪人往往采用跨大区域或甲地作案、乙地销赃、丙地藏身等手段犯罪和对抗侦查,使得诸如摸底排队等过去行之有效的发现侦查线索的方法的作用受到限制,这种在地域上有限制的方法也往往很难发现侦查线索,又由于经费的紧张,派出大量的人员外出进行调查工作,就显得很不现实。通过发布通报,通报范围内的有关部门或专门组织力量,或结合自己的日常业务工作,有针对性地进行调查,就可能发现有关的重要情况和线索。这样,就广泛地开辟了线索的来源,对于提高侦查工作效率,减少不必要的工作量及人力、财力的消耗都具有重要意义。

（二）通报工作是侦查机关之间加强横向联系的纽带

在新形势下，随着各地之间经济、文化交流活动的日益加强，犯罪也呈动态性的趋势，近年来，流窜犯罪、城市流动人口犯罪日益突出，旅客列车、汽车、轮船上的盗窃、抢劫、诈骗犯罪日益猖獗，跨国的贩毒、走私、诈骗犯罪活动也层出不穷，犯罪所涉及的对象和范围远远地超出了某一个区县、某一个城市的管辖区域，跨越了省界甚至国界。面对这种情况，如果不加强各地侦查机关的横向联系，没有上级侦查机关的协调和外地侦查机关的密切配合，单凭某一地区的侦查机关单兵作战，其在管辖区域外的侦查活动就很难顺利而有效的进行，侦查机关在日益动态性的犯罪面前也只能束手无策。

通报是加强各地侦查机关的横向联系，有效地发挥现有的人力、物力、财力，增加侦查机关整体作战能力的重要手段和有效方法。通报工作能够起到传递犯罪信息的功效，因而它能使各地侦查机关了解外地的治安情况、犯罪动态，掌握打击和控制犯罪的主动权。通报工作能够沟通各地案件的有关情况，从中发现可以串联在一起的相同类型的案件，有利于有关地区的侦查机关共同展开并案侦查。同时，通过对通报的查证工作，也可以加强各地侦查机关在工作上的协调和配合。

（三）通报工作是收集犯罪情报资料的重要途径

通报中包含有刑事案件，刑事犯罪人，犯罪规律、特点，犯罪手段特征及犯罪侵害目标等许多有价值的情况。这些情况既是犯罪的动态情报，是侦查工作的重要依据，同时又是颇具研究价值的犯罪情况资料。把已经查实的通报储存归档，对日后审查惯犯、累犯有重要作用。通过对这些资料的研究，可以总结出许多对侦查、防范控制工作具有指导意义的规律。许多暂时没有查实的通报，通过整理归类、存档，则成为继续发现有关犯罪线索的对照依据。

二、通报的种类

根据通报的内容和使用通报所要达到的目的的不同，通报通常有以下四类：

（一）不知名尸体协查通报

在杀人案件中，常常有部分案件在发现尸体后，经过现场勘查和发动现场周围群众辨认尸体，仍不知死者是谁。为了查清死者的有关情况，以利于侦查活动的顺利开展，需要向有关地区发出不知名尸体协查通报，请求有关单位协助查明死者的身份、生前居住或工作的地点。这是侦查不知名尸体案件一项不可缺少的措施。不知名尸体协查通报，应将案件发生、发现的时间、地点和主要经过，死者的性别、年龄、身高、发型、身体外表特征，生前是否患有某种疾病，受过某种创伤或作过外科手术，衣着的式样、质地、花色和新旧程度，以及随身携带的物品的种类、数量和特征等做出尽可能详细、准确的描述，并附上死者的全身照片和衣物照片。较重要的特征，还应附有该特征的特写比例照片，并注明该特征的部位。如果尸体已高度腐败或发现的是碎尸块，面容无法辨认，应通过法医检验确定死者的性别、年龄、身高，以及大致的死亡时间。对尸体或尸块上发现的各种有辨认价值的特征，尚未腐烂的头发、假牙、衣物、首饰等方面的特征应详细准确地描述，以便于失踪人员亲属和知情群众辨认。

（二）赃物协查通报

有的案件财物损失较大，赃物、赃款的特征又很明显，或某种赃物流失在社会上，对治安有一定的危害性。为了严密控制犯罪人销售、使用赃物，控制犯罪人将非法取得的支票、存折、发货票等兑现，骗取钱物，同时也为了通过赃物发现犯罪人的线索，可及时发出赃物协查通报，请求有关地区和单位协助控制赃物。赃物通报对案情只需作简要的叙述，重点应放在对赃物种类、数量、特征的描述。如赃物种类复杂、数量较多，还应在通报后面附上失物清单。对于只有失主知道的某些暗记，应专门做出准确的描述。有些赃物构造特殊、复杂，不易准确描述，或者赃物是不常见的物品，还应同时附上该类物品的照片，便于有关单位控制，或在追查已捕获犯罪人赃物的过程中查找。

（三）案情协查通报

某些重大案件尚未侦破，或在发生重大刑事案件的当时，如果根据现场勘查情况分析，认为犯罪人很可能是外地人或流窜犯罪分子，可以向邻近地区和犯罪人可能流窜犯罪的交通沿线城市的公安机关发出案情协查通报。发布案情协查通报的目的在于：

1. 请有关地区公安机关、侦查机关注意发现可疑线索，协助破案。

2. 请有关地区的公安机关、侦查机关注意发现该地区未破案件中是否有类似特点的案件，以便决定是否需要组织力量联合进行侦查。

3. 请有关地区公安机关在已拘捕的犯罪嫌疑人中注意审查是否有利用类似手法犯罪和其他情况相同的犯罪嫌疑人，以便有目的、有针对性地在审讯中追查其过去尚未被揭露的罪行。如果考虑到犯罪嫌疑人可能来自某劳改、劳教场所，还应向这些部门发出案情协查通报，请求提供线索，协助侦查工作。案情协查通报应写明案件发生的时间、地点、犯罪人侵害的对象以及犯罪手段的特点。如果犯罪嫌疑人在现场上留有指印、足迹或工具痕迹，且具备鉴定条件，应在通报中附上痕迹放大照片，并说明勘查鉴定时对该痕迹所做出的判断。如果犯罪人的人身特征有所暴露，通报还应对犯罪人的体貌特征加以描述。

4. 敌情通报。敌情通报一般是指上级公安机关将刑事犯罪活动的新的规律点和可能发展蔓延的趋势等情况及时通报各级公安机关、侦查机关，供部署工作、研究侦查和防范对策时考虑。有时，当重大案件发生后，或为了查找某个已潜逃的重大犯罪嫌疑人，公安机关、侦查机关在积极侦查、缉捕犯罪嫌疑人的同时，也可以向犯罪嫌疑人可能逃跑窜扰的地区发出敌情通报，请有关地区的公安机关预作防范，并协助寻找线索,缉捕重大犯罪嫌疑人。

以上各类通报一般不公开张贴,也不向群众公布,如果需要有公布的范围和要求。

第四节 通缉、通报的落实和管理

通缉通报,是现代侦查工作中一项非常有效的查缉犯罪嫌疑人的侦查措施,但通缉通报的作用的发挥,关键在于接受单位如何去落实和管理。

通缉通报的落实和管理,主要应做好以下几项工作:

一、建立相应的专项业务,通过与之相应的查缉专门队伍,落实通缉通报提出的要求

随着我国经济流通领域的不断发展和现代交通工具的日益普及,刑事犯罪分子特别是重大刑事惯犯、流窜犯跨区域实施犯罪和犯罪后潜逃的案件日益增多,尤其是经济犯罪案件中,越来越多的犯罪嫌疑人把携款潜逃作为逃避打击的主要方法,竞相采用,这一问题已严重地阻碍了经济犯罪案件侦查工作的进行,而且,这一部分犯罪嫌疑人潜逃涉及的范围常常超出一省或数省,甚至遍及全国,近年来还出现了越来越多的携款潜逃出境的现象,因此,侦查工作必须树立"全国一盘棋"的思想,全国侦查机关必须加强协同作战,才能有效地揭露和打击刑事犯罪活动,遏制住经济犯罪案件中的犯罪嫌疑人携款外逃的蔓延之势。在新的斗争形势下,各地尤其是大、中城市都要根据斗争形势的需要,建立一项协查、协捕和协控的专门业务工作,专门负责各地通缉工作,从组织上对通缉通报的有效开展提供保证。为此,各地都相应地建立了查缉专门队伍,专门负责各地发来的通缉、通报中提出的各项要求的落实,并在自己管辖范围内负责向各有关地区、单位转发外地发来的通缉通报,并督促他们及时布置落实,并采取相应的措施。具体讲查缉专门队伍的主要任务是:

1. 凡上级或外地侦查机关的重要通缉、通报,保证在二十四小时内印发有关地区、单位、部门,并督促落实,其中线索比较准确的犯罪人,重大犯罪嫌疑人在当地有社会关系的,应直接派员进行调查,或依靠有关派出所和单位保卫部门布置控制。

2. 凡外地侦查机关要求查证的线索,都要逐一认真查证,并在查证后回复查证情况和移交所获得的证据材料。

3. 凡外地侦查机关派人直接来调查重大线索、追捕犯罪嫌疑人,应抽出相应的力量,积极配合工作。

二、严格控制，慎重发布

通缉通报是一项重要的查缉犯罪嫌疑人的侦查措施，应充分发挥其良好作用，但这一侦查措施与其他侦查措施有所不同，在于它是直接针对某个人而非某事某物，因此，它直接涉及被通缉通报的人的人身权利问题，且一经发布，往往有较宽的知情和随之相伴的查缉，控制行踪，基于此，是否在侦查中运用通缉通报这一侦查措施，必须根据案件的性质和侦查工作的实际需要，严格按照有关法律、法规的规定办理。通缉通报在发布的地区和范围方面，应尽可能做到有的放矢，注重实际效果，防止盲目发布。同时，应当注意保守侦查工作秘密，不能用明码电报或普通信函发布通缉通报，凡涉及国家机密、保密单位、重要人物、涉外事务，通缉通报的行文上应尽可能回避，以免泄露机密和造成不良的政治影响或外事影响。

三、通缉通报的补充和撤销

1. 各地侦查机关在发出通缉通报后，如获悉新的情况，可以继续发通缉通报或其他相应的文书，以补充前面所发的通缉或通报的内容，以便使接到通缉或通报的侦查机关进一步明确案情或有关情况，减少不必要的工作量。

2. 发布通缉或通报的侦查机关，在案件已经侦破，犯罪嫌疑人已被查获之后，或因其他原因，不再需要有关地区继续就此案予以协查，应及时发出撤销通缉或通报的通知。

3. 对外地发来的通缉或通报，长时间没有接到对方来的撤销通知，应主动向对方发函或通电查询，一经获悉案件已经侦破，犯罪嫌疑人已被捕获，即立即撤销控制工作，以免浪费人力、物力。

四、建立通缉通报资料档案，储存信息

通缉通报的内容往往能直接反映出犯罪的手段、方法、犯罪的主体以及犯罪的部位等，对个案来讲，对这些内容的查证和运用，既可以获取重要的线索，也可以获取重要的证据，经过汇集整理，对某一类案件来讲，把各地的通缉、通报的内容进行定量、定性、定向的分析后，则可以从中把握某一类犯罪在动向、手法部位及犯罪主体上的变化规律，有助于指导侦查实践。因此，我们可以认为，应把通缉通报作为犯罪情报资料建设的重要来源。为此，各地侦查机关应将外来和本地发出的所有通缉通报，都作为犯罪情报资料储存起来，并依据犯罪情报资料建设的有关规定，进行整理归类，建立专门的通缉通报档案，有条件的地方还应充分地利用计算机进行储存，建立数据库，以便为长期的侦查工作服务。对已完成协查、协捕任务的通缉通报，应把原件储存起来，未完成任务前应储存通缉通报的复制件。

通缉通报资料档案应有专人管理，经常检查、清理和检索。

问题与研究

公安机关实施通缉、通报的依据与现实必要性。

阅读文献

1. 黄风:《贝卡利亚及其刑法思想》,中国政法大学出版社 1987 年版。
2. 冯英菊:《赃物犯罪研究》,中国政法大学出版社 2000 年版。
3. 高铭暄主编:《刑法专论》,高等教育出版社 2002 年版。
4. 高铭暄主编:《新型经济犯罪研究》,中国方正出版社 2000 年版。

复习题

1. 通缉、通报的基本原则。
2. 通缉的基本条件和实施程序。

第十一章　追 缉 堵 截

本章要点

本章主要介绍追击堵截的策略方法。首先介绍了追击堵截的概念；其次，介绍了追击堵截的基本法律程序及原则；最后，介绍了追击堵截的策略方法。通过对本章的学习，应当对追击堵截的概念有一个全面的了解；较为熟悉地掌握追击堵截的方式、方法，并应灵活选择；注意追击堵截过程中的相关法律、法规。

第一节　追缉堵截概述

一、概念

追缉堵截是对在逃的犯罪人和重大犯罪嫌疑人进行追捕的一种紧急侦查措施。这种措施通常是在勘查现场的过程中使用。在侦查的其他阶段，当发现重大犯罪嫌疑人逃跑，且具有相应的客观条件时，也应当采用。

追缉堵截包括追缉和堵截两个方面的行动。追缉是根据已掌握的犯罪人或犯罪嫌疑人的外貌特征、携带物品、现场痕迹和遗留物反映的情况，沿着其可能逃跑的方向和路线进行寻迹追捕的行为；堵截是根据侦查机关的通知和布置，在犯罪人和犯罪嫌疑人逃跑过程中可能经过的路口、关卡进行的阻截、拦捕行动。追缉堵截通常同时并用，相辅相成，即一方面组织力量寻迹追捕，另一方面将逃跑的犯罪人或犯罪嫌疑人突出的外貌特征、携带物品等特点迅速通知有关的路口、车站、码头、空港、固定的常规哨卡等关口，布置力量，进行拦截。追缉和堵截在实际运用中体现出一种"紧密结合、相互配合"的关系。任何一项追捕行动都离不开堵截措施。没有堵截，追缉就可能失去方向和目标，不可能缉拿到犯罪人。在追缉方向的各关口设卡堵截，一方面能卡住犯罪人的去路，另一方面又能截断去退路，使被追缉的犯罪人成为瓮中之鳖。同时，紧急性的堵截多是以追缉为前提的。否则，单方面的堵截很可能劳师无功，成为无效行为。

追缉堵截是防止犯罪嫌疑人逃避侦查的有效措施。成功的追缉堵截可以避免大量的、艰苦的侦查活动。犯罪嫌疑人作案后逃跑，不仅可能逍遥法外，导致旷日持久的侦查，同时还可能造成新的更大的危害后果。所以，一经发现犯罪嫌疑人逃跑，且具有追缉堵截的条件，即应及时布置追缉堵截，乘犯罪嫌疑人尚未及消除其易于识别的特征、尚未远逃或成功隐匿，将其缉获。

二、基本法律程序及原则

追缉堵截是一项危险性大、牵涉面广、往往需要动用多警种联合作战的一项侦查措施。它并不适用于任何案件侦查，也不是适用于案件侦查的任何阶段，因此针对追缉堵截所涉及的基本法律程序及原则要求"因地制宜，因时制宜"，只能根据部门法针对不同情况进行处置。例如，我国《海关法》规定："进出境运输工具或者个人违抗海关监管逃逸的，海关可以连续追至海关监管区和海关附近延边沿海规定地区以外，将其带回处理。"这一规定明确了海关在缉私过程中实施追缉的地理范围和权限，为海关有效开展缉私活动提供了保障。

追缉堵截的实施也是有一定原则和要求的，基本原则主要有：

1. 明确案情，全面了解追缉目标；
2. 快速步署，实行统一指挥；
3. 沿途调查，随时掌握逃跑方向；
4. 调整部署，机动灵活，采取措施；
5. 协调行动，及时捕获犯罪嫌疑人；
6. 有效装备，保证追堵顺利进行。

第二节　追缉堵截的运用条件

追缉就是在侦查过程中，查明犯罪人或重大犯罪嫌疑人已经逃跑，及时组织力量，循其可能逃跑的方向和路线进行追捕的查缉活动。堵截就是在犯罪人或犯罪嫌疑人逃跑方向的前方所进行追捕的查缉活动。

采取追缉堵截措施应考虑以下条件：

一、特征条件

在我们到达现场时，获得了犯罪嫌疑人或重大嫌疑人的人身、体貌、衣着及其携带物品的明显特征，就可以采取追缉堵截措施。例如犯罪嫌疑人或重大犯罪嫌疑人身上的血迹、携带比较大的物品、行动反常等，均属明显特征。

二、时间条件

1. 从发生案件到我们了解案情，到达现场，能否采取追缉堵截措施要考虑时间的长短,这是能否采取追堵措施的条件之一。时间间隔长则不利于追堵。

2. 发生案件的时间,是白天还是夜间,白天室外人多而杂,不利于采取追堵措施;夜间室外人员比较少,有利于采取追堵措施,即使发生案件到发现案件时间间隔长一点,有时,也可以采取追堵措施。

三、空间条件

犯罪嫌疑人的特征条件良好时,在发生与发现案件时间间隔比较短的情况下,任何空间条件下都可以采取追堵措施。但是,如果特征条件不太好,不同的空间条件能否采取追堵措施就应视情况灵活处置。白天在人员集中的城镇,犯罪嫌疑人特征条件不好时,不利于采取追堵措施;白天在乡村,犯罪嫌疑人特征条件不太好,仍然有采取追堵措施的条件。

四、人员流量条件

犯罪嫌疑人的特征条件基本具备或特征不太明显时,现场是否具有追缉堵截的条件,主要看现场人员成分和人员流量大小。现场人员成分单一,全是本地的熟人,陌生的犯罪嫌疑人进入此地作案,就有追缉堵截的条件。如果现场人员流量比较少或很少,也有采取追缉堵截的条件。

五、交通工具条件

如果现场反映出犯罪嫌疑人有交通工具,或有被盗窃或被抢劫的机动车辆等情况,必须采取追缉堵截措施。

1. 车辆特征比较明显,有利于追缉堵截。

2. 车辆行驶有特定的路线、方向和标志,车辆一般都在一定的道路线上行驶,因此追堵工作的重点比较明显。

六、痕迹条件

现场上遗留下表明犯罪嫌疑人行踪的痕迹物证时,可以根据犯罪遗留的痕迹物证追踪、查缉犯罪嫌疑人。例如,利用现场足迹追踪犯罪嫌疑人;根据犯罪嫌疑人遗留下的气味,利用警犬进行追踪。

第三节　追缉堵截的方法

追缉堵截是一种形式多样、灵活机动的侦查措施,根据敌我双方的不同条件及客观外部因素,实施过程和方法是灵活多变的。

实践中常常采用的方法,归纳起来有如下几类:

一、循迹追缉,迎面堵截

根据犯罪嫌疑人逃跑的路线和踪迹,一方面组织力量尾随其后追缉,另一方面在其逃跑的前方布置力量，设卡堵截。采用这种方法追缉堵截，前提是犯罪嫌疑人逃跑的路线比较明确，变动的可能性较小。如犯罪嫌疑人驾（乘）机动车辆沿某条公路逃跑；侦查人员已确切掌握其逃跑路线和目的，且没有惊动犯罪嫌疑人；犯罪嫌疑人逃跑的沿途留有相应痕迹、物品或警犬的嗅源较好等。

二、迂回包抄

在只是明确犯罪嫌疑人逃跑方向，但无法准确判断具体的逃跑路线，或估计犯罪嫌疑人可能施展声东击西、拐弯兜圈的伎俩，而侦查人员又具有快速迂回行动条件的，应一方面有重点地布置力量尾随追缉，另一方面组织力量快速迂回到犯罪嫌疑人逃跑的前方可能经过的关卡，伏击堵截。这种方法多用于道路交叉纵横、犯罪嫌疑人逃跑方向或目的明确的情况。面对这种情况，侦查人员不可能无限制地分兵尾随追缉，或采取常规的循迹追踪又没有条件，则应利用快速交通工具迅速迂回到犯罪嫌疑人逃跑方向的前方设卡堵截，同时又有重点地分兵追缉，以防犯罪嫌疑人途中藏匿或在关卡前回逃。

三、城市外围设卡，市内搜索追捕

城市内部街巷纵横交叉，通行方便，建筑物密集，人员流量大便于犯罪嫌疑人逃跑藏匿。侦查人员常常难以准确判断犯罪嫌疑人逃跑的方向、路线及地点，同时又为了不惊扰群众，引起混乱，许多有效的辅助措施不能利用，追缉堵截的条件较差。但是，如果分析认为犯罪嫌疑人尚未逃离该地区，应先行布置力量在城市外围所有的交通要道车站、码头、港口设关卡并组织发动各有关方面的力量，在市内采取多种形式查寻、搜捕。城市固有的特点，便于侦查人员掩护自己的行动，追缉的具体方法应以秘密、智取为基本形式。

四、合围包剿

在追缉堵截过程中，确认犯罪嫌疑人已经隐藏在一个明确的地点，或被逼入一个较小的区域范围内，缉捕人员应迅速四散分开，抢占有利地形，堵住进出通道，将犯罪嫌疑人包围起来，然后逐步缩小包围圈，将其捕获或迫使其自动放弃反抗，停止逃跑。合围包剿必须特别注意根据不同的地形、环境情况迅速严密合围，及时疏散包围圈内及周围群众、机动车辆、转移贵重财物和危险物品，以免造成人员伤亡或物质重大损毁，甚至让犯罪嫌疑人劫持人质或实施破坏，撞网突围。包围圈形成后，可派少量精干的缉捕人员进入圈内紧逼或相机突袭，同时辅之以必要的掩护牵制措施和宣传攻势，提高突袭成功的机率，或迫使犯罪嫌疑人投降就擒。对于使用杀伤力和破坏威力较大的武器顽固抵抗的犯罪嫌疑人，为避免人员的伤亡、国家、集体、公民个人财产的重大损毁，应及时采取有效措施，速战速决。

五、对驾（乘）机动车辆逃跑的犯罪嫌疑人的追缉堵截

当犯罪嫌疑人驾（乘）机动车辆逃跑时，侦查人员应立即查明车辆的特征、可能逃跑的方向、车载的人员、物品、油箱的存油量等基本情况，迅速在各交通要道设卡堵截,同时派出机动车辆搜寻发目标。当发现目标后,侦查人员迅速超车堵住犯罪嫌疑人的去路,迫使其减速或停车,抓获犯罪嫌疑人。当犯罪嫌疑人驾车迎面驶来时,应及时设置路障,使其无法通过,或击坏犯罪嫌疑人所驾车辆的轮胎、油箱,迫使其停车后,合围捕获。

六、立体的追缉堵截

这种方法即使用现代化的海、陆、空交通运输工具,使地面、水面的追缉堵截和空中的观察控制及指挥高度紧密地结合起来,把犯罪嫌疑人控制在一个特定的空间范围内,或始终将犯罪嫌疑人的行踪纳入追捕人员的视线内,最后将其捕获。

空中观察控制罪犯,对地面(水面)人员进行指挥调度主要使用小型直升机。通过无线电通讯,把犯罪嫌疑人逃跑的方向、路线、藏身的地点、使用的交通工具、携带的物品、武器以及犯罪嫌疑人的体貌特征、衣着变化等情况,通告给地面(水面),指挥地面追捕人员的行动,或在必要时协助调度追缉力量。地面的追捕人员则根据空中观察了解的情况,有方向、有目标地接近犯罪嫌疑人,或在逃跑的前方准确地布置堵截围捕。

第四节　追缉堵截的实施

一、追缉堵截的组织指挥

追缉堵截通常是多警种、多方面力量联合行动,行动的机动性强,具有紧迫性甚至危险性。追缉堵截人员即要分头行动,又必须彼此呼应,行动上要协调一致。所以,追缉堵截的组织指挥至关重要。正确的组织指挥是保证追缉堵截行动安全有序、顺利捕获犯罪嫌疑人的关键。

(一)追缉堵截必须力求以快致胜,而快速反应、快速行动的重要条件之一就是打破常规

所谓打破常规,主要是指在现场勘查、案件侦查过程中,发现犯罪嫌疑人逃跑、严重暴力性犯罪活动等紧急情况时,不要按部就班、依照办案的一般程序一步一步地开展调查工作,而是要在现场勘查,调查访问的同时,及时组织追缉力量,迅速通知有关堵卡网点,立即展开对犯罪嫌疑人的追缉堵截。基层侦查机关遇有紧急情况,需要组织追缉堵截时,也应根据案情灵活处置,直接或越级向上级有关部门报告。

(二)打破条块界限,减少组织层次

在追缉堵截中,要实行统一指挥,统一部署,统一行动。为此,不能受行业之间、部门之间权限的限制,一经接到紧急通报,即应就近组织力量进行追堵,而不应

层层请示，或坐等上级出面协调。各级侦查机关都应昼夜保持一定的机动力量，遇有紧急情况，立即按既定的预案和预定措施展开活动。

(三)随时了解情况的变化，准确下达指令

指挥人员应力争亲临第一线，加强具体的指挥，对各追缉小组、各堵卡网点追缉堵截中的力量配备、所处的位置、发现的线索和预备行动的方案等情况，要全面及时地了解掌握。为此，指挥人员与各方面都要保持畅通的通信联络，做到信息传递的及时、准确。发现有关情况，指挥人员要及时通报各有关方面的人员，针对出现的紧急情况，指挥人员当机立断，善于做出正确的判断和相应的决策，始终掌握追缉堵截的主动权，不失时机地抓住每一个有利于行动成功的机会。

二、追缉堵截的实施策略

侦查实践表明，只要抓住有利时机，正确运用追缉堵截措施，通常是可以人赃俱获的。有时可以防止和避免发生新的、更严重的犯罪后果。为了正确地组织实施追缉堵截措施，应当注意采取正确的策略方法。

(一)认真、迅速地做好追缉堵截的准备工作

侦查人员到达现场，或接到紧急情况通报后，首先应及时通过事主、被害人或目击群众了解和掌握犯罪嫌疑人的基本情况、突出的体貌特征及因实施犯罪而形成的新特征。如犯罪嫌疑人的人数、年龄、面部特征、身高、体型、发型、衣着、讲话口音、携带物品(包括赃物、犯罪嫌疑人自带的物品)特征、数量，以及犯罪嫌疑人受伤、沾染血迹、泥土或其他物质的情况。其次应仔细观察和牢记犯罪嫌疑人留在现场的足迹或车辆痕迹，并根据痕迹特征对鞋的种类、车辆类型和犯罪嫌疑人的人身特征做出尽可能准确的判断。同时应准备好追缉所必需的交通、通讯工具和武器。在组织力量时，最好吸收能指认犯罪嫌疑人或辨认赃物、犯罪工具的人参加，如果被追缉的是已知的犯罪人，在条件具备时，还应当带上犯人的近期照片，以便在追缉途中让群众识别和提高堵卡人员盘问的目的性。

(二)正确选择追缉的路线、方式

组织追缉堵截时要根据被害人、事主及知情群众提供的情况、犯罪现场痕迹、遗留物及其他有关情况，对犯罪嫌疑人逃跑的方向、路线，迅速做出判断，组织力量，进行有针对性的追缉堵截。

在追缉过程中要注意观察沿途是否有可供判断犯罪嫌疑人逃跑方向路线的痕迹物品。对与犯罪嫌疑人有关的痕迹物品的出现或突然消失、中断都要认真分析，判明原因。对犯罪嫌疑人抛弃的物品，应根据物品的种类、特征、发现的地点和犯罪的动机、目的进行分析，看是因为犯罪嫌疑人怆惶逃跑无意失落，还是为减轻负担、消除识别特征而对携带物品舍弃的结果，或者是犯罪嫌疑人为迷惑追缉人员故意扔在同自己逃跑的方向不一致的路上，如面对上述情况，难以作出准确的判断，应考虑分兵追缉，同时报告指挥人员。

追缉过程中,还应注意访问群众。对于群众提供的情况,要随时加以对照分析,对于重要的情况还应及时报告指挥人员及参与追缉堵截的其他侦查人员。如果群众提供的可疑人员,在着装上有差别,要考虑到犯罪嫌疑人是否已变换衣着打扮;如果群众提供的可疑人员在附近消失了,要考虑犯罪嫌疑人是否隐藏在附近,或者追缉的方向路线出现了偏差。如果犯罪嫌疑人身负重伤,在追缉过程中还应注意访问沿途的医院、卫生所及医药商店等单位。追缉过程中除了应进行认真的调查访问、观察分析可疑迹象外,还应注意利用多种手段配合追缉行为。如利用步法追踪技术、警犬搜寻等,以提高追缉方向的准确性。

(三)堵截行动应力求争取有关部门的配合

堵截出逃的犯罪人,要注意取得车站、码头、旅店、饭馆等单位职工群众的密切配合。侦查人员应将追缉对象的体貌特征、携带物品等情况,及时通告他们,让他们利用工作之便,对可疑人员进行观察。在堵截过程中,既要注意根据案情需要布建临时卡点,也不能忽略常设性卡点的作用。同时其他部门设置在路边的站点也可以作为堵截犯罪人的依托和隐蔽处所。如因时、因地、因案地假借城市卫生、税收、收缴过路和过桥费、限运物资检查站点,对过往车辆、行人进行正面的或侧面的观察、检查。

(四)堵截行动应注意动静结合

堵截行动不能成为一味被动的静守,堵截的范围也并非一成不变,根据案情的变化,堵截卡点不仅应及时相应地调整,堵截范围也可以作局部的延伸。堵截的同时,还应派出一定的力量组成机动巡逻队、流动观察暗哨,以便发现关卡前有隐蔽藏身、绕道回避、乔装打扮或隐藏物品的可疑人员。有时,犯罪人侥幸蒙混过关后,由于紧张心情的松弛或因为后怕,也往往表现出反常的迹象,如加速离开关卡所在地,伪装行为消失,抛弃乔装所用的物品等。所以,也不能忽略对过关后的可疑人员的观察。

(五)周密设计,严防犯罪人行凶拒捕

追缉堵截犯罪人,尤其是持有枪支或其他武器的犯罪人,应随时警惕其可能行凶拒捕、劫持人质强闯关卡。侦查人员应当做到周密设计、措施落实、统一指挥和多方配合。追缉行动中要充分发挥攻心战术的作用,既要力争迅速擒获犯罪人,又应注意不要打草惊蛇,导致被动。必要时还应暂时放松对犯罪人的围追紧逼,或佯顺其意,以缓和对峙的紧张局面,麻痹犯罪人,寻找突袭捕获的机会。

在堵截守卡中,遇有持枪犯罪人,常常会发生堵截人员的伤亡。其主要原因在于"敌暗我明"。双方交火前的准备,通常犯罪人较主动和充分,而堵卡人员多只有一般性准备,不可能有随时针对每个目标做好应战的充分准备。因而,犯罪人多是首先试图能蒙混过关,行为败露则先发制人,抢先使用暴力。因此,堵截活动应尽可能以秘密的形式为主,设法以其他身份和名目为掩护,隐蔽堵卡的真实意图。

（六）盘查可疑人员应讲究策略方法

对追缉堵截中发现的可疑人员，应及时认真地进行盘问审查。盘问审查时应当特别注意策略方法。有条件时，应在有关部门的配合下，以其他身份或名目进行盘查，尽量隐蔽盘查的真实意图，以免引起被盘查人的怀疑和不满。对于可疑人员，在未取得可靠证据之前，不要轻易拘捕，而应根据已有材料设法以其他手段进一步查清疑点。对于已取得可靠证据的犯罪人，抓捕时也要讲究方式方法，以免犯罪人乘隙脱逃，或激化成不必要的搏斗或枪战，造成人员伤亡和物资损毁。

三、追缉堵截的业务基础建设

追缉堵截是一项多兵种、多种力量及多种手段综合运用的侦查措施，而不是一种临时的应急措施或权宜之策。因此，加强有关的基础建设，是追缉堵截成功的重要保证。

（一）追缉堵截是一项机动性、紧迫性及对抗性很强的侦查措施

因此，绝不能寄希望于有了情况才临时凑合力量参加行动。各大、中城市都应创造条件，在反暴防暴专门队伍的基础上，组织二支专门的机动力量，平时昼夜值班，遇有情况，保证能及时以足够的力量出击，真正达到“招之即来，来之能战，战之能胜”的要求。鉴于追缉堵截的特殊要求，这支专门队伍应由年轻力壮、身体素质好，具有擒拿格斗、射击、泅渡、驾驶等专门技能以及熟悉本地街道布局、地形地物的人员组成。

为了提高追缉堵截的效率，力求达到制服、生擒犯罪人的最佳效果，追缉堵截人员应有较好的交通、通讯工具，以及较完备的“硬制服”和“软制服”武器系列。

（二）建立疏密适宜的堵截网点

追缉堵截的成效如何，同堵截点的选择有直接关系。实施追缉堵截固然要根据不同的案情、具体的地形地物临时布建堵卡点，但常设性堵卡网点亦是追缉堵截中不可缺少的依靠力量。各大中城市均应在城乡结合部、交通要道口、车站、码头、空港等部位，建立常设的固定堵卡点。堵卡点应配备必要的通信联络设备和交通工具。各地还要根据本地实际情况，把辖区内的地区划出若干个地理层次，建设若干条堵截防线。同时，侦查机关亦应同有关部门充分协商，了解其因业务需要设立的各类站点的具体位置、作用，以便一遇到紧急情况，即可立即借用。

（三）加强情报资料的积累与利用

建设一套为现实斗争服务的情报资料档案，对于追缉堵截的业务基础建设而言，是十分重要、不可缺少的内容。各大、中城市对区内车站、码头、空港、各交通要道、城乡结合部、山林、江河湖口等重要地域，要组织专人进行实地考察、制成堵截追缉线路图和地 形地貌图，把关键部位在图上标制清楚，并随着情况的变化而随时对地图、线路图进行相应的改绘。对于外地来的通缉通报资料应加以严格的分类整理、储存待查。对本地旅店、信托、寄卖、娱乐等特种行业，要由专人负责定期

调查，了解掌握经营情况及可疑迹象，以便应付紧急情况的发生。

四、具体实施追缉堵截及注意事项

（一）追缉堵截的具体实施

1. 单向尾追。犯罪嫌疑人体貌特征明显时，我查缉人员可根据犯罪嫌疑人逃跑的方向和路线，直接进行尾追。我查缉人员对犯罪嫌疑人体貌特征不熟时，可组织认识犯罪嫌疑人的人员与查缉人员一起，直接从后面追捕。

2. 两线策应。如果犯罪嫌疑人的逃跑方向和路线不是唯一的，有两种可能，那么就要从犯罪嫌疑人可能逃跑的两个方向进行追缉和堵截，同时向两个方向派出警力。

3. 多路迂回。对于重大案件的犯罪嫌疑人或暴力犯罪嫌疑人，根据犯罪嫌疑人逃跑的方向和路线，组织警力，分兵多路进行追缉和堵截。

4. 边追边访。判明犯罪嫌疑人逃跑的方向，应向此方向进行追缉。但是，犯罪嫌疑人可能会随时改变行动方向，那么，就要在追缉的同时，对可能与犯罪嫌疑人相遇的知情人进行访问，进一步了解犯罪嫌疑人的逃跑方向和路线，这样可使追缉的方向和路线保持正确，并接近犯罪嫌疑人的所处位置。另外，边追边访也是对初始判断的检验和修正。

5. 设卡堵截。根据犯罪嫌疑人或嫌疑人逃跑的方向和路线，布置前方力量进行设卡堵截。此种方式关键是能够把犯罪嫌疑人的体貌特征及其他特征，及时、准确地通知前方堵截人员，使堵截人员能够准确地加以识别。

6. 定点堵截。在犯罪嫌疑人的可能落脚点，布置力量进行定点堵截，以便堵截查缉潜逃来此的犯罪嫌疑人。此种方式的关键是犯罪嫌疑人的特征要搞准，识别要正确，我方伪装、化装要严密、逼真，不能让犯罪嫌疑人发现。守候人员要根据现场具体环境的要求化装，衣着打扮、说话口音、携带物品等均应与化装的角色相符。

7. 寻查堵截。寻查堵截是在犯罪嫌疑人可能出没活动、落脚藏身的地点和场所布置查缉力量，以游动方式寻找、发现、查获犯罪嫌疑人；也可以在这些地点、场所建立临时掩护点，如化装成小商、小贩、三轮车工人、修鞋、修伞、收购废品等人员，进行定点寻查守候，发现、堵截和缉捕犯罪嫌疑人。

8. 伏击堵截。伏击堵截是在犯罪嫌疑人经常活动或连续发生同类案件的地区，选择隐蔽的地点，派查缉人员埋伏、发现、堵截、缉捕犯罪嫌疑人。

9. 监视控制。在犯罪嫌疑人可能逃往的地区，采取公开和秘密相结合的方法，进行监视控制，查缉犯罪嫌疑人。例如，加强公共复杂场所（车站、码头、旅店、商场等场所）的控制，发现、堵截和缉捕犯罪嫌疑人。

10. 围捕堵截。在追缉堵截犯罪嫌疑人的过程中，如果发现犯罪嫌疑人已经逃至某个建筑物内或一片山林中，就应迅速抢占有利地形地物，将犯罪嫌疑人包围起来,然后进行围剿、搜查和缉捕。

（二）实施中的注意事项

由于追缉堵截的主要对象是犯罪嫌疑人和车辆,因此在实施中我们应分别针对不同的对象提出注意事项:

1. 追缉堵截车辆的注意事项。识别车辆的疑点,及时通报情况我国被盗窃、抢劫的机动车牌号和资料已经开始实行全国计算机联网,因此,在警察跟踪并准备拦截机动车辆时,应及时认准其牌照号码和外形特征,并用通信工具报告犯罪情报信息中心,以便在犯罪情报中心的电脑上加以检索。这样如该车涉嫌就能事先得到报告。如果车辆是被盗窃车辆,或涉嫌刑事案件,警察在拦截之前就可以对情况有所了解。如果警察根据通缉令认出了该车或车上的嫌疑人,也应如此办理。

(1) 对普通犯罪嫌疑车辆的拦截。在目标不明确时,追缉拦截人员可直接拦截、检查或以某种借口进行拦截检查过往车辆。可利用的借口有:以交通检查为借口拦截;以货物检查为借口拦截;以车辆出事故而求救拦截;道路稽查拦截;道路维修限速、缓行、边路行驶,进行简单的查看等方式拦截。目标明确时,可以直接拦截检查。例如设置路障拦截,强行命令停车检查。也可利用上述各种伪装方式借口拦截检查。

(2) 对暴力犯罪嫌疑车辆的拦截对暴力犯罪嫌疑车辆的拦截一般要设两道拦截卡:

第一道卡点,目的不是拦截,而是为了识别、发现目标。发现目标后,由第二道拦截卡点进行拦截。第二道卡点应该配备一定的防闯卡器具,例如,破坏汽车轮胎的器具、防撞击拦截的器具等。这样分为识别卡点和拦截卡点进行拦截,可防止闯卡。

①识别目标的卡点。此卡点可利用各种借口进行拦截、观察、识别及发现目标。可利用的借口有:以交通检查为借口拦截;以货物检查为借口拦截;以车辆出事故而求救拦截;道路稽查拦截;借道路维修限速、缓行、边路行驶,进行简单的查看等方式拦截。一旦发现目标及时通报下一拦截卡点,做好拦截的准备,安全地把目标拦截控制住。必要时,也可以根据具体情况,在发现目标伪装拦截的同时采取积极控制措施,就地缉捕犯罪嫌疑人。

②拦截目标的卡点。直接或间接拦截的方法有:设置障碍拦截;包围强行拦截;伪装交通事故拦截。也可以利用其他伪装的拦截检查方法进行拦截。

③追缉拦截时警用车辆停车的位置追缉时,警察应把自己的车辆停在距离被追缉拦截车辆的后面至少三米远的地方,警察汽车车头的三分之二部分应该露在被拦截汽车的左侧外面,使警察既能以汽车车体为掩护,又能保护来往车辆的安全。公开拦截时,警车应置于路面正中,或横或竖均应有效拦截被追缉的车辆。

(3) 观察识别车辆疑点。观察嫌疑车辆发现疑点,要求平时就养成寻找反常线索的习惯：

①汽车牌照的位置是否合适、牢固；

②挂牌的方式状态及车辆型号与牌照所显示内容是否一致；

③开车人或乘车人对警察的出现是否表现出反常现象；

④车辆型号、颜色、牌照等特征是否与被通缉协查的车辆特征相似或一致。

另外，应该时刻注意车上嫌疑人的动向，车辆被拦截之后，查缉人员应保持高度警惕，严密注视车上人员动静，并应迅速控制车上人员，不使其随意动作。如果警察看到任何异常的动作，应命令司机和其他人不要动，待在车里，把手放在明显能够看到的位置。

（4）应注意的问题：

①不要急于登上嫌疑车辆匆忙进行检查。车辆虽停住而发动机仍然转动的时刻，也是最危险的时刻。这时，若行动不慎，会使查缉人员受到不应有的伤亡。

②应命令嫌疑人的双手不得随意活动，在没有得到允许的情况下，不要让嫌疑人出示身份证件及驾驶执照。

③不要让被拦截的嫌疑车辆司机轻易接近我方的车辆，如果其向警察走来，要命令其停下，并确保警察能够看见他的双手。

2. 追缉堵截犯罪嫌疑人的注意事项：

（1）站位的基本要求：仔细观察。在执行任务时，我们的职责是发现、拦截，并盘问所遇到的嫌疑人。这些人成分复杂，既有犯罪嫌疑人，也有与被通缉的人相似的人或举止行为表现出犯罪可能的人等。这样，现场盘和拦截行动，有可能突然发生搏斗或枪战。由于警察和犯罪嫌疑人的距离较近，而且武装遭遇战中死亡率与距离成反比，所以必须仔细观察，预先做好准备。观察犯罪嫌疑人时，要注意可能隐藏枪支、武器、工具的部位及迹象。可能隐藏枪支的部位和迹象通常有：帽子、衣兜、裤兜、腰间部位凸出处、外衣被东西拉向一边之处、携带的提兜、提箱等。

（2）拦截犯罪嫌疑人时的位置选择：

第一，正确选择拦截位置。当确信拦截对象是危险人物时，要尽量选择远离拥挤人群的地方进行拦截。通常应选在：道路两侧无复杂地形、地物，较为平坦之处；道路车辆流量少的狭窄之处；道路上坡或转弯之处；拦截对象必经而人员较少之处。

第二，确保安全的跟踪追缉站位。如果必须跟踪追缉犯罪嫌疑人时，活动位置一般应选择被跟踪对象的左后方。注意随时调整跟踪位置和跟踪人员的相互配合。

第三，选择和利用跟踪时的遮蔽物。跟踪人员应充分选择和利用道路两侧的各种遮蔽物隐蔽，有效地调整与被跟踪者的距离，待跟踪至对我方有利的地段，或我方设卡拦截的地段，再视情况予以处置。

第四，保持高度的警惕。警察要保持高度的警惕。犯罪嫌疑人清楚自己的身份和自己的罪行，而跟踪人员对嫌疑人被拦截的反应情况却无法确切了解。

第五，发现持枪嫌疑人时迅速做出反应。当知道或十分怀疑将要盘查的人持有枪支时，应该迅速地就近寻找隐蔽物进行隐蔽，迅速拔出武器，推弹上膛，控制对方举动。

问题与研究

公安机关实施追击堵截的依据与现实必要性。

阅读文献

1. 黄风:《贝卡利亚及其刑法思想》，中国政法大学出版社 1987 年版。
2. 冯英菊:《赃物犯罪研究》，中国政法大学出版社 2000 年版。
3. 高铭暄主编:《刑法专论》，高等教育出版社 2002 年版。

复习题

1. 追击堵截的基本条件。
2. 追击堵截的指挥要点及注意事项。

第十二章　缉捕逃犯

本章要点

本章在分析了刑事案件侦查中犯罪嫌疑人逃跑的基本情形、逃跑的主要特点和逃跑规律的基本理论问题的基础上，从查寻和缉捕两个阶段分别阐述了查缉犯罪嫌疑人的具体策略方法。在查寻犯罪嫌疑人时，可以采取多种手段对犯罪嫌疑人的关系人进行调查监控，在犯罪嫌疑人可能藏身落脚地架网布控，对犯罪嫌疑人及其关系人的通信联络实施技术查控，充分利用在逃人员信息系统开展网上追逃，尽可能深入挖掘一切可以利用的信息资源进行网上查控。发现犯罪嫌疑人的具体位置后，在具体实施缉捕时，应在遵循实施缉捕战术的基本原则的前提下，制订切实可行的缉捕方案，灵活选择袭捕、诱捕、围捕等具体方式及战术形式。最后，主要从宏观策略着眼，阐述了在日常工作中进一步加强宣传教育、专业队伍建设、基础业务建设及法律制度完善等缉逃基础工作的主要思路。

第一节　逃犯逃跑特点及逃向规律

准确把握逃犯的心理特点及行为规律是侦查机关制定和实施查缉策略的前提和基础，任何科学的查缉策略方法都必须建立在对逃犯的心理特点及行为规律的认识基础之上。逃犯逃跑的心理特点及行为规律又是受当时的社会政治、经济、文化及人们的思想意识等方面因素决定，并随着这些因素的发展变化而不断发展变化的，具有一定的时代特征。因此，在任何一个时期，侦查机关必须根据社会的发展变化，及时准确把握逃犯的心理特点及行为规律。

一、逃犯的种类

（一）以逃犯是否被羁押过分类

1. 潜逃犯。潜逃犯，即狭义上的逃犯，是指实施犯罪行为后畏罪潜逃的犯罪嫌疑人。侦查中所讲的逃犯一般是指狭义上的逃犯，侦查中查缉的逃犯也多是这类逃犯。潜逃犯可以分为职务犯罪潜逃犯和一般刑事犯罪潜逃犯，即检察机关管辖案件的潜逃犯和公安机关管辖案件的潜逃犯。

潜逃犯主要有以下特点：

（1）犯罪嫌疑人尚未被羁押。有的在作案后立即逃走，案件可能尚未被发现、报案，侦查机关尚未立案；有的虽然已经立案，但犯罪嫌疑人尚未暴露或已经被列为犯罪嫌疑人开展侦查。

（2）逃跑时准备充分。由于其尚未被采取限制人身自由的强制措施，有充裕时间预谋外逃。在物质准备、家庭安排、逃向选择等方面比较充分。

（3）主要是为了逃避侦查。他们多怀有侥幸心理，认为只要躲过风头，就可以逍遥法外。

（4）在逃跑过程中多有伪装。为在逃跑中不引人注意，多以外出旅游、经商、务工、探亲访友为借口，掩盖外逃目的。

2. 脱逃犯。脱逃犯，是指已经被依法拘留、逮捕、关押而从羁押场所逃走的犯罪嫌疑人或罪犯。如从看守所逃跑的犯罪嫌疑人、从劳改场所逃跑的劳改犯即属于脱逃犯。

脱逃犯主要有以下特点：

（1）反缉捕意识强。他们因被缉捕过，有的甚至"几进宫"，对缉捕工作有一定的了解，深知被剥夺人身自由的痛苦，加上在监狱、看守所的"交叉感染"，使其反缉捕经验更丰富，逃跑意识更强，极易出现暴力拒捕行为。

（2）逃跑后继续流窜作案较多。这种逃跑外逃后，由于无生活来源，往往会继续从事犯罪活动，不计后果。

（3）一般不会与家庭发生直接联系。往往是在脱逃一段时间后，通过朋友、亲戚等关系与家人间接联系。

（二）以逃犯的犯罪地是否为原籍分类

1. 本地逃犯。本地逃犯即在原籍作案的逃犯。这类逃犯大多数利用关系多、地熟、人熟的条件，以原籍为隐藏地。一般是到当地的亲属、亲朋好友等可靠关系处躲藏，或在城乡结合部、城市治安复杂场所租房暂住。

2. 外籍逃犯。外籍逃犯即在非原籍地作案的逃犯。这类逃犯流动性大，大多数在犯罪后逃离犯罪地，经济状况较差的多逃回原籍，其他则流窜外地继续犯罪或以打工为生。

二、逃犯逃跑的特点

（一）主体规律

1. 逃犯主体构成成分具有复杂性和相对集中性。复杂性表现为任何案件的犯罪嫌疑人都有可能成为逃犯。

相对集中性表现为：一是从年龄看逃犯以中青年人为主，尤以20—40岁年龄段更为集中；二是从职业看逃犯以农民和城市无业人员居多；三是从犯罪经历看逃犯以惯犯、累犯居多。

2. 身份的伪装性。逃犯外逃中一般都要从职业、姓名、口音等方面进行伪装，将自己装扮成守法公民，以某种公开身份活动。

（二）心理特点

1. 趋利避害心理。趋利避害是人类行为的基本原则，是人类普遍存在的心理。尽管逃犯逃跑的内心起因复杂多样，但都是为了一个共同的目的，那就是逃避法律的制裁。因此，逃犯在逃跑过程中趋利避害就是如何保证自己不被侦查机关发现而被捕。逃犯的一切潜逃行为和反侦查行为都是在这种心理支配产生的。

2. 恐惧紧张心理。绝大多数逃跑在逃跑过程中都不同程度地存在恐惧、紧张心理。特别是在逃跑初期，这种心理有时十分强烈。按心理学家亚伯拉罕·马斯洛关于人的五层次需求理论，安全是仅次于生理需要的第二需要。因为逃犯的犯罪行为的法律后果决定了其在逃跑时时常担心被追捕，一旦被抓捕归案，就会失去人身自由。因此，他们在逃跑过程中不可能像正常人那样轻松，随心所欲，相反，他们必须时刻保持高度警惕，防止被人发现是在逃跑。在这种心理的支配下，他们变得十分敏感，一旦有风吹草动，就恐惧万分。

3. 反社会心理。逃犯在逃跑过程中为了不被侦查机关抓获，为了自身的生存，一切行为都围绕是否有利于自我保护和自我生存进行，缺乏社会责任心，道德沦丧。一旦遇到于己不利的情况，便与人民和社会为敌。

4. 思家心理。家庭成员是绝大多数逃犯所依赖的主要关系，是感情最深的人，是最值得信任的人。逃犯在长期外逃过程中，时刻处于高度恐惧紧张之中，不敢过多地与陌生人交流和接触，就越来越孤独。这种孤独感越强烈，渴望亲情的心理就越强烈。外逃中生活困难的逃犯会想到家的温暖，原来是提供家族的主要生活来源的逃犯会担心家中的境况。在这些因素的综合作用下，思家心理在逃犯逃跑中普遍存在。

（三）行为特点

1. 逃犯逃跑行为的阶段性。在逃犯逃跑过程中，随着逃跑时间越来越长，逃犯罪责感逐渐减少，逃跑行为会发生明显的阶段性变化。

一般来讲，可以将逃犯的逃跑行为划分为三个阶段：

（1）犯罪现行逃窜阶段。这个阶段犯罪人刚作完案，急于逃离发案地，犯罪心理焦虑程度大，罪责感重，心理压力大，行为上易走极端，是缉捕和攻破其心理防线的关键阶段。

（2）潜逃阶段。流动性是这个阶段逃犯的突出行为特征。犯罪人的心理焦虑仍较大，警惕性高，注意隐藏自己，一般选择治安防范较弱的偏僻地区，如郊区农户、出租房和复杂的基建工地等，一有动静，立即更换住处。

(3)隐藏稳定阶段。犯罪人的心理压力经过一段时间的调整,罪责感降低,心理焦虑减轻,开始考虑如何生活。他们选准长久落脚点后,改名换姓,甚至安家立业,企图长期藏匿。

2. 逃犯逃跑行为的特定性。对于绝大多数逃犯而言,在逃跑过程中为了生存的需要,在其主要心理活动的支配下,一般都要会实施以下行为,使逃跑行为体现出特定性。

(1)寻找栖身处所。逃犯在逃跑过程中,要么住宾馆、旅店,要么到关系人处寄居,要么租房居住。如果找不到合适的栖身之所,就很容易被发现。

(2)谋求经济来源。绝大多逃犯在逃跑过程中都要寻找经济支持,这是逃犯生存的又一基本条件。因此,有的逃犯会借用各种名义和理由与其关系人或亲人联系,从关系人处取得资金;有的会寻找一定的职业,通过劳动赚取经济来源。即使有的逃犯携带赃款赃物外逃,寻找一定职业提供经济来源也是一种身份掩护的需要。有的可能通过继续从事违法犯罪活动,非法获取钱财。正是基于对钱财的需要,逃犯在逃跑中从事侵财犯罪的比例较高。

(3)联系家庭成员。无论是出于感情因素,还是经济因素,逃犯绝大多数都与家人有联系,但联系方式比较隐蔽:有的探家却不在家中居住;有的采取在异地投邮的方式给亲人投寄信件,通信署假名或找亲友转交;有的在异地用公用电话、匿名卡电话同家人通话,谈话内容十分注意;有的甚至在一些特殊日子潜回家中与家人直接见面。

三、逃犯的逃向规律

逃犯选择逃向是有一定规律的。这种规律不仅受社会环境因素的影响,还要受逃犯本身各种条件的限制,如年龄、职业、文化、经验等。每一个逃犯逃向的选择都是逃犯在特定的环境条件下,考虑自身条件而付诸行动的结果。因此,分析逃犯逃向的主要依据有几个方面:

(一)与逃犯自身相关情况

1. 案件性质及罪行程度。暴力犯罪、大要案件的犯罪嫌疑人一旦被捕就会被处以重刑,因此,这类逃犯心理罪责感较大,对其罪行有相当的思想准备,案发后都多远走高飞,尽量远逃,与家人联系也十分谨慎,尽可能逃离侦查视线。轻罪犯罪嫌疑人心理上罪责感小,侥幸心理大,认为公安机关不会组织专门力量进行抓捕,他们一般选择离家较近的地方或是本地隐藏。既使一时远走,也是为了暂时躲避风头,风头一过,又潜回本地。

2. 逃跑动机。逃跑动机是促使逃犯实施逃跑行为的内在动力或内心起因。不同逃跑动机或目的会驱使逃犯作出不同的逃向选择:

(1)为逃避法律制裁的,只要认为未被紧追或风声已过,或认为未引人注意,就会藏匿在家及其附近。

（2）为逃避制裁与继续作案的，逃向多选择其认为有条件能够成功作案的地方。

（3）为逃避制裁与合法生存的，多选择人员复杂的开放地区或经济发达地区寻找职业谋生。

（4）为继续完成未达到目的的犯罪行为的，多逃向欲继续犯罪对象的周围。

（5）为了申诉的，一般不会远遁久藏。

3. 社会交往关系。逃犯的社会关系对其逃向选择有着十分重要的影响。逃犯的社会交往关系可以分为三个层次：一是家庭成员；二是亲戚朋友，包括亲戚、同学、同事、战友、狱友、同伙、情人等；三是亲戚朋友的关系人，这一层次的关系属“外延关系”。

逃犯在逃跑中选择第二层次的关系人的情况较多，通过这层次，他们可以找到工作、落脚外地或得到庇护，还可以通过他们与家庭成员联系。有的会选择第三层次的关系人，选择这一层次的关系人，对于逃犯而言能最大程度地避开追捕，同时又能有所依靠。

4. 犯罪经历。犯罪经历不同，逃犯的心理承受能力和反侦查经验也不同，对逃向选择也会产生不同的影响。偶犯心理罪责感较大，案发后都迅速逃跑，一般活动范围不大，流向地一般比较明确，出逃后一般不再作案。惯犯的心理承受力较强，罪责感弱，家庭观念淡薄，逃跑时比较有计划，活动范围广泛，居无定所，潜逃中多继续作案，流窜各地。

5. 个人职业技能和活动能力。从事过不同职业、具有不同技能的人，活动能力大小不同，对其逃跑中的生存能力的影响也不同。职业技能差、活动能力不强的人在性格上依赖性强，只能通过各种渠道与家人或关系人取得联系，靠人资助才能生存；职业技能和活动能力强的人，心理素质较稳定，适应能力强，能够远离原籍，外出打工经商或从事其他职业而生存。

6. 生活经历及经验。生活经历复杂，社会经验丰富的人，能够承受各种挫折和困难，适应能力强，这种人逃跑到任何地方都能够适应，所以在逃跑时多选择过去熟悉的地方或者想去的地方；相反，生活单纯，没有经受过挫折的人适应能力很差。其逃向多选择有关系人的地方。

（二）社会环境情况

除了犯罪情况及逃犯自身的情况对逃向有直接影响外，一个时期犯罪地所处的外部环境也对逃向选择有一定的潜在影响。这方面主要考虑这样几个因素：

1. 自然环境情况。如地理位置、交通状况等情况。比如城市逃犯有时会选择向偏远闭塞、交通不便的山区逃窜。

2. 人文环境情况。如经济文化状况、治安情况等。如内地逃跑多选择向东南沿海经济发达地区逃窜，劳务输出地逃犯多向劳务输入地逃窜，治安状况良好地区的逃犯多向治安混乱地区逃窜。

3. 法制环境情况。治安情况复杂、破案打击水平不高的地区往往容易成为逃犯的藏身之地。

第二节　查寻犯罪嫌疑人的策略方法

一、查寻策略与缉捕策略的关系

（一）查缉的基本情形

一般而言，查缉首先要确定对象。查缉的对象，是有犯罪嫌疑的人和现行犯。在确定对象后，再根据对象所在地点是否明确，决定是否查寻其所在地。

如果犯罪嫌疑人所在地明确，则无须查寻，可根据情况确定是否需要缉捕：对于应当拘留、逮捕的犯罪嫌疑人，以及经传唤没有正当理由不到案的犯罪嫌疑人，则需要缉捕；对于尚不足以拘留、逮捕的犯罪嫌疑人和未经合法传唤的犯罪嫌疑人，一般不必缉捕。

如果犯罪嫌疑人所在地不明，则需要对其进行查寻，以发现和确定其所在地；在明确犯罪嫌疑人的所在地后，再根据犯罪嫌疑人涉嫌罪行的轻重、是否携带武器及其所在地的地形、结构、人员分布等情况，采取相应的缉捕措施将其缉获。

查缉行动在实践中有以下几种情形：

1. 先查后缉。即先查明犯罪嫌疑人所在地点后进行缉捕。这是最常见的查缉形式。

2. 查而不缉。查明只需传唤的犯罪嫌疑人所在地后，并不需要缉捕而予以传唤即可。

3. 不查即缉。已经明确缉捕对象的所在地，无须查寻即实施缉捕的情形。如在确定需要缉捕的犯罪嫌疑人后即知其所在地的情况下进行的缉捕，即属这种情形。职务犯罪侦查实践中，对要案犯罪嫌疑人的缉捕多属此种情形。在偶遇犯罪嫌疑人和现行犯时实施缉捕，也属于不查即缉的情形。

（二）查缉策略的基本分类

查缉策略就是侦查机关为查获犯罪嫌疑人在查缉过程中运用的策略。

查缉过程由查明犯罪嫌疑人所在地和缉捕犯罪嫌疑人两部分组成，因而，可以将查缉策略分为两大基本类型：

1. 查寻犯罪嫌疑人的策略。查寻犯罪嫌疑人的策略，也称查寻策略，是指查寻查缉对象的所在地过程中运用的策略。查寻逃跑的犯罪嫌疑人在实践中也称为追逃，因此，查寻策略也称为追逃策略。

查明犯罪嫌疑人的所在地并不直接决定缉捕的方式方法，而只确定缉捕的地域范围或地点，因而具有不依附于缉捕策略的独立性。

2. 缉捕犯罪嫌疑人的策略。缉捕犯罪嫌疑人的策略，也称缉捕策略，是指在对查缉对象实施抓捕过程中运用的策略。在对查缉对象进行缉捕前，有时候也需要对犯罪嫌疑人的技能、人数、是否携带武器、缉捕地点的地形、结构、人员分布、有无危险物品等情况进行调查。这些情况和犯罪嫌疑人涉嫌罪行的轻重等情况，直接决定着缉捕的方式方法。因而，对这些情况的调查不宜作为查寻策略的内容，而应纳入缉捕策略的范围。否则，缉捕策略便失去了决策的基础和依据。

（三）查寻策略和缉捕策略的关系

1. 查寻策略是缉捕策略的基础和先导。侦查实践中，绝大多数犯罪嫌疑人作案后都会外逃，在这种情况下，只有通过一定的查寻策略查明犯罪嫌疑人所在地后，才能实施缉捕策略。

2. 缉捕策略是查寻策略的归宿。不通过缉捕策略将犯罪嫌疑人抓获，查明犯罪嫌疑人所在地便失去了意义。

3. 查寻策略和缉捕策略在查缉过程中往往前后相继实施。这种前后相继实施有两种情形：

一是犯罪嫌疑人潜逃后，先通过了解其亲友关系、运用技术侦查措施等途径查明其所在地，然后根据情况再行部署实施缉捕。

二是查明犯罪嫌疑人所在地后即转入缉捕。如在寻查辨认、追缉、堵截过程中，一旦发现犯罪嫌疑人，即应对其采取相应的缉捕策略。

在前一种情形下，查寻策略和缉捕策略的区分十分明显。但在后一种情形下，查寻策略和缉捕策略的区分并不明显。

二、查寻犯罪嫌疑人的主要策略方法

查寻犯罪嫌疑人，主要是指在侦查过程中明确了犯罪嫌疑对象的基本情况但却不知其行踪的情况下，为了尽可能将逃犯抓获归案而采取的发现其踪迹的查缉方法。实际上，查寻犯罪嫌疑人就是追逃的中心任务。实践中追逃工作的主要任务就是查明犯罪嫌疑人的所在地并将其缉捕。

随着社会的发展，人财物的流动进一步加大，犯罪智能化水平越来越高，反侦查能力越来越强，使侦查机关查寻犯罪嫌疑人行踪的难度也在不断加大。追逃既是侦查工作的重要组成部分，也是一个难点。为此，现代侦查中，必须综合运用多种措施和手段查寻犯罪嫌疑人的行踪，为成功缉捕明确目标。

（一）对犯罪嫌疑人的关系人进行调查监控

潜逃犯罪嫌疑人的关系人包括犯罪嫌疑人的家庭成员、亲戚朋友及其他社会关系三个层次。犯罪嫌疑人潜逃前可能会向其亲人、密友流露潜逃方向的信息，甚至会征求他们的意见；潜逃后，出于生理、心理的需要，往往会与其亲人、密友联系，甚至躲藏到亲友家里。有资料显示，70%的潜逃犯罪嫌疑人会与家庭成员联系，22%的潜逃犯罪嫌疑人会与第二层次的关系人有联系，8%的潜逃犯罪嫌疑人会与第三层次的关系人有联系。即使关系人不确切知道犯罪嫌疑人的潜逃地，也会根据他们对查寻对象的了解，为判断潜逃地提供有效的情况。有些关系人经工作后可能会与侦查机关合作，如同案犯罪嫌疑人、有证据证明查寻对象曾与其有过联系的人和查寻对象的家人。

因此，在具体的查寻工作中，首先必须展开全面调查，尽可能地全面查明犯罪嫌疑人的各种社会关系。查找犯罪嫌疑人的社会关系的主要方法有查阅查寻对象的档案，询问其家人、同事、邻居，讯问同案犯罪嫌疑人，分析对所获的能反映其交往关系的材料，等等。在调查查寻对象的关系人时，最好将掌握的关系人逐一列表，分析关系人与查寻对象的关系程度，从中确定重点关系人。

调查监控关系人的常用方法有：

1. 外围监控法。是指动员重点关系人的邻居、同事等协助侦查机关了解查寻对象是否与关系人交往的监控方法。关系人的邻居、同事、单位传达室工作人员、门卫、家属区治安值班人员等，在工作和日常生活中，都可能了解关系人的交往情况，是协助侦查机关监控关系人交往关系的重要依靠力量。对这些人的选择既要考虑他们有监控的条件，又要考虑他们是否愿意协助侦查机关监控。对于愿意协助的，要交代任务和方法。

2. 特情监控法。是指选建特情监视重点关系人的交往情况并伺机套取查寻对象潜逃地情况的监控方法。适合作为特情的主要有重点关系人的邻居、同事及查寻对象的其他亲友。对于确有选建特情进行监控必要的，要按特情工作规定选建专门特情。

特情在监控中的主要任务有：

(1) 观察、了解关系人的交往活动，从中发现查寻对象的踪迹；

(2) 以串门、喝酒、下棋等名义进入关系人住宅进行观察，以发现有关查寻对象的情况；

(3) 以闲聊、酒后吐真言等方式套取查寻对象潜逃地的情况。

3. 技术侦查监控法。是指运用技术侦查措施监控重点关系人交往情况的监控方法。对重点关系人进行监控的主要技术侦查手段有通讯监控、窃听和邮件检验。

4. 外线监控法。是指侦查人员对于可能与查寻对象有交往的重点关系人进行跟踪盯梢、守候监视，以发现查寻对象踪迹的监控方法。外线监控法的适用对象是有迹象表明与查寻对象有往来的重点关系人。

5. 直接调查法。是指直接询问关系人是否知道查寻对象潜逃地情况的调查方法。直接调查时，要注意发现和利用矛盾。

（二）在犯罪嫌疑人可能藏身落脚地架网布控

主要是指对查寻对象可能落脚藏身的公共场所进行的布控，这种布控可称为查寻性布控。查寻对象在潜逃过程中，需要衣、食、住、行，布控所针对的就是其衣、食、住、行的公共场所。它们包括车站、码头、机场的广场、候车、候船、候机的场所，列车、轮船，商场、闹市区、市场，旅馆、饭店，歌舞厅、录像厅、游艺厅、影剧院、洗浴场所等。对犯罪嫌疑人的关系人进行监控实质上也是架网布控的一个方面，但它与对公共场所的布控又有所不同。

架网布控的主要方法有：

1. 从业人员布控。布置公共场所的有关从业人员协助查寻潜逃犯罪嫌疑人。从业人员布控可以采用开会布控和个别布控两种方法。

开会布控是指召集有关公共场所的负责人集中进行布控，主要适用于需要严密布控、涉及场所多的重大案件潜逃的犯罪嫌疑人。

个别布控法是指对查寻对象可能涉足的公共场所以个别方式进行的布控，主要适用于涉及场所不多的情形和需要重点布控的场所。进行布控时，必须交代任务和相应的工作方法及发现可疑对象后的联系办法。

2. 特情布控。按疏密适度原则架设特情监控网络，布置特情在公共场所查寻潜逃犯罪嫌疑人。特情监控网络包括整个辖区公共场所监控网即面上监控网和具体场所监控网即点上监控网两个基本层次。指挥特情架网时，首先要充分运用已有的阵地控制力量。在阵地控制力量不够的时候，调配其他特情力量架网。

3. 基层治安组织布控。架网布控离不开群众的支持和配合，对于犯罪嫌疑人可能涉足的地区，要积极发动布控范围内的群众参与，特别要注意充分发挥治安积极分子的作用。必需时，可以通过发布悬赏通告，调动广大群众参与布控。

（三）针对犯罪嫌疑人及其关系人的通讯联络进行技术查控

由于利用现代技术进行通信联系具有快捷方便、机动灵活的特点，人们越来越多地依赖于各种现代技术和通信工具进行联系。当前，依赖于现代通信技术和计算机技术产生的各种通信联络手段已经成为人与人之间交往联络的必不可少的重要手段。同样，也是犯罪嫌疑人在犯罪或潜逃过程中与外界进行联络的重要手段。而各种通信技术手段由于具有相当高的技术含量，技术处理过程十分复杂，一般犯罪嫌疑人只要使用了这些技术手段，是难以不露踪迹的。这些技术手段既为犯罪嫌疑人提供了便利，同时也为侦查、缉捕工作提供了可资利用的条件。因此，针对犯罪嫌疑人及其关系人的通信联络进行技术查控，是现代侦查中的一条崭新的手段方法，在有效查明犯罪嫌疑人的行踪方面具有不可替代的作用。

针对犯罪嫌疑人及其关系人的通信联络进行技术查控的主要方法有：

1. 通信工具查控。现代通信工具主要有固定电话、移动电话、寻呼工具等。在电信部门、技侦部门的配合下，可以对犯罪嫌疑人或其关系人的通信工具本身进行跟踪、定位,可以对其通信数据进行分析、梳理,查明其活动踪迹。

2. 网络查控。随着现代网络技术的发展,出现了各种各样的网上联络手段或工具,如电子邮件、网上聊天、网上寻呼、网络游戏、网络留言等。犯罪嫌疑人利用这些手段或工具进行联络,必须以某个特定 IP 地址进入网络,其在网络上的活动信息必定会在网络上相应部位留下踪迹。因此,在电信、网监、技侦部门的配合下,可以利用各种专用设备和软件在网上开展适时监控、扫描、跟踪、追踪、数据分析,通过查找 IP 地址,发现犯罪嫌疑的活动踪迹。

(四)开展网上追逃

相对于传统的追逃而言,网上追逃是指将在逃人员录人全国在逃人员数据库,由全国各地公安机关立足本地、立足本岗、立足本职,结合日常业务工作开展网上比对、查询,抓获全国在逃人员的一项侦查措施。

1. 网上追逃概述。为适应同犯罪作斗争的需要,公安部于 1998 年开始建设“金盾工程”,目的是实现科技强警,提高公安工作信息化水平。在些基础上,建立了全国违法犯罪信息中心(CCIC),主要包括常住人口信息系统、流动人口信息系统、指纹自动识别系统、在逃人员信息系统、被拐卖妇女儿童信息系统、被盗抢机动车信息系统等,各地公安机关将相关数据录入相应信息系统,供全国公安机关共享。

全国公安机关以公安机关内部的计算机网络通信系统为平台,以《在逃人员信息系统》为查询比对工具,侦查、治安、户政、交警等诸警种合成作战,利用在逃人员信息系统检索、查询、比对工作中发现的可疑人员和在逃犯罪嫌疑人的身份资料,进行身份认证,以发现缉获在逃犯罪嫌疑人。

网上追逃是随着计算机技术和互联网的发展而开创的一种追逃方式,它畅通了在逃犯信息的交流渠道,能迅速发现、核查、比对在逃人员,大大缩短了追逃的时间和空间,比传统的追逃方法更迅速、更准确、更有效,不仅节约了办案经费,提高了工作效率,而且形成了“全国一盘棋”的格局。其特点是借助现代技术手段,实现了逃犯信息资料共享、条件组合查询、快速检索比对,极大地拓宽了查询、比对的范围,克服了时间、空间对公安机关的制约,解决了人工查询难查、漏查的问题,大大提高了追逃工作的效率,改变了追逃工作模式,使各地公安机关的追逃模式由原来的“走出去抓本地逃犯”转变成了“立足本地抓全国逃犯”,使各地公安机关能够既立足本地查缉本地在逃人员,又能放眼全国,使外地在逃人员难逃法网。目前,检察机关对在逃职务犯罪嫌疑人也是依托公安机关的网上追逃系统进行。

2. 全国在逃人员信息系统。全国在逃人员信息系统是网上追逃的基础。网上追逃主要依据的数据库是全国在逃人员数据库。

(1)全国在逃人员信息系统的对象。根据公安部规定,以下三种人员必须上网:

①已经办理了刑事拘留、逮捕等法律手续的在逃人员，必须在一个月内上网。

②看守所、劳改、劳教场所脱逃的在逃人员，必须随时上网。

③案情重大、紧急、情况特殊的在逃人员，经县级以上公安机关负责人批准，可以先行上网，然后补办刑事拘留、逮捕手续。

（2）在逃人员上网信息的主要内容。网上逃犯信息应当包括：

①基本情况，包括姓名、别名、绰号、性别、民族、文化程度、家庭住址、照片、体貌特征、身份证号码。

②血缘、学缘、地缘、业缘、网缘、情缘、狱缘、酒缘关系情况。

③性格特点、爱好嗜好、心理素质、前科劣迹情况。

④移动、固定电话号码，QQ 号码以及电子邮箱等。

⑤案件性质、简要案情，包括作案方式、作案工具、作案手段、带走赃款赃物及个案特点。

⑥现场勘察中提取的痕迹物证及证据情况。

⑦法律手续等资料。

⑧其他情况，如奖金等。

上网在逃人员的情报信息情况要求真实、准确、可靠，确保上网情报信息的质量。

3. 网上追逃的主要方式。目前，网上追逃有网上查询和光盘比对等方式，网上比对是网上追逃的核心内容。具体来讲，针对不同的对象，网上追逃有不同的方式：

（1）从已占有对象入手。对于在看守所、拘留所、强制戒毒所等地收押人员，以及抓获的现行违法犯罪人员，将其身份核实后，上网进行查询、比对，以认证上述人员的身份。这种方式的主要流程为：已有对象—身份核实—网上比对—身份认证。

（2）从工作中发现的嫌疑对象入手。对于在集中行动、巡逻盘查、设卡堵截、专项清查行动中发现的可疑人员，将其身份资料上网查询、比对，查证其是否为网上逃犯。这种方式的主要流程为：发现嫌疑对象—查验身份证件—网上比对—身份认证。

（3）从工作中占有的名册入手。对于常住人口、暂住人口、宾馆、旅店、招待所内的流动人口，利用已经占有的登记簿册中的基本项目、照片等资料上网查询、比对，以发现是否为网上逃犯。如经确认，予以缉捕；如名册对应的人员已经离开，则寻迹追踪。这种方式的主要流程为：占有名册—网上比对—调查核实—全力缉捕。

4. 网上追逃的具体方法：

（1）将治安查询系统中暂住、流动人口信息与全国在逃人员信息系统进行比对。针对一些在逃人员混杂在暂住人口中的特点,公安机关可以运用暂住人口信息管理系统对在逃人员进行查缉。将暂住人口信息与在逃人员信息交叉比对,已成为追逃工作中应用最广泛、最有效的方法之一。特别要注意利用旅馆、出租屋、建筑工地等重点场所的暂住人口、流动人口等信息,从中发现在逃人员。

目前,我国有些地区自主开发研制了应用升级版暂住人口信息管理系统,该系统具有实时录入、自动定时生成固定统计数据,自动下载全国在逃人员信息系统,通过发送手机短信向侦查人员报警等功能。可以预见,升级版暂住人口信息管理系统必将在追逃领域发挥更大作用。

(2)将抓获对象与全国在逃人员信息系统进行比对。将所有抓获的犯罪嫌疑人、留置对象、传唤对象,以及到公安机关办理机动车辆牌照、驾驶证或转籍人员中的嫌疑人员,经核实身份后,到全国在逃人员信息网进行查询比对。

(3)将旅客信息与全国在逃人员信息系统进行比对。为拓宽比对的信息量,可以携带笔记本电脑到长途汽车站、火车站,将嫌疑乘客的姓名、身份证号码直接与全国在逃人员信息系统进行查询比对。

(4)将旅馆业信息系统与全国在逃人员信息系统进行比对。运用旅馆业信息抓捕流窜作案的上网在逃人员是网上追逃的一个重要途径。目前,各地刑侦部门相继研制开发了网上缉控预警库工作系统,以加强对在逃人员和负案嫌疑对象的缉捕力度,从而有效地控制高危人员的活动轨迹,大大提高了工作成效。

要将缉控预警库工作站设于基层刑警中队,由当日值班人员负责每日多次上网管理操作比对,处理有关报警信息。有条件的地方还可通过开通手机短信报警系统,做到比对报警的实时性。

(5)在押人员信息系统与全国在逃人员信息系统进行比对。由于一些看守所、监狱等关押场所未及时将在押人员与全国在逃人员信息系统查询核实,因此,容易出现在押人员系其他单位、其他案件上网在逃人员而未被确认的情况。针对这种情况,应及时利用计算机数据库软件,把全国在逃人员信息系统与看守所、监狱等在押人员信息系统进行交叉比对,在各监管场所查获在逃人员。

(6)网上指纹比对。运用指纹信息系统主要有两种方法:一是将在现场勘察过程中提取到现场指纹与指纹库的指纹进行自动比对(即顺查);二是将犯罪嫌疑人的捺印指纹与指纹库的指纹进行自动比对(即倒查)。

(7)将在逃人员信息与民航、金融、工商、通讯等部门或单位收集建立的社会信息等进行比对。要充分发掘全国在逃人员信息系统与社会信息系统的比对渠道。侦查部门要加强与社会各界、各部门的协调合作,通过多方位、多渠道收集各类信息资源,拓宽网上追逃的信息比对范围,将侦查触角延伸到社会各类信息系统,如劳动力市场管理系统、银行账户系统、社会保险信息系统、企业工商注册登记系统、民航售票信息系统等,实现广泛交叉比对。

5. 网上追逃机制。从1999年7月我国公安机关在全国范围内开展网上追逃以来，网上追逃取得了重大战果和显著成效，各地公安机关采取许多好做法，积累了不少经验。目前，已经建立的网上追逃工作机制主要有：

（1）严格执行“犯罪嫌疑人或者主要犯罪嫌疑人已经归案”的破案标准。要认真贯彻《公安部关于修改刑事案件破案标准的通知》（公通字〔1998〕1号）的精神，在破案统计、侦查部门破案成绩考核、刑警中队等级评定等工作中都要严格执行这个破案标准：一人作案的犯罪嫌疑人必须抓获；两人以上共同作案的，主要犯罪嫌疑人必须抓获；犯罪集团作案的，首要分子和主要实施犯罪的嫌疑人必须抓获。要把缉捕在逃人员作为侦查办案工作的一项重要任务，坚决纠正“重破案、轻追逃”的错误倾向，采取有力措施，切实提高侦查破案水平，及时抓获更多的犯罪嫌疑人，减少在逃人员的产生。

（2）及时上网、修改、撤销、删除在逃人员信息。对于符合公安部规定的三种人员必须上网。在逃人员信息上网要经县、区（含）以上公安机关侦查办案部门负责人审批。各级刑侦部门要随时掌握网上在逃人员的信息，省级公安机关刑侦部门负责上网在逃人员情况变化时的信息删改工作和抓获核实后的信息撤销工作。

逃犯信息上网后，办案人员应进一步收集该人员的信息，发现原信息有误、原信息不详细、需要增加信息时，由办案单位提出意见经领导批准后，在网上进行修改或撤销。

本地逃犯在外地被抓获后，抓获地要立即通知立案单位传送相关法律手段，立案单位要在24小时内确认并向抓获地传送法律手续。同时原则上应当在10日内安排人员持《移交接收证明》将逃犯押解回来。依法由抓获地打击处理的，立案单位应提供原案件材料。

逃犯已经被抓获归案的，要在网上核准、完善该人信息的基础上，填写《在逃人员信息撤销表》，在3日内经县级以上公安机关领导批准后完成撤销信息工作。

（3）实行“追逃奖励”制度。每抓获一名网上在逃人员，立案地公安机关要奖励抓获单位或个人500—1000元，案情重大、紧急的，可以视情况提高奖励金额。奖励金额要标注在上网在逃人员信息中。在本地区、本市辖区内抓获本地的上网在逃人员原则上不予奖励。逃犯被外地抓获后，立案地必须兑现奖金。

对抓获公安部A级通缉令被通缉人或者提供关键线索的有功单位或个人，由公安部给予奖励，奖励金额在通缉令上标明；对抓获公安部B级通缉令被通缉人或者提供关键线索的有功单位或个人，由申请发布通缉令的省级公安机关给予奖励，奖励金额由省级公安机关确定，并在通缉令上标明。对防逃意识强，犯罪嫌疑人到案率高，防止在逃人员产生的单位和个人；对抓逃工作成绩突出的单位和个人，要根据有关规定给予奖励和表彰。

（4）实行“破案追逃责任制”和“倒查追究制”。要把破案、追逃的责任，落实到每个办案单位和每个侦查人员身上，谁办的案件，谁就要对该案在逃人员的查缉工作负责到底。办案单位和侦查人员要负责收集在逃人员的资料并及时上网，保管好在逃人员的证据档案，随时掌握查缉工作进展情况。

对抓获的重大在逃人员要认真分析研究其潜逃、藏匿的情况，从中发现查缉在逃人员工作中存在的问题和漏洞，并对有关责任人员实行倒查责任追究。对因侦查工作失误造成犯罪嫌疑人外逃的，对应上网而未上网丧失抓捕时机造成犯罪嫌疑人外逃久抓未获的，对在逃人员在辖区内长期隐藏没有及时发现的，对虚报成绩骗取奖励或荣誉的，对配合协助外地抓逃不力或乱收费的，要严肃追究相应责任。

6. 网上追逃的主要问题。网上追逃存在的问题主要表现在以下几方面：

(1)网上追逃意识不强；

(2)在逃人员信息不上网或不及时上网；

(3)上网在逃人员信息质量不高；

(4)抓获上网在逃人员不及时撤销或不撤销。

7. 深化网上追逃的主要思路：

(1)进一步落实网上追逃的指导思想。网上追逃的指导思想是“立足本岗、全警参与、贯彻于日常工作”。按照这一指导思想，要采取措施推进各警种及全体民警在日常工作中经常性地开展网上追逃工作：如治安部门和派出所要对在逃人员可能藏匿的区域和部位进行清查，加大对外来人口、暂住人口、流动人口的清查，在人口登记管理、户籍管理、旅店业管理、治安管理、清查、整治工作中发现可疑人员及时上网比对；交警、巡警等警种要加大巡逻、盘查密度，强化控制，在巡逻、处警、守卡、交通管理工作中发现过往可疑人员全部上网比对；监管部门对拘留所、看守所、戒毒所等场所的在押人员要逐一进行比对，发现隐藏在这些场所的在逃人员；侦查部门要经常对外地上网的本地籍逃犯进行下载，统一组织查缉或在办理刑事案件中注意比对；出入境管理部门在办理出入证件时要随时上网查询比对，发现可疑人员和逃犯；等等。

日常工作中，发现符合以下条件的对象均应上网查询比对：

①公安机关审查的所有犯罪嫌疑人；

②治安案件中接触的所有违法人员；

③看守所、拘留所、强制戒毒所、收容教育所等场所内的所有人员；

④社会盲流人员；

⑤巡逻守卡中发现的可疑人员；

⑥在公安机关办理各种证照的可疑人员；

⑦其他在工作中接触到的可疑人员。

(2)加紧整合各种信息资源。随着我国社会的信息化发展程度的提高，网上追逃工作必须充分利用各种信息资源。要将“全国在逃人员信息”与违法人员信息、监管场所收押人员信息、劳改劳教人员信息、偷渡私渡人员信息、重点人口信息、刑嫌人员信息、申请出境人员信息、外来暂住人员信息、旅店业住宿人员信息、驾驶员信息、复杂场所、特种行业从业人员信息、指纹自动识别系统等公安内部信息系统进行交叉比对查询,拓宽追逃思路。要将公安内部信息系统与购票、求职、存汇款等社会信息系统进行交叉比对,整合各种信息资源,实现资源共享。

(3)进一步提高网上追逃的科技化水平。网上追逃要先后经历三个发展阶段,即规范化建设阶段、信息化建设阶段、科技化建设阶段。经过近几年的发展,我国网上追逃规范化建设已经基本实现,信息化建设也取得了一定的成果。当前和今后一个时期,我国网上追逃将在进一步提高信息化水平的基础上,加强网上追逃科技化建设。在全国范围内建设以公安部一级计算机网络为中心、以省(市、区)二级计算机网络和县(区、市)三级计算机网络为骨干,以基层科(所、队)四级计算机网络为信托的覆盖全国、四通八达的计算机网络运行系统,开发功能强大的智能化软件和便携式查询终端,最终将人工智能与计算机智能结合起来,实现网上追逃的智能化、自动化、信息化、科学化。

(五)其他常规侦查措施

当然,还有一些常规侦查措施对查寻犯罪嫌疑人也具有一定作用。如追缉堵截、通缉、通报、边境控制、搜查、通告等。

第三节　缉捕犯罪嫌疑人的策略方法

缉捕是缉捕人员在发现犯罪嫌疑人后,以言语、徒手动作或警械、武器等工具,作用于犯罪嫌疑人和现行犯的心理和身体,使其不愿、不知、不敢、不能对抗缉捕而自愿或被迫到案的方法。

缉捕行动主要有袭捕、诱捕、围捕等基本战术形式。这几种战术形式适用条件各不相同,但由于缉捕行动具有突变性和复杂性,这几种战术形式在实战中有时难以完全区分,经常相互渗透、相互转化,产生各式各样的灵活战术和战斗样式。

一、袭捕

又称突袭缉捕,是指发现缉捕对象后,在其落脚藏身之地或者行进途中寻找恰当时机,在犯罪嫌疑人来不及反应的情况下,趁其不备,突然贴靠将其制服的缉捕方式。

突袭缉捕主要适用于不便采取设套缉捕,但准确掌握其落脚藏身之地或者行动规律,且在其住地或行进途中进行抓捕不会影响案件侦查的缉捕对象。

（一）袭捕的主要方法

1.守候袭捕。也叫预伏突袭。是指缉捕人员预伏在缉捕对象必到或必经之地，待其出现时即突然进行抓捕的突袭缉捕方式。

主要适用于已经准确掌握缉捕对象的落脚藏身之地或行动规律，并且在其藏身之地、必经之地抓捕无碍侦查。

守候袭捕的基本要领有：

（1）选择预伏地点。预伏地点的选择是守候袭捕成功与否的关键。选择室内预伏，至少要满足两个条件：一是要具备隐蔽进入的条件。如果不能隐蔽进入，则达不到伏击的目的。二是室内抓捕不存在有碍侦查的情形。如果对缉捕对象的抓捕需要保密，就不宜在其办公室或居住地抓捕。选择室外预伏，主要考虑缉捕对象是否必经某地、是否具备便于贴靠和控制缉捕对象的条件。

（2）缉捕人员进入预伏地点不能引起周围人的注意。如在办公室预伏可以在单位领导、同事配合下伪装成办事人员进入预伏地点。

（3）预伏与外围跟踪守候相结合。预伏在抓捕地点的缉捕人员一般分成抓捕、警戒两组力量进行部署。为准确掌握缉捕对象的动态，可结合运用跟踪、守候措施。为避免因预伏过久而出现偶尔的松懈，应在预伏地点周围设置预警人员，负责预警、外围警戒和接应。在缉捕对象接近预定地点时，及时向抓捕组通报；在缉捕对象进入预伏地点后，由抓捕人员突然实施抓捕，预警人员的职责即转为警戒；如果抓捕失败，警戒人员转而负责追缉、堵截。

（4）预伏突袭时优先选择人力—警械方式抓捕。只有在难以实施此方式时，才考虑是否采取火力—警械方式抓捕。人力—警械式抓捕，是指缉捕人员首先徒手钳制缉捕对象的肢体，然后使用约束性警械对其予以控制的抓捕方式。常用的人力—警械方式有两侧钳制、前后夹击等方式。火力—警械方式，是指缉捕人员首先使用火力控制其行为，并表明身份，命其听众指令，然后以警械约束其肢体的抓捕方式。

2.跟踪袭捕。是指缉捕人员跟踪缉捕对象到适当的地点后，突然贴靠并进行抓捕的突袭缉捕方式。

主要适用于两种情形：一是在发现缉捕对象时，缉捕人员力量不够，需要等待增援力量。二是发现缉捕对象的地点不便进行抓捕。

跟踪袭捕的基本要领有：

（1）选择缉捕地点以便于贴靠和控制缉捕对象为原则，一般选择人员往来不多、可供缉捕对象逃跑的路线少的地点。

（2）抓捕前要按抓捕和策应两个小组进行分工。

（3）在跟踪过程中要进行伪装，防止引起跟踪对象的警觉。如伪装成行人。

（4）抓捕多采用前后夹击、以后为主的方式。负责前位夹击的缉捕人员在快到达预定的抓捕地点前即超过缉捕对象,然后折回实施夹击。也可采取两侧钳制式。

(5)策应人员在跟踪时,尽量分布在正后、侧后位;实施抓捕时,立即在外围形成对缉捕对象的包围圈。抓捕成功后,策应人员即负责疏通道路和外围警戒。

3. 借故袭捕。借故突袭是指缉捕人员以适当的身份和理由接近缉捕对象后,伺机突然进行抓捕的突袭缉捕方式。

主要适用于不便实施跟踪缉捕,也无预伏条件的缉捕对象。多用于入室抓捕。

借故袭捕的基本要领有:

(1)接近缉捕对象的身份和理由要合情合理,能够取得缉捕对象的信任。借故入室一般可以公用事业单位、计生、社区服务等部门的工作人员上门抄表、调查,或者以有关单位的工作人员到办公室联系业务等。在室外可以通过制造车祸、故意打架创造机会接近缉捕对象。

(2)选准抓捕时机。借故袭捕,只要缉捕人员一接近缉捕对象应当采取行动。因此,缉捕人员应制造各种机会主动贴靠、接近缉捕对象,如让其填表、签名等,分散其注意力,伺机抓捕。如果缉捕对象一直处于高度戒备状态,缉捕人员无法接近或缉捕对象始终面对缉捕人员、手始终不离口袋等情形,则应暂时放弃抓捕。

(3)借故接近的警力一般二人即可,人数多会易起缉捕对象怀疑。其他缉捕人员应隐蔽在可能的出入口或外围进行警戒、策应。

4. 强行袭捕。是指在室内的缉捕对象并无防备的情况下,缉捕人员以突然、猛烈、强行的战斗动作,突然强行进入室内进行抓捕的突袭缉捕方式。

主要适用于尚未警觉但缉捕人员无法入室的缉捕对象。由于强行袭捕具有较大的破坏性和危险性,对于可以适用跟踪袭捕、预伏袭捕、借故袭捕的缉捕对象,应尽量避免强行袭捕。

强行袭捕的基本要领有:

(1)强行进入方法主要有开锁、踹门、破窗。

(2)进入口应选择在既容易破坏并进入,又离缉捕对象最近的部位。不容易破坏的部位,不能在实施破坏行为后立即进入,必定惊动缉捕对象。离缉捕对象较远的部位,即使一经破坏就能进入,由破坏而接近或贴靠缉捕对象的时间差,将给缉捕对象进行抵抗提供时间条件。

(3)要根据缉捕对象的顽抗能力,选择强有力的手段,一招制敌,将其制服、抓捕。采用火力打击时,要配备精良武器,并注意把握火力掩护和火力的控制限度。

(二)袭捕的实施步骤

1. 摸清情况,制订方案。袭捕行动是一种主动进攻的战术形式,在调查摸底、掌握情报、战斗准备及实施战斗的全过程中都可占有主动地位。因此,要注意摸清情况,如缉捕对象人身特征、手中的武器、落脚点、活动规律、周围环境等。根据掌握情况,制订正确的行动方案,做好充分准备,确保袭击成功。

2. 力量组织与分工。一般有现场指挥员一名亲临现场直接指挥。缉捕力量分为抓捕组、策应组各一个。可根据缉捕对象人数、手中的武器灵活确定人数。一般袭捕一名对象,抓捕组配二人,策应组配二人至三人。抓捕组负责接敌、袭击、抓捕缉捕对象。策应组负责周围控制,防止缉捕对象逃跑,防止其他同伙攻击缉捕人员。一旦发生误会要说服群众,控制现场,帮助抓捕组将缉捕对象押离现场。

3. 行动实施:

(1)抓捕组接到行动命令后,要利用周围环境,隐蔽的靠近缉捕对象,迅猛予以制服抓捕。每一名缉捕对象,由缉捕人员二人从其两侧夹持或按倒,并迅速上铐、搜身。

(2)策应组要选择和占领有利位置,仔细观察周围环境。当抓捕组开始袭击缉捕对象时,策应组要迅速靠近,控制现场并协助抓捕,防止其他同伙攻击抓捕组人员。必要时要进行火力掩护或火力封锁。

(3)在缉捕对象藏身场所袭捕的,要全面搜索现场,获取犯罪证据后迅速撤离。

(三)袭捕的注意事项

1. 摸准情况,确保袭捕对象准确无误。袭击行动目的性强,其成功与否,依赖于情况是否摸得清、摸得准。因此,特别强调在行动前要开展仔细的调查摸底工作,尽可能把缉捕对象的有关情况摸清、摸准。

2. 选好时机,力争达成战斗的突然性。既要通过掌握大量情况,分析选择时机,又要根据情况的变化,随机应变,灵活应战,把握好战机。

3. 以快制胜。快攻、快抓、快撤,是袭捕成功的关键。因此部署要迅速,行动要快捷,动作要猛烈。

4. 参战力量间要搞好协调配合。包括指挥员与战斗员之间、各参战小组间、单兵之间的战术、站位、技术等方面的配合与协调。良好的协调配合是以快制胜的前提,是达成战斗突然性的关键。

二、诱捕

诱捕又称设套缉捕,是指以引诱、制造借口等方法将缉捕对象诱出不便缉捕地点或诱入预伏地点,以便在缉捕对象不知或者来不及反抗的情况下进行抓捕的缉捕方式。

诱捕的基本原理是缉捕对象存在被引诱的心理基础:如贪利心理、好色心理、交往心理、好奇心理等。诱捕就是利用缉捕对象的上述心理,引诱其前往或者路过预设的缉捕地点,从而实施缉捕。

设套缉捕的适用对象是出于缉捕的有效性和安全性及侦查的需要等考虑,不便在其工作、居住地和其他的场所进行缉捕的对象。如住宅养有看门狗的缉捕对象,就不适合进入其住宅实施缉捕;对于共同犯罪案件中需要先行缉捕的犯罪嫌疑人,一般不适合去其工作单位进行缉捕。

设套缉捕与突袭缉捕根本区别在于前者在抓捕前的过程中缉捕人员并未影响缉捕对象的行动;而后者通过设计圈套故意干预和影响缉捕对象的行动,使其在抓捕前的行动向有利于缉捕的方向发展。

(一)诱捕的主要方法

1. 直接诱捕。是指侦查人员利用缉捕对象心理,以某种身份或借口,直接将缉捕对象诱离不利于缉捕的环境或诱入我方预伏地点伺机缉捕的方法。

直接诱捕的常用方法有:

(1)示利引诱。缉捕人员根据缉捕对象的生活习惯、从业活动、违法犯罪等具体情况,进行相应的化装,改变身份,编造事由,靠近联系,引诱缉后对象上钩,随机抓捕。通常可以利用推销、直销等身份接近缉捕对象,示之以利,使之心动,然后以看货、交货等名义诱使其到指定的地点实施缉捕。

(2)无中生有。缉捕人员以被缉捕对象冲撞、辱骂等借口制造纠纷,诱其就范。缉捕人员要按制造借口、主持公道和策应三项职责做好分工。制造纠纷后,有人前来主持公道,建议纠纷双方前往派出所等处所评理。待缉捕对象进入预定地点后,即行缉捕。如果缉捕对象不按照预定计划前往预定地点,则由策应人员跟踪或者采取其他方法缉捕。

(3)编造借口。缉捕人员根据缉捕对象的近况,编造比较合理的借口,把缉捕对象引诱到预定场所。如声称有人叫其接电话、外面有人找等。

(4)商请配合。通过缉捕对象所在单位或其上级机关的领导,以工作需要为借口将缉捕对象调到预定的地点。常用的借口包括出差、开会、领导谈话等。在某些共同犯罪案件侦查中,对于暂不需要或者现有证据不足以对缉捕对象的同案犯罪嫌疑人采取拘留、逮捕措施,且对缉捕对象的拘捕需要对其同案犯罪嫌疑人保密时,可通过单位领导指派缉捕对象出差,将其调至适当的地方进行缉捕。开会、领导谈话等借口主要适用于职务犯罪案件犯罪嫌疑人的缉捕,尤其是对那些配有枪支或者有警卫人员的犯罪嫌疑人,一般都需要以此借口将其与警卫人员分离,以便实施抓捕。

2. 间接诱捕。是指在不便于直接诱捕的情况下,侦查人员利用各种间接关系将犯罪嫌疑人诱出或诱入特定场所后,再伺机进行抓捕的方法。

(1)制造假象。通过缉捕对象身边的群众或关系人散布虚假消息、制造假象,诱敌出笼,如托其关系人传递口信、打电话等。

(2)虚留生路。缉捕人员根据缉捕对象戒备心较强的特点,故意制造放松抓捕的言论或行动,有意制造、错觉,欲擒故纵,虚留生路,使缉捕对象麻痹,而在缉捕对象可能出没的路径、场所设伏守候,寻机抓捕。如有时为了引出主犯,可以通过破案留根或放出从犯诱其出笼。

(3)设置诱饵。缉捕人员根据缉捕对象的情况,针对其最大需求,巧设诱饵,利用有关人员进行贴靠,取得缉捕对象的信任后,诱其上钩,将其捕获。一般来讲,可以从几类人员中选择诱饵:一是同案犯罪嫌疑人。只要同案犯罪嫌疑人愿意与缉捕人员合作、缉捕对象并不知其是否被缉捕、与缉捕对象有交情或利益关系,就可以用其调动缉捕对象。二是缉捕对象的其他关系人,如亲人、朋友、情人等。在这些人中选择诱饵时,主要考虑合作的可能性大小和缉捕对象对其信任度的高低。三是特情人员。活动能力强的特情在侦查人员的指挥下,可以根据缉捕对象的人际关系、心理活动等情况进行贴靠,只有取得缉捕对象的信任后,才可以将其引诱到预定场所。

(二)诱捕的实施步骤

1.摸清情况,选择战术形式。缉捕人员在全面摸清缉捕对象个人情况、社会关系、活动规律的基础上,认真分析研究其近期各方面活动情况和心理上强烈的需求,选择投其所好的引诱方法以及与之相适应的战术形式,选定引诱人员和行动的时间、地点等。要超量估计可能出现的变化,制定应变措施,确保诱捕成功。

2.力量组织与分工。力量可视情确定人员数量,一般可分为三个小组,即引诱组、抓捕组、机动组。诱捕一名缉捕对象时,缉捕力量一般由三人至五人组成。若为五人,可分为引诱组一人、抓捕组二人、机动组二人,指挥员兼职。引诱组负责引诱缉捕对象到预定的场所。抓捕组负责在预定地点实行抓捕。机动组负责抓捕时的警戒和援助、抓捕后的撤离及处置紧急情况等。

3.行动实施:

(1)引诱组根据选定的引诱方法,灵活、自然、逼真地将缉捕对象引诱到预定场所。

(2)抓捕组要自然、隐蔽地进入预定场所,细致观察周围情况。当缉捕对象被引诱到来时,要注意观察其动态。时机成熟时,抓捕人员从两侧突然靠近,将其双手牢牢抓住或将其绊倒,迅速搜身、上铐。

(3)机动组随时注意抓捕组的动态。当看到或听到抓捕组开始行动时,要迅速采取接应方法,帮助抓捕、撤离或采取应变措施。

(三)诱捕的注意事项

1.要全面了解对象情况,特别是要认真分析心理需要。因人而异,因案施策

2.善于用谋,随机应变。诱捕的关健在“诱”字,诱法得当,事半功倍。如何诱得好,关健又在于“谋”。缉捕人员要按需设饵、投其所好、随机应变、诱其上钩。常用的谋略有引蛇出洞、赶鸟出笼、调虎离山、诱敌深入、张网以待等。

3.内紧外松、秘密行动。诱捕行动一旦在某个环节上露出破绽,即告失败。因此在整个行动过程要秘密、自然。在行动中缉捕人员及选择的诱饵要善于伪装,在

着装、语言、举止等细节上都要认真考虑,不能出现破绽。

4. 周密控制、严防“反水”。在间接诱捕时,使用的特情或其他关系人要可靠。要采取控制措施,防止其违背我方意图或“反水”给缉捕对象通风报信。

三、围捕

围捕是缉捕人员在收集到缉捕对象可能出现在某地的有关情报后,对缉捕对象藏身、活动的场所进行包围、抓捕的缉捕方式。

围捕是一种典型的对抗性缉捕方式。除非对抗性缉捕已经在所难免,否则,缉捕行动应该尽可能选择袭捕、诱捕等先发性缉捕方式。在追赶、拦截、巡查、设卡盘查等情形下发现缉捕对象和偶遇缉捕对象等情况下,如果缉捕力量不占绝对优势,不能立即制伏缉捕对象,应当尽可能避免采取对抗性缉捕策略,而运用先发性缉捕策略进行缉捕。围捕多用于不具备袭捕、诱捕条件或袭捕、诱捕失败后敌我双方形成对峙的情形。

(一)围捕的主要战术形式

1. 围而捕之。围而捕之是围捕行动常用的战术形式。是缉捕人员针对一般的缉捕对象进行包围、抓捕。可分为先围后捕、围捕同步等具体形式。

2. 围而歼之。围而歼之是围捕战斗的特殊形式。是缉捕人员针对持枪、持爆炸危险物品的缉捕对象,将其藏身场所包围,在无法接近敌方或迫降的情况下,进行火力打击,达到使其失去顽抗能力的目的。

3. 围而逼之。围而逼之是对缉捕对象占有有利地形,我方又无法直接抓捕或歼灭的情况下,采取包围后,喊话攻心、武力威胁,逼其投降或交出人质。

4. 围三缺一。为将缉捕对象包围在便于缉捕的地点或路段,截住通往繁华地段和复杂地形的道路,虚留逃路或逼其逃离有利地形,在逃离途中或到另一藏身场所将其抓捕、歼灭。

(二)围捕的主要步骤方法

以下关于围捕行动的基本步骤反映的是最复杂、最典型的围捕行动的主要过程。实际上,这些步骤并不是每一次围捕行动都必须经历的。在围捕行动的任何一个步骤中只要犯罪嫌疑人放弃反抗或被抓捕,围捕行动即告结束。另外,在围捕行动中,有时这些步骤难以完全区分,有的步骤有时可能还会同时进行。

1. 准备。围捕是对抗性强、危险性很大的行动。缉捕人员接到情况报告后,要以最快的速度了解缉捕对象的情况,如嫌疑人犯罪情况、人身特征、性格特点、携带物品及凶器,有否扣有人质及其藏身、活动的场所的环境等。

在力量组织方面,确定现场指挥员一名,负责现场指挥,及时收集各小组行动情况,随时向上级汇报或向行动小组通报情况。设置三个至四个包围小组,负责从不同方向向中心进行包围。各小组人数可根据围捕范围、缉捕对象人数及携带的凶器灵活确定,一般每组不得少于两人。规模较大的围捕行动,还要组织警戒组和机动组。警戒组负责疏散群众，维护周围秩序。机动组负责处置紧急事态，协助抓捕，武力掩护，控制制高点及实施打击。

另外，还有做好物质条件准备工作，如交通工具、通讯工具、武器配备等。

2. 包围。在缉捕对象逃跑过程中以及逃入可以藏身的建筑物、山林、高杆作物庄稼地等地点后，缉捕人员应当尽可能对缉捕对象或其逃入的地点形成包围之势。在包围肘要特别注意截断通往繁华地段和复杂地形的道路。

包围有明围、暗围、明围与暗围相结合几种方法。明围就是以缉捕人员着制式服装、设置警戒线、手持枪支等明确表示包围意图的方法所进行的包围。暗围则是以隐蔽方法所进行的包围，主要是为了转移缉捕地点、避免激怒劫持人、有效疏散人群、控制现场。明围与暗围相结合是指公开力量与秘密力量相结合实施的包围。

当现场指挥员下达围捕的命令后，各小组迅速按预定方案到位，开始行动，利用地形地物，迅速形成包围圈。当缉捕对象逃入或者躲藏于建筑物中之时，缉捕人员不能一窝蜂全部跟进，而要根据不同情况作出包围部署：遇缉捕人员紧追逃入建筑物的缉捕对象，对象来不及反击或者躲藏或躲藏行为都处于缉捕人员视野时，应当派员立即跟进，同时部署机动力量对建筑物进行包围；遇只知缉捕对象在建筑物中，其余情况不明时，则首先部署包围，同时弄清建筑物的结构，及时调整包围力量。

野外场所一般适用明围方法，其基本过程与对建筑物的包围相同。

3. 搜索。包围圈形成后，应当尽快组织疏散、转移无关人员和易燃、易爆等危险物品，必要时还需要切断水、电、气。同时要向熟悉情况的人了解建筑物结构或地形特点，了解便于躲藏的部位、地点和暗道。然后按一定的顺序对包围场所进行搜索，逐渐缩小包围圈；有条件的话，要争取在搜索中缉捕犯罪嫌疑人。

组织搜索应当分组进行，对单个缉捕对象的搜索每组至少两人。对建筑物的搜索一般从入口处开始向两端、逐个房间推进，同时在通道处设警戒人员；每搜索完一个楼层，封锁一个楼层。有多个入口且有条件的，可以从多个入口同时推进。入口处的选择以安全、方便进入为原则，门、窗户、阳台甚至其他孔洞等都可能选为入口。

对野外场所的搜索，如缉捕力量足够，一般分为警戒组、搜索组、机动组。警戒组负责封锁现场，切断缉捕对象逃窜通路，对逃跑的缉捕对象进行抓捕，疏散群众，维护现场秩序等；搜索组负责按照行动方案，选定的行动方式、路线进行搜索，发现、抓捕缉捕目标；机动组负责处置紧急事态，协助搜索组对重点部位进行搜索，对制高点控制缉捕目标，准备武力掩护、打击等。对野外场所的搜索，可以整个包围圈为起点向心推进，也可以从包围圈的某一边开始平行推进，还可以从某一点开始扇形推进。如果包围圈大，搜索力量不足时，可以运用分片搜索方法压缩包围圈。

有条件时，应当使用红外夜视仪、警犬等延伸搜索力量。

在搜索中，如果出现缉捕对象持有危险物品、劫持人质等现实危险时不能盲目推进。

4. 施加心理影响。被包围的缉捕对象在暗处，缉捕人员在明处，搜索无法顺利推进时，应首先考虑向缉捕对象喊话，对缉捕对象施加心理影响，劝告缉捕对象放弃抗拒。

施加心理影响主要方式有：

(1)依法感召。依法感召就是运用缉捕对象的趋利避害、避死求生心理，引导其放弃继续抗拒，随缉捕人员到案。实施依法感召关键要把握两点：一是选择喊话人。喊话人由职务较高的缉捕人员担任，一般不宜由缉捕指挥员充当。喊话人在喊话时应首先表明自己的身份、职务。二是阐明缉捕对象面临的形势和抗拒缉捕在法律上的后果。喊话时语气要坚决，阐明形势、答复缉捕对象提出的问题和条件时，要援引法律的规定和政策的精神。如缉捕对象并不确切知道自己的犯罪行为造成的后果，应运用模糊语言，不告知其真相，必要时也可借机欺骗，使其认为自己的罪行并不严重而接受缉捕人员的引导。

(2)情感软化。如果依法感召不起作用，可以进行情感软化。情感软化就是运用缉捕对象对父母、子女、配偶或者异性朋友的关心、牵挂之情，动摇其继续顽抗的决心。情感软化的前提是充分了解其家庭和社会关系，找准其最牵挂、感情最深的人。情感软化最好采取直接劝诫法，由缉捕对象最牵挂或者最信任的人直接出面劝诫，切忌将与缉捕对象有过节的人作为劝诫人。缉捕人员要指挥劝诫人，劝诫人要以其与缉捕对象之间的深厚感情为基点，劝诫缉捕对象为其最牵挂的人出发，选择对其自己和其最牵挂的人最有利的行为——放弃抗拒而随缉捕人员到案。有时，也可由缉捕人员利用缉捕对象对其父母、子女等的关心、牵挂之情进行劝诫。

(3)分化瓦解。对于涉嫌共同犯罪的缉捕对象，可以根据不同缉捕对象在共同犯罪中所起作用的不同，而引导涉嫌罪行较轻的缉捕对象主动投降争取宽大处理，并由此而孤立主犯，使主犯认识到大势已去而放弃继续抗拒。分化瓦解应首先是胁从犯；在没有胁从犯时，应选择从犯。鼓励胁从犯、从犯投降的理由，主要是根据他们涉嫌犯罪的情况，指出其应该承担的法律责任不值得他们抗拒缉捕。如他们与主犯之间有恩怨，可借题发挥。如缉捕对象之间的关系不甚密切，还可以鼓励胁从犯、从犯以扭送主犯的方式立功，以便争取更有利的处理。必要时，可以将已到案的同案犯罪嫌疑人押至缉捕现场向某个特定的缉捕对象喊话，以增强分化瓦解的力度和可信度。

5. 谈判。在对缉捕对象施加心理影响过程中，如果缉捕对象回话并提出条件，单方喊话则转化为谈判。对于劫持人质、持枪、持爆炸物品负隅顽抗的缉捕对象，在包围圈形成后，应当尽量争取通过谈判使其放弃对抗或制造缉捕机会。

劫持人质案件中,谈判是使人质安全获释和缉捕犯罪嫌疑人最基本的和首选的方式。谈判的基本步骤方法如下:

(1)谈判前的准备。主要包括了解劫持事件的基本情况和谈判人员的选择与分工。劫持事件的基本情况是指劫持人、被劫持人的姓名、性别、数量,劫持人是否持有枪支、爆炸物品,劫持地点的地形、交通、所在建筑物的结构、通道、是否有易燃、易爆等危险物品及其存放位置,劫持的原因等情况。这些情况在一定程度上决定着谈判的内容。谈判人员的选择与分工,是谈判成功的重要条件。谈判人员主要由警察组成,必要时可以吸引心理学家、劫持人的亲友参加。选择谈判人员的主要条件包括:一是具有较强的应变能力;二是具有极强的心理承受能力;三是具有较强的语言能力。谈判人员一般按组长、主谈员、辅谈员和其他辅助人员等进行分工。

(2)建立良好的心理接触和对话基础。主谈员首先要介绍自己和辅谈员的身份,接着说明自己的立场是与劫持人共同协商解决问题的办法,为其提供帮助,不是与其为敌;同时要求劫持人谈谈自己的情况,选择这种方式解决问题的理由等。如劫持人没有回应,则婉转地指出僵持下去并不能解决任何问题,希望其认清形势。如果劫持人作出回应,说明对话的心理基础已然建立。

(3)引导和倾听犯罪嫌疑人的倾诉。在建立对话基础后,应当首先寻找其感兴趣的话题与其对话,引导犯罪嫌疑人倾诉或让其倾诉,包括让其发泄不满,谈判人员应当细心倾听。一方面了解其思想动态,另一方面可以为相机解救人质和强攻赢得时间和机会。如劫持人不愿倾诉而直接提条件,应当首先劝告其释放人质和投降。明确告知劫持人,释放人质、停止对抗,是最明智的选择。如果劫持人坚持自己所提的条件,谈判则转入讨论条件的阶段。

(4)讨论条件。谈判人员根据劫持人提出的条件与其进行讨价还价。讨论条件一般应当遵循以下两项基本原则和五项基本规则。两项基本原则包括:一是充分利用讨价还价拖延时间。“拖延时间常常是最好的策略”。二是无论对方提出什么条件,都要始终围绕释放人质、投降进行开价。五项基本规则包括:一是对劫持人在不投降前提下提出的任何要求,都不能予以明确拒绝和立即答应。二是对合法且有利要求,也要提出交换条件。三是对非法或不利要求,要表明无法满足要求以使其主动降低要求,如不愿降低要求则转为讨论满足要求的时限。谈判人员切不能主动帮劫持人提出新要求或提出新时限,以免陷入被动。四是只能提供劫持人所要求的东西,而不能主动提供其要求以外的任何物品。五是讨价还价过程中的欺骗应当掌握在谈判结束前劫持人无法查明真象的范围内。

(5)结束谈判。在解救出所有人质以前,谈判人员永远不能结束谈判,即使谈判陷入僵局,也要尽一切努力重新开启另一轮谈判。人质未救,谈判不止。警方结束谈判的方式只能是行动,即突袭解救人质、强行进攻。而不能由谈判人员向劫持人提出结束谈判。

6. 强行进攻。一般来讲，从围捕一开始就要着手做好强攻的准备。对于经依法感召、谈判后拒不投降的缉捕对象，在需要且可能的情况下，实施强行进攻，以将其缉获归案或者击毙。强攻的方法包括警戒攻击法和武器攻击法。前者是指在非立即致缉捕对象死亡不可的情形下，使用催泪弹、震荡弹、麻醉弹等制伏性警械进行的攻击。只要制伏性警械足以制止缉捕对象继续实施危害行为，就应当首先选用制伏性警械进行攻击。武器攻击法，是指使用枪支、弹药等致命武器进行的攻击。武器攻击法可以致缉捕对象受伤，也可以致其毙命。在精度射击中，如果击伤缉捕对象足以制止其继续实施危害行为，应当首先选择击伤而不是击毙。

（三）围捕的注意事项

1. 要合理部署警力。在行动过程中，人员构成要合理，指挥、劝降、抓捕等力量要精心选择，科学搭配；警力部署要科学，要注意明暗结合、固定与机动相结合；在包围中还要注意抢占有利地形、地物，保证火力配置恰当。

2. 实施包围应尽量做到迅速隐蔽。要在犯罪嫌疑人来不及反应的情况下，隐蔽、迅速地形成多层包围圈，控制住关键部位，让其无路可逃。

3. 注意战斗进程和战斗动作的协同。在行动中要做到分工明确、信号明确、标志明显、联络办法可靠，保证指挥部、战斗小组、单兵彼此间的联络通畅、协调配合准确，充分发挥整体作战能力。

4. 灵活运用各种战术。在运用攻心战术时，要开展政治攻势，软硬兼施，有时要有意识地拖延时间，争取机会。有时要有意识地使用欲擒故纵战术，使其在逃跑中寻找缉捕机会。在迫不得已时才使用强攻战术，即使使用强攻战术，也要继续喊话分散其注意力，采取声东击西、多点进攻等方法进行。

5. 随机合法地使用武器警械。行动中要寻找最佳位置部署神枪手，为强攻做好准备。在强攻中，只要条件允许，还可以使用催泪弹、强光弹，甚至利用警犬扑咬犯罪嫌疑人。

6. 牢固树立安全意识。围捕行动中出现任何伤亡事故或重大财产损失，都是一次失败的行动。行动中要注意疏散群众，避免误伤群众或被劫为人质；要排除一切可能的危险或干扰因素，如关掉建筑物的水电气设施，防止出现事故；缉捕人员自身也要善于利用地形地物作掩护，相互配合要默契，避免行动中发生误会而出现自伤事故。凡是有人质的围捕行动，必须将人质安全放在第一位。

四、选择实施缉捕战术的基本原则

由于各种缉捕战术形式各有利弊，适用条件也有一定的差异，并且每种战术形式的实施方法多种多样。在选择实施缉捕战术时要遵循以下基本原则：

（一）以隐蔽行动为主，公开行动为例外

所有战术的实施及战术动作的实现应当尽可能隐蔽地进行，不要惊动缉捕对象，有时甚至连周围群众也不要惊动。只有这样，才能保证缉捕行动的突然性。只有在隐蔽失败或不具备隐蔽实施条件时才公开实施有关战术及战术动作。

（二）以智取为主，武装缉捕为例外

任何战术的实施都是非常灵活的，没有固定的套路。要保证各种缉捕战术方法的生命力，必须充分发挥缉捕人员的主观能动性，在每次行动中、每次行动的各个环节都要结合案件的具体情势，因时、因地、因情部署、实施具体战术行动，充分体现缉捕过程的策略性，提高缉捕效率。

（三）以非对抗方式为主，对抗方式为例外

任何缉捕行动从本质上来讲，都是敌我双方的一种对抗。但是，从缉捕的过程来看，有时缉捕行动一开始就出现明确对抗，有时犯罪嫌疑人来不及对抗时就被抓获归案。一旦出现正面对抗，缉捕难度和缉捕可能付出的代价就会增大。因此，缉捕行动中应当尽量选择非对抗方式，在缉捕过程中尽可能避免或迟延对抗，从中获取战机，缉捕犯罪嫌疑人，这样可以最大限度地确保安全。除非对抗性缉捕已经在所难免，才选择对抗方式进行。

（四）以非杀伤性方式为主，杀伤性方式为例外

在缉捕过程中，使用杀伤性方式容易造成不必要的人员伤亡，给侦查工作带来不利，有时即使合法击毙犯罪嫌疑人可能也会对查清案件事实带来被动；另外，法律对杀伤方式的限制较为严格，缉捕过程中现场情况千变万化，有时能否合法适用杀伤方式难以判断，也会给缉捕工作带来不利。因此，在缉捕中应当优先考虑非杀伤性方式，采取人力—警械方式缉捕。只有在难以实施此方式时，才考虑是否采取火力—警械方式抓捕。

（五）以优势力量为主，平势或弱势警力为例外

缉捕行动过程具有复杂性和突变性，从理论上讲，任何缉捕行动都应当至少部署警戒、抓捕、机动警力，在警力上形成优势，才能适应缉捕的需要。同时，缉捕行动在实施抓捕时要求缉捕人员应当在第一时间有效控制住缉捕对象的双手，使其失去反抗的可能，这也要求要有足够的优势警力才能最大可能地实现。所以，在警力不足时，不要轻易采取行动，可以在跟踪、守候中调遣力量，待有足够的警力优势后再伺机行动。当然，在某些特殊情况下，确有成功缉捕的可能性时，也可以以少胜多、以弱胜强。

第四节 查缉逃犯的基础工作

查缉逃犯的基础工作属于查缉逃犯的宏观策略。它与日常侦查工作齐头并

进，贯穿于整个缉逃工作中，带有主动性和全局性。

一、广泛开展宣传教育

高度重视和充分发挥教育的作用，充分发动群众在缉逃中的作用。用道德和法律教化人们，使犯罪的人无处可逃，逃犯不得不或自动放弃逃跑，使犯罪嫌疑人能够及时顺利归案，保障刑事诉讼的顺利进行。重教对策重点围绕几个方面开展：

1. 对一般群众进行宣传发动。通过多种形式教育一般群众自觉同逃犯作斗争，树立正气，见义勇为，使群众懂得包庇、窝藏逃犯的法律后果。使逃犯成为过街老鼠，人人喊打，无处藏身。

2. 对逃犯及其关系人展开法律宣传攻势。在全社会营造缉逃态势，形成强大的缉逃形势、气势和声势，使逃犯及其关系人产生恐惧感，惶惶不可终日，走投无路，投案自首。

3. 对羁押犯进行认罪服法教育。在对羁押犯的管理、劳动、羁押过程中，运用典型案例进行教育，消除羁押犯反社会心理和逃跑心理，使其认罪服法，逐渐成为遵纪守法的公民。

4. 对公安政法干警开展专业教育。提高侦查人员、监管看守民警的警惕性，提高其缉逃专业能力，严格执行各种防逃、缉逃措施，时刻掌握犯罪嫌疑人的动向。

二、加强专业队伍建设

查缉逃犯不能仅仅通过开展战役性、阶段性的统一行动来实现。同时还必须将其作为一项经常性的专业工作加以开展。为此，必须加强缉逃专业队伍建设，建立合理的缉逃工作体制。

1. 加强组织机构建设。在各级侦查机关设立专门缉逃机构或缉逃工作岗位，主要负责收集逃犯情报资料，实现资源共享；开展调查研究，发现问题，总结经验；部署缉逃工作；直接负责重大逃犯的缉捕等。

2. 加强业务建设，提高专业人员的素质。

3. 加强装备建设，改善缉捕装备。

三、夯实基础业务工作

（一）架设控制网

架网是缉逃的先决条件之一。架设严密的防范控制网，覆盖社会面，就使犯罪分子无处可逃。只要在任何地方现身，都能够及时被发现、控制。

1. 加强社会控制网的建设，包括特定对象控制网和不特定对象控制网，主要是在逃犯可能去的吃、住、行、销、乐等场所建立严密的防范网络。

2. 加强基层治安网的建设。要强化基层治安组织建设，保证每个一区都有基层治安力量存在，并积极开展缉逃工作。

（二）加强情报资料工作

缉逃工作离不开情报资料。随着侦查信息化程度的不断提高，缉逃工作对情报资料的信赖性越来越强。因此,进一步改进情报资料来源渠道,丰富情报资料数量,提高情报资料的质量,实现情报信息共享,是缉逃工作信息化的前提。通过加强情报资料工作,实现资源共享,是提高缉逃工作效率的根本出路。当然,加强实现情报资料工作信息化离不开计算机信息系统建设,必须进一步提高缉逃工作的科技含量。

(三)建立协同作战机制

缉逃工作必须树立全局观念,全国一盘棋,各地区、各部门、各种力量密切配合,彼此呼应,协同作战。这是提高查缉效率的关键因素,也是节省人力财力物力的需要。在本地区要加强公安机关内部各部门的协作,公安机关与检察院、法院、海关、工商、税务等部门的协作,公安机关与各种群众性治安力量的协作;跨地区要加强与兄弟单位的协作,建立协作机制,定期召开联席会或通报信息会。

(四)建立快速反应机制

缉逃贵在快速,战机稍纵即逝。特别是犯罪嫌疑人刚潜逃不久,多数情况下尚无稳定的落脚点,躲避查缉的经验不足,暴露的可能性较大,快速反应能够在其立足未稳时将其查获。在缉逃工作中,要做到情报信息传递迅速,查证逃犯线索迅速,调动指挥参战力量迅速,缉捕行动迅速。要真正实现快速反应,有赖于日常工作制度化、机制化、规范化,通过开展经常性的演练保证战时的需要。

四、完善法律制度

关于缉逃工作中枪支使用程序、正当防卫、情报信息使用权限等法律问题,现行法律对此有的无规定,有的规定较为模糊,操作性不强,需要从立法上加以完善。

同时,要及时总结缉逃工作的经验教训,加强缉逃工作的各种规范制度建设,保证这项工作能够长效开展。主要包括:缉逃程序制度、境外缉逃制度、缉逃责任考核制度、缉逃奖惩制度、情况报告制度、保密制度等。

问题与研究

1. 技术进步对查缉犯罪嫌疑人的影响。
2. 当前查缉工作面临的主要法律障碍。
3. 查缉工作中应当如何整合和利用各种信息资源?
4. 丰富和发展查缉手段方法的可能性与可行性。

阅读文献

1. 高春兴、阮国平:《侦查对策》,中国人民公安大学出版社 2003 年版。
2. 郭晓彬:《侦查策略与措施》,法律出版社 2000 年版。
3. 郭立新:《检察机关侦查实务》,中国检察出版社 2005 年版。

4. 马海靓:《刑事侦查措施》,法律出版社 2006 年版。

5. 马忠红:《情报主导侦查》,中国人民公安大学出版社 2006 年版。

6. 公安部人事训练局、前卫体协编:《查缉战术》,群众出版社 2000 年版。

7. 麻海龙、师原兵、王浩:《查缉战术教程》,群众出版社 2005 年版。

8. 孙延庆:《侦查措施与策略》,中国民主法制出版社 2007 年版。

9. 许细燕、梁惠萍:“侦查中借助公共安全视频系统分析”,载管光承:《现代侦查》(第 4 卷),群众出版社 2008 年版。

10. 郑永红:“网络侦查方法探析”,载张晶:《侦查学论丛》(第 6 卷)2005 年版。

11. 崔成有:“人质谈判七步法”,载《江西公安专科学校学报》2006 年第 4 期。

复习题

1. 潜逃犯的主要特点有哪些?
2. 影响逃犯选择逃向的主要因素有哪些?
3. 如何理解查寻策略与缉捕策略的关系?
4. 实践中查缉行动的基本情形有哪些?
5. 查寻犯罪嫌疑人的主要策略方法有哪些?
6. 如何对犯罪嫌疑人的关系人实施调查监控?
7. 查缉行动中开展技术查控可以从哪些方面着手?
8. 什么是网上追逃?
9. 怎样加强网上追逃机制建设?
10. 在日常工作中,发现哪些工作对象后应进行网上比对?
11. 开展网上追逃的具体方法有哪些?
12. 当前网上追逃存在的主要问题有哪些?
13. 怎样进一步完善和推进网上追逃工作?
14. 查缉行动中应当怎样利用各种信息资源?
15. 缉捕犯罪嫌人的主要方法有哪些?
16. 借故袭捕的基本要领如何?
17. 袭捕与诱捕有何区别与联系?
18. 直接诱捕的常用方法有哪些?
19. 实施诱捕的基本步骤如何?
20. 围捕的主要战术形式有哪些?
21. 围捕应当如何实施?
22. 围捕中如何对犯罪嫌疑人施加心理影响?
23. 一般与犯罪嫌疑人谈判应当经历哪些步骤?
24. 选择实施缉捕战术的基本原则有哪些?
25. 查缉逃犯的基础工作包括哪些方面?

第十三章　侦查讯问

本章要点

侦查讯问是刑事诉讼程序中的主要侦查行为之一,也是侦查破案的关键环节之一。本章从侦查讯问的概念入手,全面论述了侦查讯问的特征、侦查讯问的主体和对象、侦查讯问的法律要求;论述了在讯问过程中,正确评估面临的有利条件与不利条件,并有针对性地做好侦查讯问的准备工作;详细阐述了针对不同对象使用不用的讯问策略与方法;最后还论述了侦查讯问结论的评断和运用等问题。

第一节　侦查讯问概述

一、侦查讯问的概念

侦查讯问,是指刑事诉讼中侦查人员对为了查明案件事实和其他有关情况,仿照法律程度,以言词方式对犯罪嫌疑人进行审讯和诘问,以获取真实供述或者辩解的一种侦查活动。在侦查策略中,属于侦查方法的一种。我国《刑事诉讼法》第2编第2章第2节对此作了专门规定,使“讯问犯罪嫌疑人”与“询问证人、勘验、检查、搜查、扣押物证、书证和鉴定”并列成为侦查人员在刑事诉讼侦查过程中拥有的众多侦查措施之一种。在《公安机关办理刑事案件程序规定》第9章中,也对包括侦查讯问等在内的侦查活动进行了具体的规定。这是依照我国刑事诉讼法进行的一种侦查活动。

总体上说,讯问是获取和查证证据的诉讼手段,通过讯问,可以获取和查实为正确判决刑事案件所必须的大部分犯罪信息,查明犯罪动机、目的以及促成犯罪的条件。同时,讯问还是教育受讯问人的有效手段。作为一种最普遍的侦查和司法活动,讯问是一种多结构的、错综复杂的,涉及侦查、组织、心理和伦理道德等问题的活动。在讯问中,需要广泛地应用刑事侦查策略学、司法心理学、逻辑学、教育学和司法伦理学的知识。[1]

具体地说，侦查讯问作为侦查机关办理刑事案件的必经步骤，具有以下法律特征：

（一）侦查讯问的主体是侦查机关的侦查人员

根据刑事诉讼法规定，我国有侦查权的机关是：公安机关、国家安全机关、人民检察院、海关走私犯罪侦查机关、军队保卫部门和监狱管理部门。对犯罪嫌疑人的讯问作为一项侦查行为只能由这些侦查机关的侦查人员进行，其他任何机关、任何个人都无权讯问犯罪嫌疑人。

（二）侦查讯问的目的

侦查讯问的目的，是通过讯问获取犯罪嫌疑人的有罪供述或者无罪辩解，从而查明案件的全部事实真相，揭露、证实和追究犯罪，并保障无罪的人不受刑事追究。

（三）侦查讯问是侦查活动的重要组成部分

侦查作为刑事诉讼五项程序之一，包括讯问犯罪嫌疑人、询问证人和被害人、勘验、检查、搜查、扣押物证、书证、鉴定、通缉等项内容，而讯问是其中的重要内容。凡侦查机关办理刑事案件，必须对犯罪嫌疑人进行讯问，讯问犯罪嫌疑人是侦查活动的必经步骤。

侦查刑事案件，从立案开始，到查明全部犯罪事实，都有一个发展过程，在一段或长或短的时间内，侦查人员同侦查对象之间一般没有直接的正面接触，侦查活动通常不为侦查对象所知。侦查人员也不明确谁是犯罪人。通过侦查发现了犯罪嫌疑人，收集了部分犯罪证据，查明了部分犯罪事实，即可依法将犯罪嫌疑人予以逮捕或拘留。至此，侦查活动转为侦查人员同侦查对象面对面进行，即侦查人员对侦查对象进行正面的讯问，以进一步查明事实真相。由于前一阶段的侦查，对犯罪嫌疑人的部分犯罪事实的认定是初步的和并不十分确切的。所以，还必须通过讯问查证核实。实践证明，很多案件中的部分情节，尤其是那些缺少见证人、知情人和其他直接证据的案件，非经正面讯问犯罪嫌疑人，无法查清，难以最终认定。因此，讯问是侦查刑事案件必经的重要阶段。只有通过讯问，才能最后完成刑事案件侦查的全部任务。

二、侦查讯问的对象

（一）依法被逮捕的犯罪嫌疑人

被逮捕的犯罪嫌疑人在一般情况下，其部分犯罪事实已经查清，但侦查中确认的一切犯罪事实和证据仍必须向被逮捕人查问证实，并进一步发现侦查阶段尚未掌握的犯罪事实和证据。所以，讯问被逮捕人，主要是为了查证其是否犯罪，其供

---

[1] ［苏］H. N. 波鲁鲍夫：《预审讯问的科学基础》，冯树樑译，群众出版社1985年版，第1～3页。

述同侦查中收集的情况是否吻合,也就是最后查清被逮捕人同犯罪事实和犯罪证据三者之间的联系,从而对被逮捕人犯罪事实和罪责进行审查确定。

(二)依法被拘留的犯罪嫌疑人

根据我国刑事诉讼法的规定,拘留对象是罪该逮捕的现行犯罪人或重大犯罪嫌疑人。侦查机关对于被拘留的犯罪嫌疑人必须在二十四小时内进行讯问,如果发现有不应拘留的情况,应立即予以释放;对被拘留犯罪嫌疑人,认为需要逮捕的,应当在法律规定的时间内办理逮捕手续,宣布逮捕。如果需要逮捕而又证据不足,或者发现有法律规定的其他不宜拘留的情况,可以对被拘留人采取取保候审或监视居住的措施。

(三)不需要逮捕、拘留的犯罪嫌疑人和被告人

侦查人员对于不需要逮捕拘留的被告人,可以传唤到指定地点或到被告人住处进行讯问。到犯罪嫌疑人和被告人住处或工作单位进行讯问,侦查人员应向犯罪嫌疑人和被告人出示侦查机关的证明文件;将犯罪嫌疑人和被告人传唤到指定地点讯问,应向犯罪嫌疑人和被告人送递传唤通知书,对于无故不到的犯罪嫌疑人和被告人,可以使用拘传措施。

(四)准备拘留逮捕的犯罪嫌疑人

侦查过程中,对于那些同犯罪关系十分密切,为犯罪人提供犯罪的方便条件,帮助藏匿犯罪人,藏匿、销毁和转移犯罪证据,知情不举的人员,在查明有关事实情节后,如果认为需要追究刑事责任可以对他们进行讯问,以便查明事实,掌握证据,及时作出适当处理。

三、侦查讯问的任务

侦查讯问的任务,是依照国家法律、法规,准确及时地查明案件事实,追究应当负刑事责任的人,保障的人不受刑事追究。具体说,侦查讯问的任务体现在以下几方面:

(一)依法准确及时地查明案件的全部事实真相,收集犯罪证据,判明犯罪性质

由于案件事实是刑事案件赖以成立的基础,也是追究或者不追究犯罪嫌疑人刑事责任的前提和依据,所以,依法准确及时地查明案件的全部事实真相就成为侦查讯问的首要和中心的任务。案件的全部事实包括:与案件有关的人物、时间、地点、手段(方法)、情节、目的、动机、后果等,这是构成任何一个案件不可缺少的因素。因此,通过讯问,揭露和证实犯罪嫌疑人的犯罪行为,查明犯罪动机、犯罪目的、犯罪经过等具体情节,查清犯罪嫌疑人实施犯罪行为时的主观心理状态,判明基本犯罪事实和犯罪性质。

(二)追查同案犯和发现其他犯罪线索

不少刑事案件,特别是重大、特大刑事案件,往往是多人共同犯罪,甚至还是有

组织的犯罪集团所为。有些犯罪嫌疑人并非共同参与犯罪,但他们各自的犯罪活动情况,却可能彼此了解。所以,讯问同时应当追讯被讯问人是否还有未被捕获的同案犯或了解他人的犯罪活动,以便不失时机地追查,将其及时捕获归案。但是,对于被讯问入关于同案犯供述,必须认真地调查核对。不能仅凭被讯问人的供述轻率地作出拘捕的决定。同时,在讯问中不能就案论案,而要注意发现其他犯罪线索。无论是被讯问人主动提供的还是无意间吐露的犯罪线索都不能轻信或忽视,应当及时地予以查证,作出适当的处理。

(三)查对证据,给犯罪嫌疑人以辩护机会,保护无罪的人不受刑事追究

惩罚犯罪人,同时又要保障无罪的人不受刑事追究,是我国刑事诉讼法的根本任务。刑事犯罪错综复杂,一些人出于各种动机,无中生有,歪曲事实真相的情况不少见。同时,由于各种主客观原因的影响,侦查中的疏忽和错误很难完全避免。因此,在讯问中,应当充分考虑到被讯问人仍然存在着有罪和无罪的两种可能性。侦查人员应当通过讯问,应当给予犯罪嫌疑人充分的辩护机会,直接听取犯罪嫌疑人的申辩,对于被讯问人提出的无罪和罪轻的辩解,侦查员应当耐心细致地听取其陈述,客观公正地进行认真细致的审查。如果通过查证,发现确属错捕错拘,应当依法排除嫌疑,保护犯罪嫌疑人的合法权益,保证无罪的人免受刑事追究。

(四)对犯罪嫌疑人进行认罪服法、改恶从善的教育

惩罚的目的是为了减少和预防犯罪,将绝大多数犯罪人改造成为对社会有益的遵纪守法的公民。讯问工作,是侦查人员同犯罪嫌疑人面对面的斗争,结合正在讯问的犯罪事实对被讯问人进行法制教育,对有罪的犯罪嫌疑人进行认罪服法、改过自新的教育,促使犯罪嫌疑人端正自己的认识和立场态度,认识到自己的犯罪行为给国家和人民造成的危害和损失,帮助其剖析犯罪思想根源,为将犯罪嫌疑人改邪归正,重新作人创造条件。

(五)收集犯罪资料,研究掌握刑事犯罪规律特点,为预防犯罪提供情况

通过对犯罪嫌疑人的讯问,可以了解其犯罪的思想因素,走上犯罪道路的过程、犯罪手段的特点、选择侵害目标的心理活动和逃避侦查的伎俩等同犯罪活动有关的因素,从而分析犯罪活动规律和促成犯罪的主客观原因,以便有针对性地提出预防犯罪的有效措施和建议。从各类犯罪案件的发生情况,还可以分析刑事犯罪活动的规律、趋势和特点,为预防和减少犯罪,矫正改造罪犯提供情报,促进治安环境的改善。

四、侦查讯问的法律要求

侦查讯问作为法定的侦查步骤之一,法律对其作出了明确而又严格的具体要求。

(一)对讯问人员的要求

刑事诉讼法第 91 条规定:“讯问犯罪嫌疑人必须由人民检察院或者公安机关

的侦查人员负责进行。讯问的时候，侦查人员不得少于二人。”据此，法律对讯问人员有以下两点要求：

1. 身份要求，即讯问人员必须是侦查人员。讯问犯罪嫌疑人是一项侦查行为，依法只能由具有侦查权的侦查人员进行，其他任何机关、团体和个人均无权进行这项活动。

2. 数量要求，即讯问时，侦查人员不得少于二人。法律作出这一规定的意义有二：其一是保证讯问活动的正常、安全进行；其二是防止个别侦查人员利用职务之便违法乱纪。

（二）对讯问时限的要求

1. 对被传唤、拘传的犯罪嫌疑人讯问的时限要求。根据《刑事诉讼法》第 92 条第 2 款的规定对被传唤、拘传的犯罪嫌疑人进行讯问的时限要求是不得超过 12 小时，也就是说，在对犯罪嫌疑人进行传唤或者拘传后的 12 小时内必须结束讯问，释放犯罪嫌疑人，或者变更强制措施。

2. 对被监视居住、取保候审的犯罪嫌疑人讯问的时限要求。根据刑事诉讼法的有关规定，在犯罪嫌疑人被取保候审的 12 个月内或者被监视居住的 6 个月内，侦查人员仍有权对其进行讯问。但这种讯问必须依法进行，不得以“车轮战”等非法形式进行讯问，讯问不得影响被监视居住人或者被取保候审人正常的工作、学习和生活。在发现不应当追究犯罪嫌疑人刑事责任或者取保候审、监视居住期限届满时，应当及时解除取保候审、监视居住，不得再行讯问。

3. 对被刑事拘留、逮捕的犯罪嫌疑人讯问的时限要求。《刑事诉讼法》第 65 条、第 69 条、第 133 条的有关规定，对被拘留的犯罪嫌疑人，侦查机关必须在拘留后的 24 小时以内进行讯问，否则便是违法失职。此次讯问后，公安机关在拘留审查期限（3 日、7 日 或 30 日）内仍可对被拘留人进行讯问。

《刑事诉讼法》第 72 条规定：“人民法院、人民检察院对于各自决定逮捕的人，公安机关对于经人民检察院批准逮捕的人，都必须在逮捕后的二十四小时以内进行讯问。在发现不应当逮捕的时候，必须立即释放，发给释放证明。”据此，对被逮捕的人，侦查机关必须在逮捕后的 24 小时内进行讯问，否则便是违法失职。

（三）对讯问方式的要求

讯问方式是指讯问犯罪嫌疑人的模式、态度和方法。作为刑事诉讼的重要步骤之一，讯问方式必须具备严肃性和合法性。

1. 讯问方式的严肃性。讯问方式作为讯问活动的外部表现形式，必须反映讯问活动的本质目的和要求，即必须服从于获取真实可靠的供述，查清案件的事实真相这一目的。这个前提决定了讯问方式只能是严肃的问答式，而不能是谈心式、商洽式、谈判式。当然，在严肃的问答式的前提下，讯问人员可以与犯罪嫌疑人谈心，对其进行思想、政策、法律教育。实践证明，严肃的问答式是最可靠、最有效的讯问方式。此外，审讯室的环境庄严肃穆，陈设井然有序，室内光线充足，讯问人员仪表端庄，举止大方，讯问态度严肃自然等，都是体现讯问方式严肃性不可忽视的因素。

2. 讯问方式的合法性。是指讯问人员必须依照法律的规定进行讯问，不仅讯问的方式要合法，而且讯问的内容也必须合法。因此在讯问中，绝对禁止刑讯逼供，禁止引供、诱供和指名指事问供，同时也不得损害犯罪嫌疑人的人格尊严。

（四）对保障犯罪嫌疑人在讯问中的诉讼权利的要求

在侦查讯问中，涉及联合国刑事司法准则主要包括两个方面：非法证据排除规则和反对强迫自证其罪规则。这两项规则分别是《公民权利和政治权利国际公约》、1975 年 12 月联合国大会通过《保护人人不受酷刑和其他残忍、不人道或有辱人格待遇或处罚宣言》（以下简称《宣言》）、1984 年 12 月联合国大会通过的《禁止酷刑和其他残忍、不人道或有辱人格待遇或处罚公约》（以下简称《公约》）及其相关国际约法中规定的。《宣言》第 12 条规定："如经证实是因为受酷刑或其他残忍、不人道或有辱人格的待遇或处罚而作的供词，不得在任何诉讼中援引为指控有关的人或任何其他人的证据"。而《公约》第 15 条规定："每一缔约国应确保在任何诉讼程序中，不得援引任何业经确定系以酷刑取得的口供为证据，但这类口供可用作被控施用酷刑者刑讯逼供的证据"。〔2〕关于"酷刑"的定义，在 1984 年《禁止酷刑和其他残忍、不人道或有辱人格待遇或处罚公约》第 1 条第 1 款中，是这样规定的："为本公约的目的，'酷刑'是指为了向某人或第三者取得情报或供状，为了他或第三者所作或涉嫌的行为对他施加处罚，或为了恐吓或威胁他或第三者，或为了基于任何一种歧视的斜体理由，蓄意使某人在肉体上或精神上遭受剧烈疼痛或痛苦的任何行为，而这种疼痛或痛苦是由公职人员功以官方身份行使职权的其他人所造成的，或在其唆使、同意或默许下造成的。纯因法律制裁而引起的或法律制裁所固有或附带的疼痛或痛苦不包括在内"。〔3〕《公约》第 11 条专门规定了讯问："每一缔约国应经常有系统地审查对在其管辖的领土内遭到任何形式的逮捕、扣押或监禁的人进行审讯的规则、指示、方法和惯例以及对他们的拘留和待遇的安排，以免发生任何酷刑事件"。

我国刑事诉讼的目的是惩罚犯罪和保障人权。犯罪嫌疑人虽然涉嫌犯罪，但在讯问过程中，法律仍然赋予其必要的诉讼权利。这些诉讼权利主要有：

---

〔2〕 陈光中、[加]丹尼尔·普瑞方廷主编：《联合国刑事司法准则与中国刑事法制》，法律出版社 1998 年版，第 261 ~ 262 页。

〔3〕 国际检察官联合会主编：《检察官人权指南》，杨宇冠、李立译，中国检察出版社 2006 年版，第 43 页。

1. 有聘请律师为其提供法律帮助的权利。根据《刑事诉讼法》第 96 条的规定，犯罪嫌疑人在被侦查机关第一次讯问后或者采取强制措施之日起，可以聘请律师为其提供法律咨询，代理申诉、控告。为了保障犯罪嫌疑人聘请律师提供法律帮助权利的实现，侦查机关第一次讯问犯罪嫌疑人后或者对其采取强制措施之日起，应当告知犯罪嫌疑人有权聘请律师，并将告知情况记明笔录。同时，应依法保障受委托律师行使其权利。

2. 犯罪嫌疑人有自己辩护的权利。辩护权是法律赋予犯罪嫌疑人、刑事被告人的最重要的诉讼权利。在侦查讯问期间，犯罪嫌疑人虽然可以聘请律师为其提供法律帮助，但受委托的律师在此期间还不能为犯罪嫌疑人提供辩护，犯罪嫌疑人只能自己行使辩护权。在侦查期间允许并保障犯罪嫌疑人自己行使辩护权，有利于讯问人员全面、客观地了解案件事实，防止主观臆断和偏听偏信。

3. 犯罪嫌疑人有拒绝回答与本案无关的问题的权利。《刑事诉讼法》第 93 条规定："犯罪嫌疑人对侦查人员的提问，应当如实回答。但是对与本案无关的问题，有拒绝回答的权利。"所谓"与本案无关的问题"，是相对于与本案有关的问题而言的。总的说来，与本案无关的问题主要是指对确定本案犯罪嫌疑人有罪或者无罪不起决定或者影响作用的问题。犯罪嫌疑人对于与本案无关的问题，有拒绝回答的权利，但不得滥用"拒答权"，不得借口"与本案无关"而拒不回答讯问人员的任何提问。

4. 犯罪嫌疑人有控告权。《刑事诉讼法》第 14 条第 3 款规定："诉讼参与人对于审判人员、检察人员和侦查人员侵犯公民诉讼权利和人身侮辱的行为，有权提出控告。"在讯问过程中，侦查讯问人员对犯罪嫌疑人提出的控告，应当及时转交有关领导或者有关部门，不得隐瞒和积压，更不得对犯罪嫌疑人进行刁难和报复。

5. 犯罪嫌疑人有申请回避权。根据《刑事诉讼法》第 28 条、第 29 条、第 30 条、第 31 条的规定，侦查人员（包括讯问人员和记录员）、翻译人员和鉴定人在侦查过程中，有下列情形之一的，应当自行回避，犯罪嫌疑人也有权要求他们回避：（1）是本案的当事人或者是当事人的近亲属的；（2）本人或者他的近亲属和本案有利害关系的；（3）担任过本案的证人、鉴定人、辩护人、诉讼代理人的；（4）与本案当事人有其他关系，可能影响公正处理案件的。

侦查讯问人员在讯问过程中，对犯罪嫌疑人提出的回避申请，应当立即报告有关领导，由有关领导决定是否回避。但是对侦查人员的回避作出决定前，侦查人员不能停止对案件的侦查，讯问仍然应当照常进行。

6. 犯罪嫌疑人有知道用做证据的鉴定结论的内容的权利和申请补充鉴定或者重新鉴定的权利。根据《刑事诉讼法》第 121 条的规定，侦查机关在侦查终结前，应当将案件中涉及各类用作定罪证据的鉴定结论的内容告知犯罪嫌疑人,不得以任何借口剥夺犯罪嫌疑人的这项诉讼权利。如果犯罪嫌疑人对鉴定结论提出有根据的疑义,并要求补充鉴定或者重新鉴定,侦查机关应当进行补充鉴定或者重新鉴定,以保障犯罪嫌疑人的诉讼权利。对犯罪嫌疑人提出补充鉴定或者重新鉴定的申请内容,侦查讯问人员应当记明笔录,以备查考。

7. 犯罪嫌疑人有用本民族语言文字进行诉讼的权利。根据《刑事诉讼法》第9条的规定,在侦查讯问过程中,犯罪嫌疑人对讯问人员的发问,有权用本民族的语言回答,有权用本民族的文字书写亲笔供词。在依法使用当地通用的语言进行审讯的情况下,如果犯罪嫌疑人不通晓当地通用的语言,侦查讯问人员应当为他们翻译。

我国已经加入《经济、社会和文化权利国际公约》,并即将加入《公民权利和政治权利国际公约》,随着我国刑事法律的改革进程的加快,在刑事诉讼活动中,与无罪推定原则相适应的"沉默权"、自白任意性规则、"反对强迫自证其罪特权"、证据排除规则等的确立,在侦查讯问中对犯罪嫌疑人合法权益的保护会受到越来越多的重视。

第二节　侦查讯问的准备

充分细致的准备工作是保证讯问顺利进行的重要前提。被讯问人被指控犯有某种罪行,被拘留关押,等待审讯,处于被动局面。侦查人员已初步了解犯罪事实的真相,掌握了部分证据,还可以用多种措施配合讯问工作,处于主动地位,占有明显的优势。但是,讯问仍然是一种尖锐复杂的面对面的斗争。如果侦查人员事先没有充分的准备,讯问时抓不住要领,击不中问题的要害,就难以制伏犯罪嫌疑人。特别对那些罪行较重的人和有反讯问经验的被讯问人,如果缺乏充分的准备,就很难查清其全部罪行。

一、明确认识讯问犯罪嫌疑人的有利条件和不利因素

讯问犯罪嫌疑人是一场尖锐复杂的面对面的斗争。为了保证讯问的顺利进行,侦查人员首先应当正确认识讯问犯罪嫌疑人的有利条件和不利因素。

(一)有利条件

1. 犯罪嫌疑人在法律上处于被指控的地位,政治上孤立,道义上失利,受到社会舆论的谴责。人民民主专政和社会主义法制的威力,可能迫使那些陷得不深的犯罪分子特别是青少年犯罪分子经过教育转变立场,走上重新做人的道路。

2. 犯罪嫌疑人的人身自由受到限制,行动受到约束。在侦查期间,绝大多数犯

罪嫌疑人都被采取了强制措施,人身自由受到不同程度的限制,其思想和言行受到严密监控。这一方面有利于侦查人员顺利开展调查取证工作;另一方面,也使得犯罪嫌疑人不知道侦查机关是如何破获该案,掌握其多少犯罪证据等情况,思想始终处于被动、猜疑、动摇状态之中,从而有利于侦查讯问人员分析研究犯罪嫌疑人的心理,制定正确的讯问策略和方法,促使犯罪嫌疑人交代罪行。

3. 掌握犯罪嫌疑人一定的证据材料。侦查机关在传唤犯罪嫌疑人或者对犯罪嫌疑人采取强制措施之前,一般都进行了一段时间的调查工作,即一般都遵循"先调查,后讯问"的侦查模式。这样,在对犯罪嫌疑人开展讯问之前,侦查机关已经掌握了犯罪嫌疑人的一部或者大部甚至全部的罪证材料,这是制定讯问策略和揭发犯罪的依据,是讯问成功的重要保障。

4. 有国家的政策和法律作为指导。国家的政策和法律是分化瓦解犯罪营垒和制伏犯罪分子的锐利武器,尤其是"坦白从宽,抗拒从严,立功赎罪,立大功受奖"的政策和"给出路"政策,如果运用得当,会对犯罪嫌疑人产生巨大的震慑力和感召力,促其交代罪行。

5. 有党的领导和群众的支持。这就使得侦查机关有可能通过各种途径,采取各种办法,来揭露和证实犯罪。党的领导和群众的支持是侦查讯问工作的坚强后盾。

(二)不利因素

1. 讯问具有尖锐的冲突性。由于讯问的最终结果关系到犯罪嫌疑人的前途和命运,因此在讯问过程中,犯罪嫌疑人为了逃避法律的惩罚,总是千方百计进行狡辩抵赖,他们能不交代就不交代,能交代一条罪行就不会交代两条,能交代部分罪行绝不交代全部,不肯轻易就范。

2. 有些犯罪嫌疑人有反审讯伎俩。在侦查讯问实践中,反审讯较突出的是一些受过政法机关惩处的犯罪嫌疑人,以及那些在境外受过反审讯训练的间谍分子。这些犯罪嫌疑人在实施犯罪后被采取强制措施前,往往就已经做好了反审讯准备,给讯问工作设置障碍。

3. 犯罪嫌疑人有严重的对立情绪。对人民民主专政和社会主义制度的仇视,反社会心理的存在,对法律的无知,对政策的误解,等等,都会使犯罪嫌疑人在讯问中产生严重的对立情绪。对立情绪的存在,往往使犯罪嫌疑人不愿意交代或者不愿如实交代罪行,使讯问陷入僵局。

4. 有些案件的证据材料不确实、不充分。讯问之前,侦查机关一般都已经掌握有一定的证据材料,但在有些案件中,这些证据材料还不够确实或者不够充分,而讯问就是在这种情况下开始进行的。这无疑会给讯问带来一定的困难。

正确地认识讯问中的有利条件,有助于增强讯问人员制伏有罪犯罪嫌疑人的信心和决心;而充分认识讯问中的不利因素,则有利于讯问人员克服盲目乐观的思想，从心理上和措施上做好克服困难的准备。

二、认真做好讯问前的准备

讯问犯罪嫌疑人具有尖锐的冲突性，必须认真做好讯问前的准备。侦查员应该牢固树立"必须先胜而后求胜，绝不先讯而后求胜"的观念。只有做好讯问前的准备工作，才能牢牢掌握讯问的主动权，抓住案件的中心和要害进行讯问，确保讯问效果；同时，只有做好了讯问准备，才能使讯问工作有计划有步骤地进行，避免盲目性和随意性，避免暴露侦查工作的底细和讯问意图，保证讯问的成功。

（一）合理分配案件和组织最佳的讯问力量

侦查机关应该根据案件的性质、难易程度和犯罪嫌疑人的人数、个性特点、认罪态度，以及讯问人员的具体情况，指派能够胜任的侦查人员负责案件的讯问工作。讯问过程中，要坚持一审一记制度，专人负责到底，还要在讯问中途随意更换侦查讯问人员，确保讯问成功。对于案情复杂、疑难重大的案件或特大案件，应当配备较强的讯问力量。对人数较多的有组织犯罪或团伙犯罪案件，应当合理安排讯问人员，统一指挥，互相协调，以利于及时从同案犯罪嫌疑人的供述中发现疑点，利用矛盾，打开缺口，迅速查明案情。

（二）全面熟悉和掌握案件情况

熟悉案情是讯问准备工作的重要内容之一。熟悉案情主要包括查阅案卷和审查犯罪证据。这通常可以从熟悉关于被拘留或逮捕人的法律文书人手，了解犯罪事实、犯罪地点、犯罪时间、犯罪手段和犯罪后果等情况。在此基础上，通过查阅侦查案卷，了解侦查全过程、被讯问人的基本情况和已掌握的证据。对于证据，首先要审查其是否同决定逮捕拘留的法律文书所列举的一致；其次要审查证据本身的可靠性；最后，还应了解取证方式及证据来源等。此外，还应结合本案实际情况，认真查阅各种通报材料、情况类似的未破案件材料，分析同本案有无联系，以便在讯问中深挖未能发现的余罪，或获得其他案件的线索。

熟悉案件情况，要作到全面掌握犯罪事实和每一件犯罪证据，了解被讯问人的心理状况和个人基本情况，案情如涉及专门技术知识，还应进行必要的学习了解，或请求具备相关知识的专家指导协助 。

（三）研究被讯问人的基本情况

讯问前，对被讯问人的基本情况应当进行认真的专门研究。这对于讯问中有的放矢地教育被讯问人悔罪自新，灵活机动地运用策略，扩大讯问战果都是有重要意义的。

被讯问人的基本情况，主要包括：

1. 被讯问人犯罪原因，有无犯罪前科。了解这方面的情况，便于有针对性地对被讯问人进行思想教育，避免讯问僵局的出现。这些情况通常可以从被讯问人犯罪的手法、社会经历、社会关系及思想品质等方面进行初步的分析。

2. 被讯问人的个性特点。这包括研究被讯问人的性格、兴趣、能力和气质等基本心理特点。个性特点是人们在长期的学习、生活和工作中,因不同的家庭环境、社会环境影响逐渐形成的。了解和掌握被讯问人的个性特点,有助于选择适当的讯问策略方法,处理好同被讯问人的关系,创造有利于讯问的气氛。

3. 被讯问人被羁押后的心理状态。即将成为刑事被告人的犯罪嫌疑人,被拘捕后的心理状态较之被捕前一般都有较大变化。通常有以下几种不同情况:有悔罪自新的愿望,因而愿意主动坦白交代罪行;存在畏罪心理,对现行政策法律存有疑虑或误解,不敢主动彻底交代罪行;自知罪行特别严重,产生绝望心理,以致负隅顽抗,拒不认罪,研究被讯问人被羁押后的心理状态,不仅有助于对其进行认罪服法的教育,也有利于针对其心理状态,采取相应的讯问策略。

（四）制定讯问计划

讯问必须有计划地进行。制定讯问计划的前提是:第一,熟悉和掌握案件全部情况,深入了解被讯问人的心理活动的特点;第二,掌握该类案件讯问的基本方法。讯问的计划内容应该包括:简要的案情,拘捕被讯问人的依据,讯问的目的要求,讯问的重点、方法和步骤;根据讯问的目的,提出需要查清的具体问题,分析被讯问人可能的几种回答并提出具体的对策;预计什么情况下使用何种证据;明确使用证据的顺序和策略方法;哪些问题尚需要采用其他措施调查取证;等等。讯问计划的具体内容和要求,因案件不同而不尽相同。讯问计划应当具有较大的灵活性,能够最大限度地适应讯问过程中可能发生的意外情况。

（五）证据及有关资料的准备

讯问前,侦查员必须根据讯问计划准备好讯问中可能要使用的证据材料及有关资料,如万年历、地图、车船航班时刻表及价目表、各国货币换算表、法律文本、典型宽严处理案例、形势教育资料、证人证言录音带、录放机,等等。做好这些准备,在讯问中需要使用这些物品时才不至于手忙脚乱,破坏讯问气氛,影响讯问效果。

第三节　侦查讯问的一般方法

一、及时做好第一次讯问

（一）初讯的概念、意义和目标

1. 初讯的概念。第一次讯问,也叫初讯,是指侦查人员在法定的时限内对犯罪嫌疑人所进行的初次讯问。是侦查人员同犯罪嫌疑人进行的第一次面对面的交锋。按照刑事诉讼法规定,被告人或犯罪嫌疑人被拘后,必须在二十四小时以内对其进行第一次讯问。讯问犯罪嫌疑人,应当由两名以上的侦查人员进行。

2. 初讯的意义。在做好讯问的准备工作之后，及时进行第一次讯问，既是认真执法、严格依法办案的要求，也是迅速完成侦查任务的策略要求，其重要意义有：

（1）可以及时发现和纠正被错拘、错捕的犯罪嫌疑人，防止无罪的人被长期关押。刑事诉讼法明确规定了传唤、拘传、拘留、逮捕的审查、羁押期限。侦查机关无论对犯罪嫌疑人采取何种措施，都应在法定时限内及时对犯罪嫌疑人进行讯问，这是及时发现和纠正错误羁押，保护无罪人的人身权利的重要手段。

（2）初讯是突破案情的极好时机。犯罪嫌疑人被拘捕后，由于环境的突然变化，心理受到强烈的冲击，精神紧张，情绪慌乱，对于侦查机关掌握罪行的程度心中无底，还来不及形成抗拒审讯的防御体系，这是突破案情的极好时机。充分利用这一时机做好初讯工作，就有可能迅速突破案情，促其尽快交代罪行。

（3）做好初讯工作，可以为以后的继续深入讯问打下良好的基础。第一次讯问，是侦查人员同犯罪嫌疑人的初次交锋，双方均在试探摸底。侦查人员给予犯罪嫌疑人第一印象的好坏，将对犯罪嫌疑人的心理产生深刻的影响，直接关系到以后讯问局势的发展。同时，通过初讯，侦查人员可以直接观察、了解、掌握犯罪嫌疑人的心理动态、个性弱点、认罪态度以及口供中暴露的矛盾、线索等，为研究确定继续深入讯问的方向和对策，打下良好的基础。

3. 初讯的目标。初讯的目标，应当是力争突破主要案情，而不是简单地履行法律程序或核对某些材料。所谓主要案情，是指呈请拘捕所认定的主要犯罪事实，突破主要案情，是指犯罪嫌疑人对其主要犯罪事实作出基本交代。只有在突破主要案情的基础上，才能在初讯中或在短时间内，及时发现、制止犯罪嫌疑人的犯罪活动，及时追查同案犯和缴获重要罪证；只有及时突破主要案情，迫使犯罪嫌疑人心理上产生强烈震动，认真考虑利害得失，才可能促使其将全部罪行作出彻底交代，达到深挖余罪的目的。因此，力争突破主要案情，应是初讯的目标。

（二）初讯的基本步骤

1. 讯问犯罪嫌疑人的基本情况。犯罪嫌疑人的基本情况包括：姓名（化名、绰号、曾用名）、年龄、民族、职业、籍贯、文化程度、家庭成员、经历以及有无前科等。讯问以上基本情况不仅是一般的履行程度、校对情况，而且是了解犯罪嫌疑人社会经历、智力情况、个性特点和对罪行所抱的态度，创造正常的讯问气氛和讯问条件的有效步骤。

2. 讯问犯罪嫌疑人是否有犯罪的行为。由于案情差异和犯罪嫌疑人自身的个性、心理、文化、经历等条件的不同，决定了犯罪嫌疑人认罪态度的不同。讯问人员应当根据掌握的实际情况以及犯罪嫌疑人的具体特点，审时度势，牢牢把握住讯问的主动权。同时向犯罪嫌疑人指出，按照法律规定，对讯问人员的提问，应当如实回答，不得隐瞒和伪供，否则将承担法律责任，以打消其拒供心理。

3. 听取犯罪嫌疑人的供述和辩解。对于犯罪嫌疑人的供述和辩解，审讯人员都应耐心听取,一般不要随便打断犯罪嫌疑人的陈述。在讯问过程中,要避免只听供述不听辩解的错误做法。在初审时,应当允许犯罪嫌疑人进行辩解,即使是狡辩,也不要轻易阻止,而要让其充分“表演”,充分暴露,为以后批驳其狡辩打下基础。

4. 进行有计划的讯问。在第一次讯问中,讯问人员应当告诉犯罪嫌疑人被拘捕的原因,同时问明被讯问人是否承认上述事实,并让其对此作出有罪的供述或无罪的辩解。被讯问人供述完毕,即应针对其供述的具体情况提出问题。在第一次讯问中提出的问题一般是让被讯问人进一步说明同本案有关的某些情况,或者是为了把这些情况说得更具体、更详细。讯问人员一般不应在第一次讯问中表现自己对讯问结果的看法。提问的目的主要是引起被讯问人的供述,以便了解情况。一般情况下,不宜打断被讯问人的供述,也不对其辩解多作驳斥。

5. 结束讯问。要根据案件的具体情况,在适当的时候结束讯问。结束讯问时应该明确提出问题,让犯罪嫌疑人继续反省,为下次讯问打好基础。

(三)初讯中应当注意的问题

1. 迅速及时地开展讯问。通过对犯罪嫌疑人及时进行第一次讯问,一方面可以及时发现被错拘、错捕的人,保证无罪的人不受法律追究;另一方面,对确有罪行的犯罪嫌疑人要抓住其未来得及构筑防御体系、考虑好如何应付讯问的有利时机,展开强有力的审讯攻势,迫使其如实交代。即使犯罪嫌疑人对自己的犯罪事实进行狡辩和抵赖,也可能语无伦次、自相矛盾、漏洞百出。因此,初讯必须讲求速度,突出“快”字,否则难以及时有效地实现讯问的目的。

2. 重视给予犯罪嫌疑人的第一印象,防止出现僵局。第一次讯问,是讯问活动的第一步,也是关键的一步。因此,讯问人员应情绪稳定,精力集中,以高昂的斗志投入讯问活动。讯问人员应注意自己的神态、仪表和审讯室内环境的严肃整洁,给犯罪嫌疑人以庄重威严,公正可敬的印象。切不可态度生硬,盛气凌人,训斥、责骂犯罪嫌疑人,从而使犯罪嫌疑人与讯问人员产生对立情绪,激化矛盾,形成僵局,不利于审讯工作的开展。

3. 在犯罪嫌疑人承认犯罪,并作出某些有罪供述时,要善于抓住战机,及时追清主要事实和情节。在这种情况下,应及时对犯罪嫌疑人已交代的事实按时间、地点、手段、后果和同案犯等方面详细地讯问清楚,及时追清主要情节,并应结合已掌握的证据材料对犯罪嫌疑人的供词进行认真分析,并弄清犯罪嫌疑人是真坦白还是假坦白,是交代一点罪行骗取信任以隐瞒重大罪行,还是为了试探摸底。

4. 对于犯罪嫌疑人的辩解,要耐心听取,并及时进行调查核实。犯罪嫌疑人申辩自己罪轻或者无罪时,审讯人员不要采取完全不相信的态度,轻易加以否定,指责其不老实,更不能威胁恫吓。无论辩解有理还是无理,都应耐心地听取,并及时进行查证。证明无罪的要立即释放;证明有罪的要予以揭露和批驳,促使其老实交代罪行。

5. 第一次讯问，如果未能达到目标，应及时检验案情有无问题，证据是否可靠，方法是否正常。初讯中如果犯罪嫌疑人拒不认罪，在对主要案情突不开的情况下，审讯人员还要急于求成，要避免以硬碰硬，造成僵局，而可以采取“以柔克刚”的策略，摸清犯罪嫌疑人拒不认罪的主要原因，对症下药。同时要对整个案情和所掌握的证据进行全面分析，及时发现问题，为下一步审讯创造条件。

二、注意选择提问方式

提问方式，是指在侦查讯问中，讯问人员为了达到预定的讯问目的，在讯问策略的指导下，按照一定的次序编排的一组提问的构成特点、类型和方式的总称。提问的科学性和技巧性是检验侦查讯问人员业务水平的一个重要标志。在侦查讯问实践中常见的提问方式有：探索提问、突入提问、迂回提问、渐进提问、借言提问、含蓄提问、跳跃提问、命题提问、纵横提问，等等。

讯问人员不仅要善于从犯罪嫌疑人的供述中发现问题，而且还要善于向犯罪嫌疑人提出问题。提问的策略水平高低取决于讯问人员业务能力的强弱和实际工作经验的多寡。一般而言，提问应注意以下几点：

1. 提问时不能对被讯问人进行诱供或指人指事问供。

2. 当发现被讯问人供述的矛盾时，不应急于揭露，也不应就这些矛盾进行提问，而应该灵活机动地提出问题，让矛盾充分暴露。

3. 提问不能暴露讯问的目的，不能让被讯问人得知其罪行暴露的程度。在任何情况下，提问都应沉着冷静，不能让被讯问人从问话中察觉出讯问人员对供述的看法。特别在缺少证据的讯问中，讯问人员更应注意提问的方式。一般应概括地、迂回地提出问题。不宜过于具体、直接地提出问题。

三、讯问中的思想教育

（一）讯问中思想教育的内容

对被讯问人进行思想教育，是贯穿整个讯问过程的一项重要工作。恰当地进行思想教育，不仅能使被讯问人认识到自己罪行的性质和危害后果，而且明白政策法律的严肃性，从而坦白交代自己的罪行。

对被讯问人进行思想教育的内容通常有：

1. 形势教育。讯问人员应当向被讯问人讲明当前政治经济发展的形势，国家为维护社会治安秩序的大政方针，刑事犯罪对于社会安定团结局面的危害。从而使被讯问人认识到自己所犯罪行的反社会性。

2. 法律政策教育。这是思想教育的核心，主要应讲明刑事犯罪触犯国家刑律，应当受到刑罚处罚。但是，国家政策法律的一贯精神是惩办和宽大相结合，认罪态度好，主动坦白交代罪行，可以从宽处理。有罪拒绝交代，最终将使自己处于更为不利的被动局面。

3. 前途教育。主要应向被讯问人指明改恶从善的个人前途同社会发展前景的关系。教育被讯问人必须正视自己的犯罪行为,狡辩和抵赖都掩盖不了犯罪事实的真相,而且还会受到更加严厉的制裁。只有坦白交代,悔过自新,才是唯一光明的前途。

(二)对被讯问人进行思想教育的基本要求

1. 言行严肃诚恳,客观公正。讯问人员是站在政府和人民的立场上对被告人进行讯问的,应当用法律和政策的精神指导自己的言行,既要体现出政策法律的严肃性;又要体现出对被讯问人真诚的帮助和关心。在进行思想教育时,应当尊重被讯问人的人格,不应动辄训斥甚至辱骂。对于被讯问人实事求是的辩解和合理要求还应予以肯定和适当满足,这对于转变被讯问人的抗拒立场和态度,促使其悔过自新,往往有良好的效果。

2. 思想教育要有针对性。教育被讯问人应把握时机,力求作到有的放矢。实践证明,对被讯问人的思想教育能否成功,往往取决于时机把握得是否恰当。一般而言,当犯罪嫌疑人思想有所动摇,正在犹豫不决,或对政策法律怀有疑虑。自感罪大恶极而绝望;或对自己的罪行性质、危害程度认识不足时,对其进行思想教育效果最好。同时,思想教育还应因人而异,因案施策,针对被讯问人的实际情况,力求结合被讯问人的具体利害关系,不应泛泛而谈,笼统抽象。

3. 解释问题应注意分寸。被讯问人员对于有关政策法律条文应当进行适当的解释,使被讯问人真正明确其实质。解释法律条文不能歪曲其真正含义,更不能以讲政策为由,对被讯问人诱供、骗供和逼供。例如,不能为了给被讯问人增加压力,就脱离刑法规定的定罪量刑标准和幅度,将其罪责说得很严重。同时,也不能为了解除被讯问人的思想顾虑,而将其本来很严重的罪行说得很轻,甚至许诺将不对其进行惩罚。

4. 进行思想教育要耐心细致。讯问人员应充分估计到,被讯问人的思想斗争可能会出现多次重复,最终才会决定交代罪行。有的犯罪嫌疑人在交代罪行后,也可能翻供。有的还可能对讯问人员的教育表示出轻蔑、对抗或怀疑的态度。所以,对被讯问人的思想教育,要根据其思想变化,心理活动等情况,反复耐心地进行,不能因初次教育未能成功,或被讯问人思想出现反复,而表现出急躁粗暴的态度,甚至采用违反规定的讯问方法,以致前功尽弃。

四、正确选择讯问突破口

(一)讯问突破口的概念

讯问突破口,是指对查清全案具有关键意义而又易于攻破的薄弱环节或薄弱对象。

薄弱环节一是指犯罪嫌疑人多项犯罪中较易攻破的某一项犯罪事实;二是指犯罪事实中比较容易突破的关键性情节(如相关的时间、地点、人物、作案手段等)；三是指犯罪嫌疑人心理方面比较容易攻破的弱点。这三层含义都强调必须具有关键性，即对全案能起牵一发而动全局的作用，供认了这一事实或情节，或该心理弱点被攻破，就会在防御体系中形成一个缺口，导致整个防御体系动摇，甚至崩溃，为我方迅速审清全案创造良好的条件。薄弱对象是指共同犯罪案件的共犯中，较为动摇脆弱，易于突破，又对全案有一定了解的犯罪嫌疑人。

(二)正确选择讯问突破口的意义

1. 有利于从犯罪嫌疑人固守拒供的防线上打开缺口，为深入追讯开辟道路。在一些关键要害的情节上获得犯罪嫌疑人的真实供述，能顺藤摸瓜地突破其他有关联的案件事实。

2. 有利于突破拒供的心理防线。通过对薄弱环节的突破，使犯罪嫌疑人产生欺骗、隐瞒无济于事的认识，心理上出现“多米诺”骨牌倾倒的效应，为全面摧毁其心理防线创造有利条件。

3. 有利于继续全面深入追讯，迅速查明全案。讯问突破口的适用范围较广，它适用于讯问进程各个阶段。既适用于初审阶段，创造旗开得胜的局面；也适用于讯问过程中遇到的一些难度较大的问题；对以各种不同方式拒供的犯罪嫌疑人均可适用。

(三)选择讯问突破口的条件

在讯问中，要使犯罪嫌疑人从不认罪转变为认罪，从不如实供述到如实供述，很大程度上决定于讯问突破口选择的是否准确。突破口选得准，能迅速攻破犯罪嫌疑人的防线，取得势如破竹的效果。突破口选不准，会出现旷日持久突不破案情的被动局面。在讯问工作中通常有两类突破口，一类是从案件事实和情节及其相关的心理中选择易于攻破的环节和对象为突破口。另一类是从共犯中选择突破口。

1. 从案件事实和情节及其相关的心理中选择突破口

一名犯罪嫌疑人也许有多项犯罪事实，一项犯罪事实又由许多情节构成，要使犯罪嫌疑人认罪并作出如实供述，必须认真研究证据材料，认真研究犯罪嫌疑人的心理状况，找出一项或几项易于突破的关键情节。选择原则应当是：讯问人员认为最有把握的，而且在突破后能发挥较大功效的。具体来说，应依据下列六项条件去选择：(1)证据比较确实、充分的案件事实或情节；(2)与主要犯罪事实有关联的事实或情节；(3)较为公开暴露的犯罪事实情节；(4)犯罪嫌疑人防备薄弱的犯罪事实或情节；(5)能触发犯罪嫌疑人心理向良性转变的事实或道理；(6)犯罪嫌疑人为掩盖罪行而暴露的矛盾。

2. 从共犯中选择突破口。审理共同犯罪案件，不要对所有犯罪嫌疑人平均使用力量，尤其是犯罪嫌疑人较多的案件，应寻找选择重点突破的对象，以推动全案讯问工作的进展。从共犯中选择讯问突破口的具体条件是：(1)我方掌握犯罪证据材料较为确实、充分的犯罪嫌疑人；(2)对全案或主犯情况，或某一项重大犯罪事实了解较多的犯罪嫌疑人；(3)与主犯或其他共犯有矛盾冲突的；(4)思想中毒不深，性格脆弱，或者是有悔改和立功赎罪愿望的；(5)犯罪经验(包括反审讯的经验)较少的，或被胁迫参加犯罪的。

从共犯中选择突破口，还要结合斗争全局和全案可能出现的处理结果去考虑，例如，全案是否需要继续侦查，有无突击逆用、破案留根的可能，如何能更有效地对全案犯罪嫌疑人进行分化瓦解，如何能有利于在同案犯中穿插讯问，及时查证，扩大战果等，因此要从斗争全局的总体效果去考虑，以力求最大限度地发挥讯问工作的作用。

(四)选择和运用讯问突破口应注意的问题

1. 要根据案件的不同特点选择突破口。不同案件具有不同的特点、不同的讯问目标、不同的讯问重点和不同的先后缓急安排。对有现实危险性的案件，首先要考虑消除危险性，例如有枪支、爆炸物品等重要罪证急需追缴归案的，应围绕与该罪证有关的问题，先行突破；有共犯在逃的，应尽量选择与该共犯有关的问题进行突破；犯罪事实明显，证据掌握充分的案件，可采取开门见山、单刀直入的方法，直接提出实质性的问题进行突破；案情复杂，犯罪嫌疑人已构筑较为完备的防御体系，则宜抓住关键性问题，稳扎稳打，由浅入深，由易到难，由外围到核心，逐步突破；对间谍案件，一般应先突破其身份，再追组织联系和犯罪活截；对流窜犯应该在讯问现案的基础上，重点弄清其身份来历，以便查清其全部罪行。

2. 要多方寻找犯罪嫌疑人防备薄弱的事实和情节。薄弱的事实和情节在案件中可能有一处也可能有两处或多处。讯问中，可以从作案时间、地点、工具、手段、因果关系、犯罪关系人、重要物证、各种矛盾等方面去选择，寻找我方掌握证据较为确实、充分，突破后能起到“以点带面”作用的薄弱事实和情节作为突破口。

3. 要认真研究犯罪嫌疑人的心理弱点。犯罪嫌疑人被拘捕后，随着人身自由的丧失，环境的改变，罪责感的压力，对前途、家庭的忧虑，极易形成紊乱复杂的心理现象，同时会进一步坚定其抗拒心理。有些犯罪嫌疑人将逃脱罪责寄托于订立了攻守同盟、外部的有效营救、现场痕迹已被处理等。认真研究犯罪嫌疑人的心理弱点，消除其精神支柱和思想障碍，触动其情感爆发点，就能从心理方面成功地突破。

4. 在同案犯和犯罪外围人员中多方寻找突破口。在共同犯罪案件的共犯中选择突破口可作多种选择。这类突破口，一般以选择知情较多、罪责次要的犯罪嫌疑人为宜，但如果对主犯掌握有较确实、充分的证据，或者主犯有明显的心理弱点可以利用，也可以主犯为突破口。如果在犯罪成员中找不到合适的对象，也可以在犯罪的外围人员。知情人员(如盗窃案件中的销赃犯、窝赃犯；知情的亲属；姘头、情人等)中寻找突破口，获得准确。有力的证据后，再来讯问突破犯罪嫌疑人。

5. 要列出多种方案，全面衡量对比，从多个突破口中择优选用。每个案件能选为突破口的事实和情节很多，一定要列出多种方案，多方挑选，认真对比，以获胜把握最大者为原则。突破口一经确定，要坚定信心和决心，切忌举棋不定。应在周密准备的基础上，集中全力进行突击、力求旗开得胜。

6. 要充分估计犯罪嫌疑人可能使用的反审讯伎俩，制定好有效对策。要充分考虑到在实施突破过程中，犯罪嫌疑人可能采取的狡辩与抵赖，制定好相应的揭露、批驳和瓦解思想的对策，既要决心锲而不舍地进攻，力求一举顺利突破，又要选定一些备用突破口，在突破过程中，适当地调整，及时校正。被讯问人的反审讯表现形式有：

（1）干扰讯问人员的思维判断。被讯问人常用凭空捏造的虚假情节回答侦查人员的提问；承认犯罪过程，但把罪责推在与本案无关的人身上；交代次要罪行，隐瞒重要罪行；混淆事件性质，混淆罪与非罪、违法与犯罪、故意和过失间的界限；多次翻供等手法转移侦查人员的注意力，影响情绪。

（2）企图激发讯问人员的消极情绪。被讯问人常用这些方法激起讯问的侦查人员的消极情绪：回避正面回答问题，用反问回答提问；故意歪曲事实和提问的内容；沉默不语。

（3）刺探消息。被讯问人常用以下方法刺探侦查人员的虚实：先交代部分事实和情节，观察侦查员的反应，以决定是否继续交代和交代到何种程度；故意作出错误陈述，即使侦查员进行纠正，也是故意装聋作哑，公开索要证据等。

五、制作讯问笔录

讯问犯罪嫌疑人，必须制作讯问笔录。讯问笔录应如实详细地记载讯问人员的提问和犯罪嫌疑人的供述。这对于了解讯问过程，研究犯罪嫌疑人的供述都有重要意义。因此，讯问笔录应力求准确无误，详细全面。

我国刑事诉讼法规定，讯问犯罪嫌疑人时，侦查人员不得少于二人。按照这一规定，讯问犯罪嫌疑人通常由一人提问，一人专作笔录。这对于保证讯问和记录的质量，都是十分必要的。在讯问过程中，审讯人员和记录人员应密切配合，确保重要情节的准确和不遗漏。

讯问笔录是一种法律文书，应当在讯问结束时让被讯问人阅读或向其宣读，当被讯问人确认笔录无误后，令其在每页上签名和捺指印。讯问人员也应在笔录上签名或盖章。如笔录中确有漏记或误记之处，经被讯问人要求，应当允许其补充或者修改，补改处应捺上指印。如并非笔录有误，被讯问人要求更改供述，可以允许其在笔录后附加说明，但不得直接修改原有记录。对于讯问中已交代的问题，如果讯问人员认为有必要，被讯问人又具备书写能力和条件，可以让其亲笔书写供词。书面供述上应注明审讯人员提出让被讯问人作书面供述的时间和实际得到书面供述的时间。

讯问笔录只能用钢笔或毛笔书写，以便随卷备查，长期保存。

第四节　侦查讯问策略

讯问犯罪嫌疑人，是一种面对面的斗智斗策。斗争的目的是要使被讯问人在同外界隔绝联系的情况下，交代同案件有关的问题。除少数已交代全部罪行的犯罪嫌疑人外，犯罪嫌疑人对于讯问一般都有不同程度的对立情绪。因此，讯问人员除了要针对犯罪嫌疑人的思想状况进行细致耐心的教育外，还应当善于根据案件的具体情况运用相应讯问策略。

所谓讯问策略，是指在讯问过程中，侦查人员根据国家法律，针对案件和犯罪嫌疑人的具体情况，以促使犯罪嫌疑人作出彻底的、真实的、供述为目的而采用的各种讯问途径和谋略的总称。讯问策略的内容包括讯问方式、讯问内容、使用证据的方式方法、运用策略的方法、时机、手段，以及审讯时讯问人员所持的态度、言行举止等。根据案件具体制定的讯问策略应当具有针对性、计谋性、灵活性和合法性的特点。情况侦查讯问中常见的策略有：

一、攻心为上的策略

攻心为上的策略，是指侦查人员在讯问犯罪嫌疑人时，根据案件情况，针对犯罪嫌疑人的个性特征和心理状态，对犯罪嫌疑人进行思想、政策、法律、形势与前途教育，从心理上征服犯罪嫌疑人，促使其彻底交代罪行的讯问策略。攻心为上的策略是侦查讯问中经常使用、行之有效，最基本、最重要的讯问策略。

侦查讯问是一场关系到犯罪嫌疑人的前途和命运的斗争。在这样一场特殊的斗争中，要达到攻心的目的，取得斗争的胜利，侦查人员必须审时度势，宽严相济，在运用攻心为上的策略时，必须要创造有利于讯问和犯罪嫌疑人供述的心理环境，既要给犯罪嫌疑人一定的罪责压力，又要具备给其留有“出路”。为此应当选择有利的时机，在把握犯罪嫌疑人的心理状态的基础上因人而异、因案施策地进行政策、法律、前途教育，并作适当的解释。针对其回答问题的情况，调节被审讯人的心理压力，根据犯罪嫌疑人的个性心理特点，施加影响，分别情况进行处理，或者根据其罪责感促使其感情冲动，削弱其警戒心理；或者利用其感情脆弱进行感化教育；或者激起犯罪嫌疑人进行辩解，利用其辩解中的漏洞和矛盾之处适时进行反击；或者在讯问中造成并运用对侦查员有利的形势、局势和声势，对犯罪嫌疑人形成强大的心理压力，促使其转弯思想态度，如实供述罪行。

二、由浅入深，迂回渐进

由浅入深，迂回渐进是指侦查员在讯问时，有意识地绕过案件的实质性问题，而从有关联的其他问题入手,先扫清外围,最后突破核心问题的讯问策略。这种策略对于讯问些善于狡辩,力图掩饰罪行的被讯问人往往可以收到良好的效果。采用这种策略时,讯问人员并不开始就触及核心问题,而是先就一些似乎同案件中心问题无关的情节提问,待时机成熟后,再就核心问题发问。采用这种策略,首先要向被讯问人提出一些与核心问题无关的问题,同时在其中穿插一些与核心问题有某种关联,但又没有明显的联系的问题。如果被讯问人如实回答了这些问题,以后就难以在核心问题上撒谎,如果被讯问人在这些问题上撒了谎,那就不可避免地会暴露出许多矛盾,讯问人员又可以采用利用矛盾的策略,加以揭露,从而使其如实供述。

由浅入深,迂回渐进的策略,一般适合在侦查人员对犯罪嫌疑人的犯罪事实了解掌握不多,或者获取的证据材料较少、证明力不强,或者对案件材料的可靠性尚有疑问的案件;对有反审讯经验、态度顽固的流窜犯、惯犯、累犯和正面讯问难以突破、被讯问人竭力作无罪的狡辩的案件也可以采用此种策略。所以,在第一次讯问时,应考虑更多地采用这种策略。这种策略还有利于缓和讯问气氛,消除被讯问人的戒备心理,避免一开始便形成讯问僵局。同时,这种策略还可以有针对性地调整讯问的措施方法。采用这一策略应特别注意:不能让被讯问人过早地察觉到讯问人员的真实意图,提问用语应平和适中,不要予被讯问人过强的刺激;所提问题的内容要明确具体,力求得到被讯问人具体确定的回答,以免其在以后的讯问中对前面的供述作出其他解释;要平静地对待被讯问人的虚假供述,不能过早地揭露和驳斥,应认真分析意图,等待有利时机再予揭露。

三、利用薄弱环节,重点突破

重点突破的策略,是指侦查人员在讯问犯罪嫌疑人时,运用已经取得的证据或者利用犯罪嫌疑人心理上的弱点,对查明全案具有关键意义的某一环节主动发起进攻,迫使犯罪嫌疑人如实供述,从而打开缺口,使犯罪嫌疑人不得不交代主要犯罪事实或者全部犯罪事实的策略。

利用薄弱环节,重点突破的策略,一般是在讯问人员已掌握了关于犯罪事实的部分证据,而被讯问人侥幸心理严重,不愿交代问题的情况下采用的。犯罪人在实施犯罪后,为了逃避惩罚,都在考虑对付侦查的办法。特别是在被拘捕后,更会千方百计地罗织谎言,对付审讯。被讯问人对于讯问人员已掌握了什么证据材料也有大致分析。一般而言,被讯问人对于已估计到讯问人员要提的问题和已经掌握证据材料的问题,准备较为充分,而对其他问题准备较少或毫无准备。被讯问人反审讯的“防线”不可能处处都无懈可击,其中总会有薄弱环节存在。要突破被讯问人的“防线”,即不应平均用力,盲目进攻,应仔细分析,抓住其真正的薄弱环节,集中力量重点突破,以达到突破弱点,震动全线的效果。

采用这种讯问策略的条件,首先要选准真正的而不是表面的薄弱环节。讯问人员在准备讯问时,应全面掌握案情,考虑提问的内容和策略,分析被讯问人将会如何回答提问。同时还应了解哪些问题已有充分的证据材料,哪些问题尚未引起被讯问人的注意等情况,以便发现薄弱环节,出其不意地实施重点突破。其次,要在选定作为突破口的问题上,收集准备充分可靠的证据,以揭露驳斥被讯问人的谎言并确证被讯问人是否在这以后已开始进行如实的供述。

犯罪集团的成员之间,往往存在着各种各样的矛盾和冲突。讯问中即可以加以利用。例如,在共同犯罪中,有的犯罪人罪行较轻有的较重;有的犯罪人恶习较轻,有悔改之意,有的恶习较深,态度顽固;有的犯罪人缺乏反审讯经验,有的善于使用各种反审讯伎俩;等等。除了这些差异之外,集团成员之间还可能因意见分歧,性情不合,分赃不均等多种原因有着种种矛盾和冲突。特别是在被拘捕后,集团成员普遍存在这样的心理:既不愿意轻易地如实供述,又担心其他成员先于自己供述。这种心理矛盾可能形成一些极易攻破的薄弱环节。所以,在讯问中应当仔细研究分析各个犯罪嫌疑人及他们之间的具体情况,正确地选准薄弱环节,打开缺口,顺利地推进讯问。

采用这种策略时,应抓住有利时机,直插问题的核心,既要出乎被讯问人意料,又要使其无法回避。讯问人员的态度应严肃凛然,语气坚定有力,言辞明确肯定,使被讯问人的心理压力急剧上升,在穷于应付之际被迫作出如实供述。如果被讯问人已经理屈词穷,但仍然犹豫动摇,应及时采用合情合理,耐心诚恳的方式对其进一步的认罪服法教育,以巩固和发展有利于讯问的形势。如果被讯问人依然试图狡辩抵赖,讯问人员则应及时出示证据,揭露驳斥其谎言,彻底消除其侥幸心理。有时,被讯问人也可能对突如其来的变化过度惊慌,以致回忆再现和供述发生障碍,讯问人员则应设法缓和其心理压力,并用适当的提问,活跃被讯问人的联想,以利于回忆和交代问题。

四、发现矛盾,利用矛盾

利用矛盾的策略,是指侦查人员在讯问犯罪嫌疑人时,利用犯罪嫌疑人口供中的矛盾,使其无法自圆其说,或者利用共同犯罪的犯罪嫌疑人之间已经存在的矛盾,使他们为自己的利益互不信任、互相揭发,从而突破犯罪嫌疑人口供的讯问策略。

被讯问人掩盖其犯罪行为,往往表现为歪曲事实,捏造情节,做虚假的供述,因而其供述不可避免地会出现各种矛盾。发现和利用这些矛盾,是揭穿被讯问人虚假供述的有效手段。被讯问人供述中的矛盾,一般可归纳为五种情况:一是被讯问人前后供述之间的矛盾。这包括多次供述之间存在的矛盾和同一次供述中前后之间的矛盾。二是被讯问人供述同有关证据之间的矛盾。三是被讯问人供述同相关的客观事实之间的矛盾。四是被讯问人供述同其他被讯问人关于同一事实的供述之间的矛盾。被讯问人供述的矛盾,其原因是非常复杂的。这可能是出于故意的伪供,也可能是出于误述,甚至可能是因讯问人员误解所致。所以,对于被讯问人有意作虚假供述而产生的矛盾,一定要进行冷静的客观分析。发现和利用被讯问人供述的矛盾,首先要发现矛盾和分析产生矛盾的原因。在策略上应采取:

(一)促使被讯问人充分暴露矛盾

在讯问中应当允许被讯问人无限制地编造谎言,不要一发现矛盾就立即予以揭露和驳斥。讯问人员应沉着冷静地向被讯问人提出一些有关的问题,让其充分暴露,同时认真听取和记录。这样不仅能发现矛盾的线索,还可以削弱被讯问人的戒备心理,使矛盾暴露得更加充分。在被讯问人编造谎言的同时,讯问人员还可以通过分析谎言,判断被讯问人特别希望掩饰的是什么,特别强调和注意的又是什么,从而准确地找出讯问的突破口。

(二)深入追查相关的重要细节

虚假的供述一般是被讯问人事先编造好的。但是,在被讯问人无法完全预料到讯问人员要追讯的每一个细节。当讯问某些被讯问人事先不曾有所准备的问题时,其虚假供述常常会矛盾迭出。因此,深入追讯相关的数个重要细节,再对被讯问人就此供述进行对比分析,是发现矛盾的重要方法。这对于发现事先订有攻守同盟的同案犯供述之间的矛盾,尤为有效。

(三)重复讯问

重复讯问是指同一次讯问中,对同一问题的反复追讯或在数次讯问中反复追讯同一问题。被讯问人对自己所作的虚假供述,不可能对每一个细节都能保持长久的、准确的记忆。当其必须再次对已被追讯过的问题进行供述时,常常会忘记了以前编造的情节,不得不临时重新编造。这样,其供述中必然会出现大量的矛盾。对同一问题反复讯问,如果是相隔一段时间后进行,效果就会更显著。

采用发现和利用矛盾的策略,还应注意对讯问中的提问和被讯问人的供述作详细准确的记录。这样,便于对分析矛盾之所在,而且对于发现的矛盾,被讯问人往往难以狡辩和抵赖。

五、适当出示证据

证据对于任何被讯问人都具有一定威慑和制伏作用,不出示任何证据便能取得讯问的成功是很少见的。适当地出示证据是一种重要的讯问策略;也是其他讯问策略的必要前提和基础。但是,讯问人所掌握的证据常常由于各种原因的限制,不能随便使用。使用证据除了要注意保护秘密侦查手段和要求保密的证人外,已获证据的多少,可靠程度如何、对被讯问人的心理作用如何,以及对有关问题的证明力如何等,都是需要精心考虑的。采用出示证据这一讯问策略,必须掌握以下要领:

(一)正确选择出示证据的时机

选择适当的时机是证据能否奏效的关键。讯问人员不能不顾效果,不讲究时机随心所欲地使用证据，更不能为被讯问人的反审讯伎俩所诱迫，抛出证据。否则，不仅不能发挥证据的作用，还可能导致双方激烈的对抗或形成“挤牙膏”式的被动局面。讯问实践证明，以下情况是出示证据的有利时机：

1. 被讯问人经过思想教育，侥幸心理已有所削弱，顽抗态度已开始发生转变，正处于交代与继续抗拒的思想斗争之中。

2. 被讯问人的虚假供述已被揭露，但仍有侥幸心理，对讯问人员已掌握证据持怀疑态度，而迟疑不决。

3. 被讯问人对于将要出示的证据，已无狡辩抵赖的可能。

总之，在被讯问人思想已有所触动，出现交代问题的可能性，无狡辩抵赖的退路时，适当地出示证据，就可能彻底瓦解被讯问人的对抗心理。促使其彻底交代自己的罪行。

（二）正确选择出示的证据

并不是所有证据都能够或者应该在讯问中使用。正确选择证据，是使用证据的必要前提。选择证据时应注意：（1）准备出示的证据必须是切实可靠的。没有绝对把握的证据不能轻率使用，否则其结果可能适得其反。（2）准备出示的证据必须是可以公开使用的。凡属秘密侦查手段获取的证据，或证人要求保密，而一经出示就必然会暴露证人的证据，就不宜在讯问中使用。如果必须使用这类证据，则必须对取证手段和证据的来源做相应的形式转换。（3）出示证据前应衡量得失。使用证据不能得不偿失。如同一问题有几个证据，一般应先使用次要证据，后使用或不使用主要证据。当然，在很多情况下，出示哪一种证据更为合适，要依据需证明的问题性质，复杂程度和重要性而定。

（三）出示证据要讲究方式方法

使用证据并不是简单的出示，应当采用适当的方式方法。讯问实践证明，既要让被讯问人确信讯问人员已掌握了证据，但又不让其清楚掌握了多少证据及哪方面的证据，是使用证据的最佳效果；这样既能充分发挥证据的威慑作用，又能保证甄别供述真伪的作用。运用出示证据的策略，应适当地对被讯问人进行正确心理诱导和刺激。既不直言证据的具体内容，也不含糊其辞，更不能虚张声势。一般应引导被讯问人客观地回忆事件经过，同时适时点出与证据内容相关的一些细节，瓦解被讯问人的侥幸、怀疑心理。使其明确意识到罪行已经暴露，罪证已被掌握，感到再也无法隐瞒下去，又觉得讯问人员还给自己留有争取宽大处理的机会，从而容易转变立场。这样使用证据能够取得较好的效果，而且可以避免出现讯问僵局。

使用证据还应注意先懈后紧，由缓而急的策略原则。讯问开始时，被讯问人对讯问人员多持有怀疑观望的态度；他们考虑最多的不是事实本身如何，而是讯问人员是否查明了事实真相，是否获得了证据。因此，讯问人员应将证据按一定逻辑关系作精心安排，先次后主，逐渐加强攻势，直至被讯问人的顽抗彻底崩溃，相反，如果时断时续，缺乏有节奏的压力，盲目随意地使用证据，收不到应有的效果。

（四）使用证据要留有余地

对案件中的证据，不能都在讯问中使用。必须在讯问中使用的证据，也不能将证据的每一个细节都让被讯问人知道。这对于分析被讯问人的认罪态度和甄别其供述是否真实，都是十分必要的。同时，始终保留一部分证据或某一证据的部分内容；也有利于保持进攻的态势，控制和威慑被讯问人的心理，使其不敢轻易停止供述，从而被迫作彻底交代。

（五）分析判断被讯问人可能作出的辩解

出示证据这一策略，通常是在被讯问人对犯罪事实矢口否认，拒供抵赖的情况下使用的。所以，在使用证据之前，一定要分析判断被讯问人可能对证据作何种解释，以及针对这些辩解事先应向被讯问人提出的问题，通过这些提问，可先行截断被讯问人狡辩抵赖的退路，使其面对出示的证据不得不如实交代。

此外，出示证据通常应同其他讯问策略相结合使用，才能取得更好的效果。

问题与研究

1. 侦查讯问与询问的区别及其本质特征。

2. 侦查讯问的法律程序与犯罪嫌疑人合法权益保障之间的关系。

3. 侦查询问策略与刑事司法准则。

4. 犯罪嫌疑人口供与供述的审查判断与运用。

阅读文献

1. 郭晓彬主编:《侦查策略与措施》，法律出版社 2000 年版。

2. 张宜伯主编:《预审学》，四川人民出版社 1991 年版。

3. 艾正太主编:《预审学》，西南财经大学出版社 1994 年版。

4. [美]阿瑟 . S. 奥布里、鲁道夫 · R. 坎普托:《刑事审讯》，但彦铮、杜军等译，西南师范大学出版社 1998 年版。

5. [美]韦恩 · 贝尼特、凯伦 · 希斯:《犯罪侦查》，但彦铮、徐公社等译，群众出版社 2000 年版。

6. [美]查尔斯 · R. 斯旺森、尼尔 · C. 谢美林、伦纳德 · 特里托:《刑事犯罪侦查》(第八版)，但彦铮、郑海等译，中国检察出版社 2007 年版。

7. [苏]H. N. 波鲁鲍夫:《预审中讯问的科学基础》，冯树梁译，群众出版社 1985 年版。

8. 陈光中、[加]丹尼尔 · 普瑞方廷主编:《联合国刑事司法准则与中国刑事法制》，法律出版社 1998 年版。

9. 国际检察官联合会主编:《检察官人权指南》,杨宇冠、李立译,中国检察出版社 2006 年版。
10. 毕惜茜主编:《预审学理论研究综述》,群众出版社版 1998 年版。

复习题

1. 试比较侦查讯问作为诉讼法中的一种侦查行为与侦查程序的一种策略,二者在理论与法律制度上有何异同?

2. 侦查讯问应当遵循的最低国际司法准则是什么? 如何完善我国侦查立法中有关侦查讯问的制度规定?

3. 试比较我国刑事诉讼中的侦查讯问与主要西方发达国家刑事诉讼法中警察讯问制度之间的差异。

4. 试比较我国侦查讯问笔录与国外犯罪嫌疑人口供与供述的审查判断及其运用的异同。

第十四章 内 线 侦 查

本章要点

刑事特情是内线侦查的主要手段。刑事特情是侦查机关领导和指挥的,用于侦查刑事案件、搜集犯罪情报、发现和控制犯罪活动的隐秘力量。根据所担负的任务,刑事特情可以分为专案特情、控制特情与情报特情。根据身份分类,分为基本群众中物建的刑事特情、有过违法行为的人和受过打击处理的犯罪人中物建的刑事特情、现行犯罪分子中物建的刑事特情。刑事特情工作原则是需要与可能原则;积极慎重、隐蔽精干、数量与质量并重的原则;绝对保密原则;统一规划、合理布建原则。刑事特情的选建、选择、方法与程序有着严格的规范。刑事特情的运用策略是量才使用、精心使用和依法使用。各类刑事特情的指挥和使用各不相同,同时要注重对刑事特情的保护。侦查秘密据点是侦查机关建立的,以一形式为掩护的、用以控制阵地、搜集情报、发现犯罪线索和联络、接待、教育、指挥刑事特情的秘密工作处所。刑事特情的管理是有效地开展刑事特情工作的重要保证,其基本内容包括刑事特情专门管理机构的建立、对刑事特情的教育、考核和奖惩以及刑事特情经费管理和档案管理等。

内线侦查是侦查机关侦查人员或受雇人员隐瞒其真实身份,深入到有组织犯罪或共同犯罪集团内部,贴靠特定的犯罪嫌疑人,以查清犯罪内幕或搜集犯罪情报和证据的一种侦查模式。依实施主体的不同,内线侦查又分为卧底侦查和特情侦查。卧底侦查又称派遣秘密侦查员,实施主体是侦查机关侦查人员。特情侦查又称线人侦查,实施主体主要是侦查人员领导下的刑事特情。本教材只涉及刑事特情实施的内线侦查。

第一节 刑事特情概述

一、刑事特情的概念

刑事特情是侦查机关领导和指挥的,用于侦查刑事案件、搜集犯罪情报、发现和控制犯罪活动的隐秘力量。这一概念具有以下含义：

（一）刑事特情只能由侦查机关建立和使用

根据我国刑事诉讼法和有关法律的规定，我国具有侦查权的侦查机关有公安机关、人民检察院、国家安全机关、军队保卫部门、监狱等。刑事特情作为侦查工作的一项基础业务，其建立和使用的权限只能是上述有侦查权的各侦查机关。除此之外的其他一切机关、团体、企事业单位和个人都无权建立和使用刑事特情。

（二）刑事特情只能用于刑事犯罪和侦查和控制工作

侦查工作的主要任务是揭露和证实犯罪，因此，作为侦查工作重要基础业务和专门手段的刑事特情只能为侦查工作的基本任务服务，只能用于犯罪的侦查和控制工作。在任何情况下，都不能在党派内部和国家机关内部事务中使用刑事特情，也不能将刑事特情用于解决民间纠纷和商贸活动中。但是，当某些党员、干部的行为构成犯罪，成为了犯罪嫌疑人，出于侦查工作的需要，经过一定的批准程序，可以使用刑事特情对其进行侦查和控制。

（三）刑事特情是同犯罪作斗争的一支隐蔽力量

刑事特情作为侦查机关的一项基础业务和专门手段，其一切活动都以“隐蔽”为其主要特征。诸如对刑事特情的物色和建立是在秘密状态下进行的，对其领导和管理实行的是单线联系的方式，刑事特情之间不允许有工作上的相互接触和往来。刑事特情的活动之所以要采取隐蔽的形式，是为了更有效地同犯罪作斗争。正是这种隐蔽形式，使得刑事特情能够深入到刑事犯罪活动的阵地，面对面地与犯罪分子接触，监控犯罪嫌疑人的活动，有效地获取侦查线索和犯罪证据。

（四）刑事特情不是侦查机关的工作人员

刑事特情，从其工作的任务和方法而言近似于侦查机关的侦查人员。但是，刑事特情是侦查机关秘密吸收的、来自于社会的各个方面。吸收刑事特情的条件，不是按照侦查人员应具备的标准，而是依据同犯罪作斗争的实际需要。刑事特情的身份有多种多样，有的是一般群众，有的是违法人员，甚至是犯罪分子。他们一旦被侦查机关停止使用，就不再与侦查机关发生任何工作上的关系。因此，刑事特情不是侦查机关的正式工作人员。

二、刑事特情的历史

刑事特情有着悠久的历史渊源，它是为适应同犯罪作斗争的需要，逐步产生和发展起来的。

（一）中国古代的刑事特情

中国古代刑事特情的最早历史渊源应推中国古代的“用间”。根据史料记载，夏代（约公元前二十二世纪末到公元前十七世纪）就要秘密深入到异国内部进行“间谍”活动而得胜的事例。公元前六世纪，齐国人孙武所著的我国现存最早的军事著作《孙子兵法》中的最后一篇第十三篇“用间篇”专门论述了“用间”的策略方法,并将之归结为乡间(利用故国乡里的人进行间谍活动)、内间(收买敌方官吏从事间谍活动)、反间(收买或利用敌方派来的间谍为我所用)、死间(故意制造或泄露假情报给敌方的间谍)、生间(派间谍到敌方去侦察,再返回来报告情况)五种"用间"形式。

军事领域的"用间"迅速为社会生活的其他领域所接受和采纳,尤其是在侦查领域得到了广泛的运用。到了汉代,"用间"便成为侦查工作中的常规方法。史料记载,汉宣帝时,义纵为定襄太守,"猾犹民夷为治",唐人颜师古注:"百姓有素豪猾为罪恶者,令长(义)纵之严,反吏为耳目,助治公务,以自效"。[1] 到了明清,侦查中运用特情的手段更为普遍,最为发达。明朝时,与其特务式的侦查方法相适应,在其特务式侦查机关东厂下雇用了大量的流氓地痞("京师亡命")作为耳目,帮助侦缉犯罪。"亡命京师"各处刺探情报,报告给"档头","档头"视事大小,付给酬金,即"买起数",这就是史称"打事件"的侦缉方法。这一方法对近代及北洋政府和国民党政府的侦缉方法也产生了广泛而深远的影响。

(二)新民主主义革命时期的刑事特情

我国人民民主专政政权的刑事特情工作始于第二次国内革命战争时期的锄奸保卫工作。当时的锄奸保卫部门在秘密状态下吸收了一批政治觉悟高、思想进步的积极分子为隐蔽力量,专门用于对敌斗争的各种安全防御工作,但这些成员的名称并不是"特情",而是被称为"网员"或"保卫员"。

解放战争时期,为了适应侦查和搜捕潜藏的特务工作的需要,"网员"或"保卫员"的吸收不只是局限于"积极分子",还广泛地有条件地控制使用了一批特务分子和其他敌对分子,并收到了较好的效果。全国解放前夕,随着革命胜利的发展,安全保卫工作也趋于完善,并且对"隐蔽力量"进行了有组织、有领导的整顿,取消了原"网员"、"保卫员"的名称,正式将隐蔽力量定名为"特情"。

(三)新中国刑事特情工作的发展

1. 新中国刑事特情的初建工作。新中国成立后,刑事特情作为同敌对势力作隐蔽斗争的重要手段受到了高度重视。1950 年 9 月,全国第一次治安工作会议后,特情工作开始应用于刑事侦查,并称其为"刑事特情"。会议决定,为慎重起见,首先在全国城市由刑事侦查部门布建特情,特情的吸收对象主要是犯罪分子,应用的策略是"以毒攻毒"。随着对刑事犯罪斗争的不断深入,刑事特情在使用范围上也逐渐扩大。

1953 年 9 月,在第二次全国民警治安工作会议的决议中,提出了"有计划、有重点地针对专案和在复杂地区、场所、特种行业、重大嫌疑分子周围建立特情。并可在犯罪集团、敌对阶层及社会游民阶层中,建立一定数量可能为我利用的分子,

---

[1] 《汉书·义纵传》。

并应加强掌握和控制。”这一决议为刑事特情在使用范围上指出了明确的方向。从此，刑事特情分为专案特情和控制特情两类。

1955 年 2 月，在全国第一次刑事侦查工作会议上，将刑事特情建设提高到了侦查基础业务的高度，提出了“大胆放手、稳步发展”的特情发展方针，并正式将刑事特情分为专案特情、控制特情和情报特情三大类。1963 年，公安部下达的《刑事侦查工作细则（试行）草案》中，对刑事特情建设的原则、分类、吸收对象和刑事特情的领导、管理、使用及建立联络网点等作了规定。刑事特情工作被纳入了法制化的建设轨道。

2. 刑事特情的取消阶段。1965 年，在极“左”思潮的影响下，公安部的主要负责人坚持只要依靠群众，不要专门工作的错误思想，不顾同犯罪斗争的客观现实的需要，武断地作出了“刑事特情和据点一概不搞了，原有的全部取消”的决定。1966 年，“文化大革命”开始后，公检法被砸烂，公安机关的专门工作被诬蔑为“神秘主义”、“孤立主义”，侦查工作被称为“三头（狗头、指头和镜头）挂帅”，刑事特情工作被视为“资敌通敌”，特情人员成为“反革命的别动队”。一大批特情人员和从事特情工作的侦查人员受到了猛烈的冲击和残酷的迫害。在很长的一段时间内，刑事特情工作在侦查工作中基本销声匿迹。

3. 刑事特情的恢复和发展阶段。1973 年，公安部下达了《关于刑侦耳目（即刑事特情）建设的通知》，重新肯定了刑事特情的作用。1978 年的第三次全国治安会议和 1979 年全国刑事侦查工作座谈会上，提出了进一步解放思想、大胆放手地加快建设特情。1980 年 9 月，公安部在北戴河召开了刑侦耳目（刑事特情）座谈会，对刑事特情建设中的若干问题进行了专题研讨，并拟定了《刑事特情工作细则（草案）》。1981 年 3 月，公安部下达了《刑事特情工作细则》（试行办法），对特情建设作了全面而又具体的规定，如规定县公安局有权吸收、建立刑事特情；取消了农村不建立特情的规定；增加了在刑事诉讼中对刑事特情保护的内容等。

1984 年 8 月 31 日，公安部根据刑事特情在侦查中存在的问题和犯罪活动的新情况，在反复征求意见的基础上，经全国侦查工作会议的讨论和修改，正式下达了《刑事特情工作细则》，这是刑事特情工作发展进程中的第一个正式法规性文件。它的实施，标志着我国刑事特情工作进入一个新的历史时期。

与此同时，在改革开放新的历史条件下，国家安全机关、人民检察院、监狱、军队保卫部门、海关走私犯罪侦查机关根据各自侦查工作的具体情况，都广泛开展了特情工作的基础业务建设，并在侦查工作中发挥了重要作用。

三、刑事特情的分类

根据不同的标准，刑事特情有不同的分类。

（一）根据刑事特情所担负的任务分类

1. 专案特情。用于协助侦查机关侦查已立案的重、特大案件的刑事特情是专案特情。专案特情主要用于刑事案件侦查中对犯罪集团、犯罪团伙的内线侦查和对犯罪嫌疑人的内线贴靠，其任务是调查和了解侦查对象的犯罪活动情况，获取侦查线索和犯罪证据，同时，监视和控制侦查对象的活动。具体而言，专案特情的任务包括：

(1)调查和了解侦查对象的犯罪意图、犯罪计划和犯罪同伙情况；

(2)调查和了解侦查对象已经实施的犯罪的过程、赃物和其他犯罪证据的处置方法及逃避打击的手法；

(3)获取犯罪证据和鉴定比对样本材料；

(4)防范和控制侦查对象的现行犯罪活动；

(5)配合有关侦查措施和手段的顺利实施。

2. 控制特情。控制特情是指在一定的活动阵地上发现和掌握犯罪分子犯罪活动的特情。这类特情一般有固定的活动范围，有公开的职业作掩护，多在特种行业、重点地区、复杂场所、边缘结合地带、交通要道等犯罪分子易于涉足的场所发现和控制犯罪活动。其具体任务包括：

(1)在特种行业、复杂场所、交通运输工具、集贸市场、边防口岸等进行阵地控制，发现犯罪嫌疑人及其犯罪活动；

(2)对犯罪嫌疑人的活动进行调查和监视；

(3)在修理行业、废旧收购行业、黑市交易场所等发现和获取赃物及其他犯罪证据；

(4)发现和控制通缉在逃的犯罪嫌疑人。

3. 情报特情。情报特情是指专门用于搜集犯罪情报的刑事特情。情报特情多无具体的案件和人员目标，也没有固定的活动范围，但多具有流动性职业，其主要任务包括：

(1)搜集犯罪分子的内部情况，掌握犯罪内幕；

(2)了解犯罪动态和犯罪活动发展的趋向；

(3)发现预谋犯罪线索，防范犯罪危害结果发生。

(二)根据刑事特情的身份分类

1. 基本群众中物建的刑事特情。基本群众通常指的是遵纪守法的广大公民。他们是侦查机关同犯罪作斗争的主要依靠力量，具有同犯罪作斗争的主动性和积极性，能够有效地配合侦查机关的侦查活动。但基本群众中的刑事特情的活动能力存在着许多方面的局限，他们多数不熟悉犯罪规律和特点，不具备接近犯罪分子的条件。因此，侦查机关及其侦查人员在对该类刑事特情进行启发教育的同时，要采取各种措施提高他们发现和识别犯罪分子的能力，提高其工作效率。

2. 有过违法行为的人和受过打击处理的犯罪人中物建的刑事特情。有过违法行为的人是指行为已违法，但不及追究刑事责任的人员；受过打击处理的犯罪分子是指解除劳动教养和刑满释放的人员。这两类人员都属身有劣迹者，他们虽在社会总人口中所占的比例较小，但由于分布广泛，具有发现和接近犯罪分子的有利条件，一旦愿意为侦查机关工作或者能为侦查机关控制，往往能在同犯罪作斗争中发挥特殊的作用。

3. 现行犯罪分子中物建的刑事特情。现行犯罪分子是指正在实施犯罪时或在犯罪后及时被抓获的犯罪人。现行犯罪分子具有熟悉和了解犯罪集团或犯罪团伙内部情况的条件，有些本身就是犯罪集团、犯罪团伙的成员，容易取得犯罪分子的信任。使用这类成员作为特情，不仅能迅速、全面的掌握犯罪集团、犯罪团伙的内幕，了解其犯罪计划，而且能在犯罪集团、犯罪团伙内部制造矛盾，起到“离间”的功效。但对这类人员使用，必须在掌握充分确凿的犯罪证据的基础上，使其认罪服法后严格控制使用。

刑事特情还有很多其他的分类方法，如依据刑事特情的活动区域，刑事特情可分为境内刑事特情和境外刑事特情或者城镇刑事特情和农村刑事特情；依据使用刑事特情的方式，刑事特情可分为愿意为侦查机关工作的刑事特情和被侦查机关控制使用的刑事特情；依据刑事特情的年龄，刑事特情可以分为青年刑事特情和中青年刑事特情和老年刑事特情，等等。

第二节　刑事特情工作原则

刑事特情工作的原则是刑事特情建设中必须遵循的具备标准和准则，它是由刑事特情工作的特点所决定的，贯穿于刑事特情的选择、领导、教育、保护和使用的全过程。

一、需要与可能的原则

需要与可能的原则是指刑事特情工作必须从同犯罪作斗争的客观需要出发，结合侦查机关所具备的条件，全面而又综合的考虑。

（一）刑事特情工作必须充分考虑到同犯罪斗争的需要

无论是从同犯罪作斗争的大局出发，还是从具体刑事案件侦查的实际出发，刑事特情工作都必不可少。也就是说，开展刑事特情工作是发现侦查线索、获取犯罪证据、发现和控制犯罪分子、提高侦查效率的客观需要。从这个意义而言，要大力发展刑事特情。但是，在具体的刑事案件侦查中，或者是某一具体的部位和场所，是否需要使用刑事特情，则要视具体情况而定。一般而言，建立和使用每一个具体的特情，都要有明确的目的和要求。刑事特情使用的面不能随意扩大，凡依靠群众和基层组织能达到侦查目的的，就不能使用刑事特情。

（二）刑事特情工作的建设和发展要全面顾及侦查机关所具备的主客观条件

首先，侦查机关要具备开展刑事特情工作的现实可能性。也就是说，侦查机关应该具备一定数量和素质的侦查人员，这些侦查人员在业务上可以领导和指挥特情，熟悉刑事特情工作的策略方法。只有这样，刑事特情工作才能有序而又有效的进行。

其次，要有符合刑事特情基本条件的人员可供侦查机关选择。刑事特情要完成搜集犯罪情报、控制犯罪活动阵地、发现侦查线索和犯罪证据的特定目的，必须具备一些特殊的条件，如活动能力、发现和识别犯罪的能力等。虽然这些能力可以培养，但在具体的侦查情势下，尤其是在情况紧急时，若无合适的人员可供侦查机关选择，刑事特情工作也只能是一句空话。

刑事特情工作中，需要与可能是一对矛盾统一体。一方面，从同刑事犯罪作斗争客观实际出发，需要建立大批的刑事特情；另一方面，侦查机关受其人力、物力和财力的局限，刑事特情工作发展又受到制约。侦查机关应该从实际出发，摆正主客观位置，平衡和协调好二者的关系，既不能不顾“需要”，又不能盲目发展。

二、积极慎重、隐蔽精干、数量与质量并重的原则

（一）积极慎重

积极慎重是指在刑事特情工作中，既要提高对特情工作重要性的认识，解除思想束缚，放下包袱，大胆放手地建立和使用刑事特情，又要谨慎认真地进行调查研究，严格掌握法律和政策，讲究刑事特情的质量，注重刑事特情工作的实际效率。积极和慎重是刑事特情工作的两个方面二者不可偏废。

（二）隐蔽精干

1. 隐蔽精干的含义。隐蔽精干是指已被发展的刑事特情的人员，在工作中，一方面不能暴露身份，另一方面要精明强干。所谓隐蔽，就是要求刑事特情要有合适的掩护身份和掩护方式，遮掩得当，对有关特情工作的情况守口如瓶。所谓精干，就是要求刑事特情遇事要沉着冷静，机敏果敢，具有随机应变和适应复杂情况的能力。

2. 隐蔽精干的要求。

（1）个别吸收。即特情的选择和建立只能单个进行。侦查人员在选建刑事特情的过程中，无论是与刑事特情解除和谈话，还是正式履行手续，都只能个别进行。绝不允许集体吸收刑事特情，更不允许集体谈话、宣誓。

（2）单线领导。即刑事特情只能接受侦查机关一条线的领导，也就是说，在每一级侦查主体中，只能是由有直接隶属关系的一至两名侦查主体领导一名具体的刑事特情。刑事特情只能成为一个侦查机关的特情，也只能接受一个侦查机关一条线的侦查人员的领导。

（3）刑事特情间不能发展横向联系。刑事特情不能发展刑事特情，刑事特情不准领导刑事特情,刑事特情不能组成小组并在相互知晓身份的情况下协同进行工作。

三、绝对保密原则

刑事特情工作需要绝对保密,这是保守组成工作秘密的基本要求,同时,也是保证刑事特情工作正常开展和保证刑事特情人身安全的客观需要。

绝对保守秘密,对于从事刑事特情工作的侦查人员而言具有广泛的意义。侦查人员对刑事特情的选择、吸收、领导、教育、使用、保护以及特情工作的部署、规划、经验总结、情况报告及刑事特情工作的据点、档案资料都属于保密的范围。侦查人员必须具有高度的保密观念,对特情工作中所获得的情况资料要定期进行整理,按规定进行归档或注册销毁,任何时候都不得以任何借口向外提供和透露有关特情工作的情况,包括不能向新闻媒体提供有关刑事特情的情况,不能向外公开刑事特情这一专有名称等。

保守秘密原则要求刑事特情人员在汇报、通信、联络等工作中要严格遵循有关保密的规定。除向有关领导和指挥的侦查人员反映情况外,刑事特情不能向任何人包括亲朋好友透露有关特情工作的情况,更不能暴露身份。刑事特情更应注重自我保护,在于侦查人员联络时应一律使用规定的代号和暗语。

四、统一规划、合理布建

(一)统一规划

统一规划是指侦查机关在刑事特情的发展上要根据犯罪活动的规律和特点,结合本地区、本部门的具体情况,有计划、有目的地开展特情工作。刑事特情工作为侦查的一项专门业务,涉及诸多方面,包括侦查机关自身的人力、物力、财力、选建的刑事特情及相关单位和部门,因此,必须有统筹安排,特情的建设既要有长远的规划,又要根据同犯罪作斗争的实际情况,不断地调整特情工作的重点。

统一规划要求刑事特情的领导机关和领导人员在广泛调查研究的基础上,充分发扬民主,制定出一定时期内刑事特情工作的发展规划和工作目标,并采取切实可行的措施具体落实。

(二)合理布建

合理布建是指侦查机关要根据犯罪活动的基本特点,尤其是犯罪分子食、注、行、销的特点,充分、有效地调动已选建的各类刑事特情使其形成发现和控制犯罪活动的网络。

合理布建要求侦查机关对刑事特情网络的建设要达到守口把关,成网成线,利于作战,便于指挥的要求,并经常根据本地区犯罪活动的变化规律,分析侦查控制工作的薄弱环节,及时发现工作漏洞和失控的地区、场所,及时调整刑事特情的布局。

第三节　刑事特情的选建

刑事特情的选建是刑事特情工作的第一道程序，它是指侦查机关侦查人员根据刑事特情工作的要求和刑事特情的条件，选择一定的人员，进行培养、考察进而正式吸收为刑事特情的一系列工作。刑事特情的选建工作关系到刑事特情其他工作能否顺利有效地进行，因此，有着特别重要的意义。

一、刑事特情的条件

为了保证刑事特情的质量，将某些人员吸收为刑事特情，必须有一定的标准，这些标准就是刑事特情应具备的条件。根据公安部颁发的《刑事特情工作细则》第9条规定："刑事特情应当具有能够发现和接近犯罪分子，有一定的活动能力，并愿意为我工作的条件，或具有为我控制使用的条件"。这一规定明确了刑事特情应该具备的三个基本条件。

（一）刑事特情应当具备能够发现或接近犯罪嫌疑人的条件

能够发现或接近犯罪嫌疑人是刑事特情应当具备的首要条件。这是由建立刑事特情的目的和任务决定的。

1. 能够发现犯罪嫌疑人的条件。能够发现犯罪嫌疑人是指刑事特情应当熟悉和了解犯罪活动的规律和特点，善于观察发现疑人、疑事，发现犯罪分子及其犯罪活动。

犯罪活动一般而言都具有隐蔽性的特点，这是有犯罪的社会危害性和应受惩罚性决定的。随着社会的进步和科技的发展，犯罪手段越来越狡诈，犯罪嫌疑人的活动越来越隐蔽。要达到刑事特情服务侦查工作的特定目的，发现犯罪嫌疑人是首要条件。发现犯罪嫌疑人的条件受到多种因素的制约，对于刑事特情工作而言，主要包括以下要素：

（1）刑事特情工作的场所和部位是否是犯罪嫌疑人经常涉足的场所和部位；

（2）刑事特情是否熟悉和了解犯罪的手段和方法以及犯罪活动的规律和特点；

（3）刑事特情是否掌握了识别和发现犯罪嫌疑人的要领和方法。

2. 能够接近犯罪嫌疑人的条件。能够接近犯罪嫌疑人是指刑事特情应当具有靠近犯罪分子或打入犯罪集团、犯罪团伙内部开展调查取证的途径和方法。

接近犯罪嫌疑人比发现犯罪嫌疑人更为困难和复杂。可以说，接近犯罪嫌疑人是发现犯罪嫌疑人的继续和深化。发现犯罪嫌疑人多是根据一些犯罪嫌疑人所暴露的外部或表面情况，但要获取犯罪嫌疑人的内幕情况，尤其是犯罪集团、犯罪团伙的内部情况，则需要靠近犯罪嫌疑人，或深入到犯罪集团、犯罪团伙的内部开展工作。是否具备接近犯罪分子的条件，主要取决于以下因素：

(1)刑事特情是否与犯罪嫌疑人有特定的关系，如亲朋好友、同事或领导；

(2)刑事特情是否与犯罪嫌疑人有较长时间的交往和接触；

(3)刑事特情是否与犯罪嫌疑人有相同的兴趣爱好或经历等；

(4)刑事特情是否与犯罪嫌疑人有合乎情理的交往机遇。

发现和接近犯罪嫌疑人的条件虽然受到多种因素的制约，但是，这一条件可以有侦查机关侦查人员培养提高或创造而获取。在选建特情时，不能要求选建对象一开始就具备很强的发现和接近犯罪嫌疑人的能力。要根据刑事特情的具体任务，充分的发挥刑事特情的特长。

(二)刑事特情应具备有一定的活动能力条件

具备一定的活动能力，是指刑事特情应当具备完成特定调查和控制任务的能力。根据刑事特情工作的目的和特点，刑事特情应具备以下能力：

1. 识别能力。即识别犯罪嫌疑人活动的能力。就其内容而言，刑事特情对犯罪分子的识别能力应该包括两个方面。一个方面是对犯罪嫌疑人的识别，诸如从某人的言谈举止、随身携带物、活动情况分析判断其具有犯罪嫌疑。另一方面是对物的识别，即判断某一物品是否与犯罪有关，如某物是否伪造、某物来源是否合法等。控制特情多应具备这方面的能力。

2. 控制能力。即控制犯罪嫌疑人活动的能力。控制能力也有多方面的含义，如控制犯罪分子经常涉足的地区和场所的能力，影响和控制犯罪分子的能力，控制犯罪分子活动、制止预谋犯罪的能力，等等。

3. 随机应变的能力。即在复杂的情况下，灵活有效地完成任务的能力。刑事特情在活动中，经常会遇到意想不到的问题，需要应付犯罪嫌疑人的各种考验。如何在错综复杂的环境下，机敏应付，往往是刑事特情工作成败的关键。

4. 交往能力。即与各种各样的人交往的能力。刑事特情要获取侦查线索和犯罪证据，不仅要与犯罪嫌疑人交往，而且要与其他各种各样的人，包括犯罪的关系人交往。刑事特情是否善于交往、在交往的过程中是否表现出有诚意、守信誉，在很大程度上决定刑事特情的工作能力。

(三)刑事特情应具备愿意为侦查机关工作或能为侦查机关控制的条件

刑事特情的这一条件包括两个方面的内容：

1. 愿意为侦查机关工作的条件。愿意为侦查机关工作是刑事特情从其内心出发，愿意积极主动地为侦查机关打击犯罪活动的工作出力。尽管刑事特情在为侦查机关工作中要付出一定代价，冒着一定的风险，但有些基于同犯罪作斗争的积极性和主动性，有些在侦查人员的教育和帮助下，真心实意地加入到侦查机关同犯罪作斗争的行列。基本群众中物建的刑事特情大多在此列。

2. 能够为侦查机关控制的条件。能够为侦查机关控制是指选建的刑事特情因有犯罪的“把柄”为侦查机关掌握,不得已而被迫为侦查机关工作。在犯罪嫌疑人中选建的刑事特情大多是这种情况。对这类刑事特情的使用,侦查机关必须要有控制的把握和严密的监控措施。

二、刑事特情的选择

刑事特情的选择是指从哪些部门和场所以及哪些人员中去寻找具备刑事特情条件的人员。不同类型的刑事特情,其选择的侧重不一。

(一)专案特情的选择

专案特情一般以重、特大刑事案件为工作目标,用于贴靠犯罪嫌疑人,深入到犯罪集团、犯罪团伙内部开展调查,获取侦查线索和犯罪证据。因此,专案特情必须相对具有更好的接近犯罪嫌疑人的条件和更加机敏灵活的能力。一般而言,专案特情主要从以下人员中选择:

1. 共同犯罪人。在侦查犯罪集团、犯罪团伙案件时,为了查清犯罪集团、犯罪团伙内幕,获取犯罪证据,常常在犯罪集团、犯罪团伙内部选择具备一定条件的成员,通过密捕或其他措施,在其认罪服法和能够为侦查机关控制的基础上再回到犯罪集团、犯罪团伙内部去开展调查,配合侦查。

2. 被关押的犯罪嫌疑人。在被关押的犯罪嫌疑人或罪犯中,选建专案特情主要有两种情况。一是被关押的犯罪嫌疑人中选择具备一定条件的人作为刑事特情,在关押场所贴靠犯罪嫌疑人,开展狱内侦查。二是根据专案侦查的特殊需要或特殊情况的需要,在关押场所选择能够发现、接近、控制犯罪嫌疑人的犯罪嫌疑人或罪犯,从关押场所放出去开展有关的调查工作。

3. 犯罪人的知情人或犯罪嫌疑人的关系人。这类人员通常包括:耳闻目睹了犯罪嫌疑人实施犯罪的过程或有关情况的人;了解犯罪嫌疑人隐藏赃物、销售赃物和处理其他犯罪证据的人;犯罪嫌疑人的亲朋好友和其他关系人。这类人与犯罪嫌疑人有一定的交往关系或情感关系,易于接近犯罪嫌疑人,而且犯罪嫌疑人往往对这些人存有较少的戒心,易于获取侦查线索和犯罪证据。

4. 能够接近和取信犯罪嫌疑人的违法人员或犯罪分子。这类人与犯罪嫌疑人虽然没有特殊的关系,但由于其熟悉犯罪活动的规律和特点,了解犯罪层的习性和内幕,具有很强的粘附能力。在违法人员或犯罪中选建专案特情,有两类人可供重点考虑:一是在坦白自首的人员中,选择认罪态度好,有诚意改过自新,敢于揭发其他犯罪分子的人员;二是在刑满释放、解除劳教人员中选择有悔改表现的人。

(二)情报特情的选择

情报特情的主要任务是与犯罪嫌疑人或其他违法人员交往,搜集犯罪情况。对情报特情的选择要重点考虑交往能力和接触条件。一般而言,情报特情可以从以下人员中选择:

1. 下岗待业人员和社会闲散人员。这类人员无固定的职业，没有固定的生活来源，往往有轻微的违法活动，是犯罪嫌疑人拉拢腐蚀的主要目标。尤其是这类人中的盲流和乞丐，游手好闲，终日游荡在公共场所和复杂地区，其生活习性和行为特征非常接近于流窜犯罪嫌疑人，因此，具有较为理想的发现犯罪线索的条件。

2. 从事流动性职业的人。从事流动性职业的人因其工作性质、活动范围广泛，其涉足的食、住、行、乐等场所往往是犯罪嫌疑人涉足的场所。

3. 工作和居住在公共复杂场所、社会治安形势较为严峻的地区居民。他们可以利用其工作和居住的有利条件发现犯罪嫌疑线索。

4. 有条件获取犯罪情报的其他人员。如同刑事犯罪嫌疑人有交往的人员，与违法人员工作和居住在一起的人员等。

（三）控制特情的选建

控制特情的主要特点之一，就是以职业为掩护，在犯罪嫌疑人经常涉足的地区和场所进行阵地控制。这些阵地主要包括犯罪嫌疑人食、住、行、销、乐的地方。根据这一特点，控制特情可以从以下人员中选择：

1. 餐饮业的从业人员。包括饭店、酒家、咖啡馆、茶楼等的服务人员他们主要从到此进行餐饮的人员中发现犯罪嫌疑线索。

2. 旅店业的从业人员。包括旅馆、宾馆和招待所等接待人员、登记人员和房间服务人员等，他们主要从住宿宾客中发现犯罪嫌疑线索。

3. 公共电汽车、出租车的从业人员。包括公共电汽车的驾驶员和售票员、出租车的驾驶员等，他们主要从乘客中发现犯罪嫌疑线索。

4. 修理行业和废旧收购行业的从业人员。包括修理行业的修理人员、废旧收购行业的估价人员和收购员，他们主要是从修理和收购的物品中发现犯罪嫌疑线索。

5. 娱乐行业的从业人员。如，夜总会、卡拉 OK 厅等场所的从业人员，他们主要是从在此消费的人员中发现犯罪嫌疑线索。

6. 公共复杂场所和重点地区的从业人员。如车站、码头、机场、影剧院、公园、集贸市场和商场的工作人员，他们可以利用其工作的有利条件，发现公共复杂场所的犯罪活动。

（四）境外特情的选择

境外特情的主要任务是搜集境外犯罪情报，尤其是走私贩毒、拐卖人口的犯罪线索和逃到境外的犯罪嫌疑人的线索。境外特情的选建难度上要大于境内，主要表现在适合选建的对象少、与选建对象的接触少、考察不便等，有时要与境外有关单位协助才能完成。一般而言，境外特情可以从以下人员中选建：

1. 往来港澳台及其他边境地区的商贸人员。他们主要从事境内外商业贸易工作，他们对境内外的犯罪嫌疑人的走私、贩毒、伪造和诈骗等犯罪活动多有察觉和了解。

2. 境外的赌场、旅店、餐饮、娱乐等复杂场所的从业人员。这些场所是犯罪分子经常涉足的地方，尤其是逃到境外的犯罪嫌疑人经常涉足的场所。

3. 流动的边民。流动的边民多在边境内外从事渔业、商贸等正当职业，他们中有的人持有两个“地区”或国家的同行和临时居住证。由于他们自由进出边境地区，因此，利用其对边境地区的熟悉，往往可以发现犯罪嫌疑线索。

4. 在边境地区从事运输的人员。这类人员具有直接接触出入境人员的条件，了解犯罪分子利用交通工具进行的犯罪活动。

5. 被抓获的境外犯罪嫌疑人。境外犯罪嫌疑人在境内犯罪被抓获后，由于惧怕处罚，或者已经被处罚的希望能够提前释放，这类人员只要有悔罪的表现，并愿意为我侦查机关工作，可以选建为境外特情，利用其在境外工作和生活的有利条件发现犯罪嫌疑线索。

（五）几类不宜选建为刑事特情的人员

由于刑事特情有着特定的工作任务和工作对象，因此，必须具备一定的条件。有些人员具备了一定的条件，但因受其他因素的制约，不宜作为刑事特情使用。这些人员包括：

1. 治安积极分子。治安积极分子是维护社会治安的重要依靠力量，他们主要依附于城市居民委员会或治安联防组织，主要活动有巡逻、盘查可疑人员和值勤等，大多从事的是社会面上的工作，其身份一般是公开的。因此，治安积极分子接近犯罪嫌疑人的条件受到较大的限制，尽管其有活动能力，愿意为侦查机关工作，但一般情况下，侦查机关不将其选建为特情。

2. 未成年人。未成年人是指不满十八周岁的青少年，他们的生理、心理发育不成熟，社会阅历浅，社会经验缺乏，缺乏接近和控制犯罪嫌疑人的基本能力。因此，未成年人一般不宜选作为刑事特情。但是，随着犯罪低龄化越来越突出，侦查机关迫切需要在十八岁以下的青少年违法人员中开辟犯罪情报来源。针对这种情况，侦查人员可将十八岁以下的青少年违法人员发展成为侦查机关的关系人开展工作，待其十八岁后再正式发展成为刑事特情。

3. 罪行严重的犯罪嫌疑人和重大犯罪集团、犯罪团伙的首要分子。这类犯罪嫌疑人犯罪的恶习很深，有些本身就是惯犯、屡犯，他们有较为丰富的逃避侦查打击的经验，难以控制，加之涉及破案后的从轻、减轻处罚的问题不易操作，因而尽管其有较强的发现或接近犯罪嫌疑人的能力，但一般也不宜将其选建为特情。

4. 被处死刑罪犯的近亲属。被处死刑罪犯的近亲属，尽管有写对犯罪嫌疑人的犯罪行为表示义愤，但是由于其与被处死刑罪犯有着情感上的联系，因此，会对包括侦查机关在内的司法机关产生强烈的抵触情绪和不满情绪。在这种情况下，除非特别需要，一般不宜将他们选作为刑事特情。

三、刑事特情选建的方法

选建刑事特情时，应当根据选建对象的具体情况，讲究一定的方法，这是成功和顺利地发展刑事特情的首要条件。在诸多的刑事特情的选建方法中，多以思想教育为主，以建立感情为辅，特殊情况下采取强制控制使用的方法。

（一）启发教育

启发教育是使用于在基本群众中选建特情的一种主要方法，它是指侦查人员以多方面的思想教育启发选建对象，使其自愿为侦查机关工作。

基本群众有同其发展作斗争的积极性，有较高的思想觉悟，是侦查机关的主要依靠力量。因此，对基本群众启发教育的内容主要是进一步向其阐明同犯罪作斗争的重要意义，消除其在此问题上的一些模糊认识，并且配合解决其工作上、生活上的一些实际困难。

启发教育的方法多种多样，一般采用促膝谈心、阐明事理和启发开导的方式，用生动的事例以理服人，用实实在在的关系和帮助取信于人，用切实可行的措施解除选建对象怕遭报复、怕被人知晓、怕影响工作等后顾之忧。启发教育时要根据选建对象的具体情况，有针对性地进行。

（二）接触交往

解除交往的方法使用于选建各类刑事特情。接触交往是指侦查人员与选建对象在来往交流的过程中，逐渐建立较为密切的关系，在此基础上，考察选建对象是否具备刑事特情的基本条件，然后争取培养发展为正式的刑事特情。

接触交往选建刑事特情的方法，由于要经过一段较长的时间，而且侦查人员与选建对象往往会产生一定的“朋友”感情，因而，是一种非常自然的选建刑事特情的方法。这种方法特别适用于选建下列人员作为刑事特情时适用：

1. 重点地区、复杂场所、特种行业的基本群众。他们有较高的思想觉悟，利用工作的有利条件，经常向侦查机关反映可疑的人和事，经过较长时间的交往和考察，侦查人员可将其发展为正式的刑事特情。

2. 有劣迹的违法人员。侦查人员在对这类人进行训诫教育的同时，常常责令其发现犯罪嫌疑线索时要及时向侦查机关报告。对于有悔罪表现，经常向侦查机关反映可疑情况的违法人员，侦查人员经过较长时间的交往和考察后也可将其选建为正式的刑事特情。

3. 不愿马上为侦查机关工作的选建对象。因为种种原因，一些选建对象对于侦查机关将其选建为刑事特情的要求，既不统一，也不反对，而是采取一种观望的态度。在这种情况下，侦查人员应有耐心的态度，在与其的继续接触和交往的过程中，用灵活有效的方法，逐渐解决其实际困难，解除其后顾之忧，促使其慢慢地自愿为侦查机关工作。

(三)秘密介绍

秘密介绍的方法适合于侦查机关在重点地区、复杂场所、特种行业中选建刑事特情。它是指侦查机关对派出所和企事业单位的保卫组织等侧面推荐的选建对象进行考察培养后将其发展为正式的刑事特情。

重点地区、复杂场所、特种行业中的派出机构和企业单位的保卫组织,对本单位、本辖区的情况较为熟悉,对违法人员、重点人口等的现实表现较为了解,由他们向侦查机关侧面推荐选建对象既有针对性,又可提高选建工作的效率。

(四)强制控制

强制控制的方法又称抓"把柄"的方法,主要适用于在违法人尤其是犯罪分子中选建刑事特情。所谓抓"把柄"的方法是指侦查机关利用选建对象的犯罪事实,通过一定的控制手段强迫其为侦查机关工作的一种方法。因此,它是一种较为特殊的选建刑事特情的方法。

需要强调的是,所谓的"把柄"是指选建对象本人的犯罪事实,它既包括已被处罚的犯罪事实,也包括未被处罚的犯罪事实,而不是指选建对象一般性的作风、道德或生活上的问题。抓"把柄"控制适用只是选建刑事特情的前提性手段,要充分发挥刑事特情的能动性作用,使其由被强制为我工作转为主动愿意为我工作,侦查人员必须进行经常的思想政治教育。

上述几种选建特情的方法既可单独适用,也可疑同时适用。关键是根据选建对象的具体情况,有针对性地灵活运用。

四、刑事特情选建的程序

(一)全面调查了解选建对象情况

刑事特情的来源渠道较多,有在侦查过程中发现的,有有关不满介绍的,不管渠道如何,一旦发现可疑物建为刑事特情的对象时,侦查人员首先要全面调查了解选建对象的有关情况,考察其是否具备刑事特情的基本条件。

调查了解的主要内容包括选建对象的政治态度、思想品质、经济状态、家庭和社会关系、性格爱好、与侦查对象的关系等。若选择对象是违法人员或犯罪人员时,还需了解其犯罪事实、认罪态度、处罚情况和有无悔改表现等。

调查了解选建对象的方法多种多样。既可以通过基层派出所和单位保卫组织调查,也可通过其所在单位的领导、同事、居住地的居民了解。必要时,可疑查阅选建对象档案或与其面对面地交流。

(二)初步与选建对象进行接触

侦查人员与选建对象进行初步接触是指侦查人员与选建对象进行面对面的交流,了解其是否愿意为侦查机关工作或能否为侦查机关所控制。只有通过侦查机关的相关工作明确表示愿意为侦查机关工作的或侦查机关能采取有效措施控制的选建对象,才能正式建立为刑事特情。

针对不同的选建对象,侦查人员进行初步解除的方法也不相同。对政治觉悟高的积极分子,侦查人员在与之初步接触时,可以直接揭示主题,请求其配合侦查机关的侦查工作,并尽快地完成吸收其成为刑事特情的任务;对一般群众,侦查人员可以从启发教育入手,激发其同犯罪作斗争的主动性和积极性,在此基础上提出将其发展成为侦查机关秘密力量的要求;而对违法人员,尤其是犯罪人员,一般从批评其错误、揭露犯罪事实入手,启发其知错认罪,要求其立功赎罪,或抓住其犯罪的"把柄",强制其为侦查机关工作。

侦查人员与选建对象进行初步的正面接触的同时,要做好充分的准备。在做好保密工作的同时,要注意掌握谈话的分寸,耐心地解答选建对象提出的问题,解除其思想顾虑。侦查人员在与选建对象初步正面接触时,在谈话中如果觉察到选建对象不适合作为刑事特情的情况,应巧妙地借词掩饰,停止这方面的谈话。

(三)对选建对象进行考察试用

侦查人员在对选建对象进行了各方面的了解后,往往尚不能完全确定选建对象是否具有刑事特情应具有的基本条件,因此,对选建对象需要有一个考察适用的过程。

对选建对象的考察试用包括两个方面。一是考察选建对象的工作能力。如相对一般群众其识别犯罪的能力如何,其机敏反应的能力如何等。二是考察选建对象的可靠性,也就是说是否对侦查机关忠实可靠,特别是那些违法犯罪人员,虽有较强的工作能力,但,是否愿为侦查机关工作,或能否为侦查机关控制则需要作进一步的考察。

考察试用选建对象的方法根据选建对象本身的情况和考察具体内容而定。如考察违法人员(包括犯罪人员)的可靠性时,侦查人员可指令其完成一定任务,通过配备一定的外线进行考察或运用事后调查核实的方法考察选建对象是否忠实。而对一般群众活动能力的考察,则重在考察其工作过程中所运用的具体方法及工作成效。

对选建对象的考察试用必须遵守一定的规则。一是不能涉及案件情况让选建对象开展调查,以免弄假成真;二是在考察试用阶段,侦查人员不能把选建对象带入职业据点进行联络,不能为其规定化名、代号,防止吸收失败时暴露侦查工作的秘密。

(四)对符合条件的选建对象履行正式的吸收手续

对经过调查了解、考察试用并符合刑事特情条件的选建对象,侦查人员要填写《刑事特情呈批表》,并报请批准,履行正式的吸收手续。

《刑事特情呈批表》属侦查基础业务建设中的绝密材料,只能由选建刑事特情的侦查人员填写,具体内容包括:选建对象的简要情况;选建对象的简历(包括受过何种奖励、处罚及现实表现);为侦查机关工作的条件;负责领导的侦查人员;内部编用的代号及刑事特情的代号;通信联络的方法;使用的目的和任务;使用单位的意见。如果是在现行犯罪嫌疑人和正在服刑的罪犯中选建刑事特情,在呈批过程中还需将其使用价值、所犯罪行、刑期、服刑中的表现和可靠程度等材料一并报上。

凡被批准正式建立为刑事特情的,侦查机关应为其建立个人档案。个人档案具体内容包括:刑事特情的照片;本人简况;犯罪事实;处理情况及悔罪表现;保证书等。上述内容可根据刑事特情的具体情况有选择性地填写。

(五)与被吸收为刑事特情的人员进行正式的谈话

凡是被侦查机关正式吸收为刑事特情的人员,侦查机关的领导或侦查人员在其正式开展工作前要与其进行正式谈话。正式谈话的方式根据刑事特情的具体情况可各不相同,但都是围绕以下几个方面进行:

1. 向刑事特情表明其工作性质和隶属关系。刑事特情的工作性质与侦查人员的工作性质有着根本的区别,侦查人员与刑事特情是领导与被领导的关系,刑事特情为侦查机关工作不是加入某一组织。刑事特情只能接受一个侦查机关的单线领导。

2. 向刑事特情宣布规定的化名、联络暗号和联络方法,尤其是紧急情况时与侦查人员的联络方式。

3. 向刑事特情宣布工作纪律。根据公安部颁发的《刑事特情工作细则》第十三条的规定,特情在工作中必须遵守以下纪律:不准唆使、诱人犯罪、主动策划犯罪;不准与犯罪分子共同活动,但为达到必要的侦查目的,经领导批准,可随同犯罪分子进行辅助性的、不造成直接危害的活动,这种活动应视为侦查活动,不是犯罪;不准捏造事实、陷害好人;不准谎报情报、欺骗政府。

4. 向刑事特情进行初步的工作安排。在进行初步工作安排时,首先要向刑事特情进行保密教育,使其明确认识到保守秘密是侦查工作的灵魂。在具体布置任务时,可根据刑事特情的条件、可靠程度、使用目的等方面的因素,一般采用由易到难、从简及繁的方法。初步布置任务后,为了便于考察和掌握刑事特情的工作情况,要适当地多安排与刑事特情的接头次数。

(六)刑事特情选建失败后要及时采取补救措施

选建刑事特情的过程中,由于对选建对象的调查不全面,审查不细致,吸收方法不正确,采取的措施不周密等原因,可能会遇到各种吸收不成功的情况,如在吸收过程中侦查人员突然发现选建对象条件不合适;选建对象因某种原因不愿意为侦查机关工作;选建过程中发现选建对象有不诚实、不可靠的行为;使用抓“把柄”的材料不成功等。如遇上述情况,侦查机关即侦查人员要及时采取补救措施。

对选建对象不具备刑事特情条件的,侦查人员可借故把话题引开;在选建过程中发现选建对象不诚实、有欺骗侦查机关的行为时,侦查人员要采取严厉批评措施，责令其承认错误，作出不泄露侦查工作秘密的保证，必要时令其出具保证书；对于拟抓“把柄”吸收为刑事特情的，在选建过程中若其不愿意为侦查机关工作的，则应在保密教育的同时，采取必要的强制措施，如拘留、逮捕等。

对选建过程中吸收失败的情况，无论何种情形，侦查机关侦查人员都应在认真吸收教训的同时，向有关领导机关领导人员写出报告，说明吸收失败的原因和采取的补救措施。

第四节　刑事特情的运用

刑事特情的运用是刑事特情工作中的关键和核心环节，刑事特情工作的任务和目的主要是通过刑事特情的运用来实现的。

一、刑事特情运用的基本策略

(一)根据刑事特情的具体情况，量才使用

侦查机关选建的刑事特情，情况千差万别，其活动能力、接近犯罪嫌疑人的能力以及为侦查机关工作的动机和目的各不相同，因此，对刑事特情进行使用时，应当依据其本身的具体情况，知人善任，有针对性地发挥其特长，提供其工作效率。如，有的刑事特情擅长贴靠犯罪嫌疑人，有的适合搜集犯罪情报，有的善于发现和识别赃物等。

对刑事特情进行量才使用，要求侦查人员一方面不能不顾刑事特情的实际能力和条件，对其要求过高或过于苛刻，过多地人为增加刑事特情的工作压力；另一方面，侦查人员要积极地听取刑事特情的工作意见，发挥其主观能动性，最大限度地发挥其工作能力。

(二)根据侦查工作的实际情况，精心使用

刑事特情工作处在同犯罪嫌疑人斗争的最前沿，大多数情况下是与犯罪嫌疑人面对面地较量，可能会遇到许多难以预料的紧急情况甚至是危急情况，因而，指挥刑事特情的侦查人员必须针对侦查工作的实际情况，精心设计，严密部署，确保刑事特情能够案情有效地完成任务。在具体设计指挥时注意以下问题：

1. 指挥刑事特情贴靠犯罪嫌疑对象时，要仔细研究贴靠对象的特点，设计多种实施方案及要领，并充分估计可能遇到的困难和问题，并采取相应的对策。

2. 指挥刑事特情进行内线侦查时，要设计好刑事特情深入到犯罪集团或犯罪团伙内部进行调查的方法，为刑事特情准备好应付侦查对象考验的对策，并随身研究刑事特情反映的情况，指挥刑事特情相机获取证据。

3. 指挥刑事特情搜集情报时，要善于从刑事特情反映的各种情报材料中发现

有价值的情报线索,并指挥刑事特情顺线追查,使刑事特情的活动得以深入。

4. 指挥控制刑事特情控制犯罪嫌疑对象、获取赃物和其他犯罪证据时,要设计好稳住犯罪嫌疑对象、套取赃物的各种方法及侦查人员及时取得联系的方式。

(三)根据刑事特情工作的实际情况,依法使用

刑事特情工作,一方面由于刑事特情的人员复杂,其中有相当一部分是违法人员,甚至是犯罪人员,另一方面,刑事特情工作的环境复杂,大多是犯罪分子涉足的地方和场所,有些甚至是在犯罪分子内部,因此,要求指挥刑事特情的侦查人员应严守特情工作纪律,依法使用刑事特情。根据公安部颁发的《刑事特情工作细则》,侦查人员在指挥使用刑事特情时,应遵循以下的规定:

1. 不准指挥特情去唆使、引诱和策划犯罪;

2. 不准特情参与共同犯罪;

3. 不准使用特情执行巡逻、查店、拘捕和审讯等任务;

4. 不准把武器、警械交给刑事特情佩带使用;

5. 不准使用刑事特情搞“美人计”;

6. 不准把刑事特情提供的未经证实的材料作为办案的根据,更不准单凭刑事特情的指点抓人;

7. 不准纵容和使用刑事特情违法乱纪;

8. 不接受刑事特情的私人财物,不准使用刑事特情办私事。

二、各类刑事特情的运用方法

(一)专案特情的指挥和使用

专案特情是侦查机关用于追查犯罪集团、犯罪团伙或犯罪嫌疑人的特情,包括深入到犯罪分子内部开展内线侦查的专案特情和了解侦查对象活动、控制和监视侦查对象的专案特情两大类。专案特情的主要任务是以具体的刑事案件为工作目标,深入犯罪集团、犯罪团伙内部,贴靠犯罪嫌疑人或重大犯罪嫌疑对象,查明其犯罪意图,了解犯罪内幕,获取犯罪证据。由于专案特情大多是与犯罪嫌疑人面对面地斗智斗勇,因此对专案特情的指挥和使用就尤为重要。

1. 专案特情运用中的基本环节。侦查人员指挥和使用专案特情时,重点应注意以下几个基本环节。

(1)让刑事特情尽量取信于犯罪嫌疑人。取信于犯罪嫌疑人,这是刑事特情顺利工作的前提。

①侦查人员要为刑事特情创造与犯罪分子顺其自然的接触条件。一般而言,选建刑事特情时最好是在侦查对象所熟识的关系人中寻找,或者是通过侦查对象所熟识的人介绍刑事特情与侦查对象相识。个别情况下,也可以创造机遇,让侦查对象与刑事特情偶然相遇。不管何种情况下,刑事特情与侦查对象间的接触必须是自然的,不能引起侦查对象的怀疑。

②侦查人员要为刑事特情尽可能详尽地提供侦查对象的有关情况，如侦查对象的性格特点、兴趣爱好、思想状况、活动规律、犯罪手法等。掌握这些情况一方面有利于刑事特情选择合适的取信于侦查对象的方式方法，投其所好，助其所需；另一方面，刑事特情也可以在其活动中有的放矢地针对侦查对象的具体情况，采取有效的对策去获取证据，发现线索。

③侦查人员要善于指挥刑事特情应付侦查对象的各种考验。侦查对象，尤其是狡猾的犯罪分子，常常对其心存疑虑的刑事特情采取各种方式进行考验，如指令刑事特情进行某种犯罪活动，要求刑事特情代为处理赃物等。因此，侦查人员要善于指挥和配合刑事特情有效地应付侦查对象的各种考验，培养刑事特情随机应变的能力。

④侦查人员要重视指导刑事特情博取侦查对象的信任、尊重和感激。侦查人员要指导刑事特情根据侦查对象和侦查工作的具体情况，积极配合刑事特情，使刑事特情表现出或有主见，或讲义气，或有能耐，或有特长，能够在侦查对象或犯罪集团、犯罪团伙内部树立起威信。

（2）使刑事特情能够有效地获取证据，套取情报。获取证据和套取情报是刑事特情工作的根本任务。如何指挥刑事特情获取证据，套取情报是侦查人员运用刑事特情的关键和核心。指挥刑事特情获取证据、套取情报的常见策略方法有：

①指挥刑事特情用言行刺激侦查对象，促使其自我暴露。如，用事实或虚构的情节，刺激侦查对象的要害，观察其反应，从其反常现象上发现线索。

②指挥刑事特情假装顺从侦查对象的意图，引诱侦查对象暴露其犯罪计划、犯罪过程、犯罪同伙等。必要时刑事特情可以参加研究犯罪计划，选择犯罪目标，窥探犯罪线路，处理犯罪赃物等没有直接危害后果的行为。

③指挥刑事特情向侦查对象献计献策，套取有关犯罪活动的情况，或诱使侦查对象按照侦查意图活动。

④指挥刑事特情利用犯罪分子之间的矛盾，在犯罪分子之间进行离间，制造混乱，借机获取情报。使用该方法时，一方面，不宜让刑事特情制造矛盾，另一方面，要掌握和控制必要的限度。

⑤指挥刑事特情对侦查对象进行引导规劝，通过正面的说服教育，引导侦查对象投案自首。这一方法适合于犯罪后有悔罪心理或畏罪心理的初犯、偶犯，且需配合以严密的防范措施。

⑥指挥刑事特情运用公开或秘密的防范直接获取证据或比对样本。

（3）妥善地安排刑事特情撤离。妥善地安排刑事特情撤离，不引起侦查对象的怀疑，是保护特情人身安全、长远发挥刑事特情作用的前提条件。常见的方法是：

①缉捕犯罪嫌疑人时，安排刑事特情不在缉捕现场；

②安排刑事特情在缉捕现场“脱逃”，必要时，可让能侦查控制的犯罪集团或

犯罪团伙次要人员与刑事特情一起“脱逃”；

③在缉捕现场将刑事特情“抓获”后，编造刑事特情被关押的经历，或安排刑事特情“脱逃”，而实际上将刑事特情秘密转移阵地；

④在只有刑事特情和侦查对象二者活动和接触的情况下，一般不宜在刑事特情提供情况后离间抓捕，而应采取被害人指认或群众扭送等方式直接抓获犯罪嫌疑人。

2. 指挥专案特情开展侦查的几种基本方式：

(1)内线侦查。即指挥刑事特情打入到犯罪集团、犯罪团伙内部进行调查。内线侦查有两种情形。

①侦查人员选择一定条件的刑事特情打入到犯罪集团或犯罪团伙内部开展调查，这种直接打入既可以利用犯罪集团、犯罪团伙的某一成员有特定关系的刑事特情来实现，也可以通过犯罪成员特定关系的介绍，由刑事特情间接打入。

②侦查人员通过对犯罪集团、犯罪团伙成员情况的分析，选择具有一定条件的犯罪成员，将其密捕突审，在抓住把柄、启发教育的基础上，将愿意立功赎罪的犯罪成员建为特情，放回犯罪集团、犯罪团伙，配合侦查机关侦查工作。

(2)内线贴靠。内线贴靠是指在重、特大案件侦查中，尤其是重、特大的疑难案件和预谋案件的侦查中，在发现重大犯罪嫌疑对象后，指挥刑事特情主动与重大犯罪嫌疑对象进行接触，了解其有无犯罪意图，是否实施了犯罪，进而获取犯罪证据的一种特情调查方式。

(3)外围架网。外围架网是指在刑事案件发生后，在确定的侦查范围内，调动各方面的刑事特情布建成秘密调查控制的网络，收集与案件有关的线索，控制赃物，发现犯罪嫌疑人的一种特情调查方式。

外围架网主要适用于侦查影响坏、损失重、危害大的案件中，一时无明显侦查线索和重大嫌疑对象，侦查无明显进展时。外围架网的有效实施，一方面依赖于侦查人员在给刑事特情布置任务时要有明确具体的要求和方法；另一方面还要依靠其他侦查措施密切配合。

(4)狱内侦查。狱内侦查是指侦查机关适用刑事特情对已经被拘捕关押但拒不供述犯罪事实的犯罪嫌疑人在关押场所进行的调查。狱内侦查的主要目的是为了配合对犯罪嫌疑人的审讯工作。

开展狱内侦查的特情可以从多方面选择，如，侦查过程中选建的专案特、在押犯罪嫌疑人中临时选建特情以及关押场所专门的狱侦特情等。

使用刑事特情开展狱内侦查因侦查对象和环境都较为特殊，因而必须精心设计，如，为特情编造“犯罪事实”，向特情介绍侦查对象情况，特情在关押期间的表现，特情与侦查对象接触和交往的方式，紧急情况下侦查人员与特情的联络方法等，侦查人员都应全面考虑。必要时，使用特情进行狱内侦查需要采用技术侦查手段的配合。

(二)情报特情的指挥和使用

情报特情主要任务是搜集与犯罪有关的情况,如预谋犯罪的线索情报、犯罪动向的情报等。

1. 指挥和使用情报特情方法:

(1)指挥情报特情布建网点,广泛搜集情报。情报特情的使用价值在于能够广泛而有效地搜集情报,因此,指挥情报特情的首要要求就是广泛布建。侦查机关应当根据犯罪活动的规律和特点,同一规划,在犯罪分子涉足的社会各行业、各领域布建情报特情,形成一个严密的、纵横交错的情报网络。同时,情报网络中的情报特情要多方面、大范围地进行活动,对不正常商贸活动、不正常聚集活动、不正常交往活动等进行观察了解,从中发现犯罪线索。

(2)建立情报中心,定期搜集特情情报。建立情报中心是指侦查机关设计专门人员,集中掌握情报特情提供的情报线索,并对其进行分析、归纳、整理,形成情报系统。情报特情提供的情报千差万别,有的是有价值的,有些是无价值的;有些需要立即查证,有些则需要进一步搜集有关情况后才有利用价值。而这就需要设计专门机构和专门人员,对情报特情提供的每一种情况进行认真分析,评估其价值,决定其利用方法。

定期搜集特情的情报是侦查机关根据犯罪活动的规律和特点,尤其是一定时期内某一类和某几类犯罪突出的情况,指挥情报特情重点搜集某一方面的情报,为集中而有效地打击特定的犯罪服务。

(3)固定情报搜集范围,建立情报搜集点。固定情报搜集范围是指以情报特情的居住地、工作或活动区域为中心,调动情报特情在一定的范围内搜集情报。这些范围大多是犯罪活动的多发的区域。

(4)选择重点对象,直接搜集证据。不同的侦查机关有不同的工作重点对象。从搜集情报的角度而言,重点对象应当是知晓犯罪情报的有关人员,如公安机关的重点人口、城镇流动人口等。侦查人员通过情报特情选择一定的重点人口进行正面交往或侧面了解,可以直接搜集到一些与犯罪有关的情报。

2. 指挥和使用情报特情的注意事项。情报特情所搜集的情报,大多要经过加工整理或调查验证后方可利用,因此,侦查人员指挥和使用情报特情搜集情报时,要特别强调质量和效率。

(1)要求搜集情报的范围要广泛。要针对犯罪活动的规律和特点,指挥情报特情采取多种方式、运用多种渠道广泛搜集情报。凡是犯罪嫌疑人涉足的食、住、行、销、乐的场所均应布建情报特情搜集情报。

(2)要求搜集情报的速度要快捷。犯罪情报本身具有很强的时间性,尤其是预谋犯罪的情报线索时效性更强。侦查人员在指挥情报特情搜集情报时,既要强调及时发现、搜集、传递犯罪情报,又要注重对犯罪情报的快速分析和处理。

(3)要求搜集情报的质量要高。侦查人员在指挥情报特情的过程中,要及时地介绍犯罪活动的规律和特点,使情报特情的活动能够有的放矢,从而准确而又高质量地搜集情报。

(三)控制特情的指挥和使用

控制特情多被侦查机关布建于特种行业、重点地区、复杂场所等,利用其工作的方便条件发现可疑的人、事、物,进而发现犯罪嫌疑线索、防范控制犯罪。控制特情工作的岗位不同,其控制的重点和方法也不尽一致。

1. 特情行业控制特情的使用。特种行业是指旅店、旧货、修理、刻字印铸行业等,它们往往是犯罪分子落脚藏身、销赃和进行犯罪活动所要涉足的场所。

(1)根据控制特情所在的行业特点,有针对性地布置特情开展工作。如,旅店业是犯罪分子落脚藏身之处,旅店业的控制特情要利用其旅客登记、保管财物、进入客房等便利条件,观察和发现可疑的人、事、物。

(2)培养和提供特种行业控制特情的工作能力。如旅店业的控制特情应了解查验和识别证件的一般方法,要善于观察和在同旅客的谈话中发现可疑问题等。

(3)要尽量顾及特种行业的刑事特情的本职工作和经济效益。特种行业的控制特情一般都有较为固定的本职工作,因此,侦查人员在布置特情开展工作时,应考虑不要过多地占用特情的工作时间,不要影响其经济效益,必要时,可给特情一定的经济补偿。

2. 重点地区、复杂场所控制特情的使用。重点地区、复杂场所一般包括车站、码头、机场、公共电汽车、商场、娱乐场所、集贸市场、名胜古迹等,这些地方人员流动大,情况复杂,是侦查机关防范控制犯罪的重点。在重点地区和复杂场所指挥和使用的控制特情的任务是:

(1)打击扒窃犯罪。扒窃犯罪数量多,行动诡秘,手段狡猾,靠一般的公开工作难以发现和控制,而在案件高发的重点地区和复杂场所运用控制特情进行控制是行之有效的方法。控制特情打击扒窃犯罪包括两个方面的内容,一是利用控制特情工作的便利条件,在其工作的同时注意观察、发现扒窃犯罪;二是有经验的反扒控制特情在公共汽车、集贸市场等扒窃犯罪猖獗的场所开展专门的反扒行动。

(2)定点控制,发现犯罪线索。即将控制特情固定在重点地区和犯罪场所的关键部位和犯罪嫌疑人经常涉足的场所,以职业为掩护,在工作过程中观察发现犯罪嫌疑分子。

三、对刑事特情的保护

对刑事特情的保护包括对特情人员的保护和对特情工作秘密的保护两个方面。对刑事特情的保护是刑事特情工作的重要组成部分,不仅关系到特情队伍的发展和壮大,而且也是保守侦查工作秘密的基本要求。

(一)给刑事特情布置工作时要严格控制

侦查人员给刑事特情布置具体任务时,要充分考虑刑事特情的工作方式和活动范围,尤其是运用多个刑事特情侦查同一案件和同一对象时,更应严格控制,不能让彼此知晓,避免特情在工作时互相遭遇,争功斗气。

(二)与刑事特情联系时应强调隐蔽

侦查人员与刑事特情的联络方式主要有三种,即直接会面、秘密通信和电话联系。无论采用何种方式进行联系,都要特别注意隐蔽和安全。侦查人员与刑事特情的直接会面一般应安排在特情工作据点内,而不宜在侦查机关内或侦查人员和特情的居住地、工作地进行。直接会面的地点除了隐蔽安全外,还应进退方便,以备紧急情况时撤离。刑事特情使用通信方式与侦查人员联系时,要有固定保密的通信地址,而且内容要用事先约定的代号和暗语书写。

(三)查证刑事特情提供的犯罪嫌疑线索时要掌握时机,另寻借口

侦查人员在查证刑事特情提供的犯罪嫌疑人线索时,一般以个别走访的形式,以查证检举揭发线索为借口,在有关人员中进行调查核实。如果特情提供的犯罪嫌疑线索不是需要立即查证的,也可以暂缓查证,以免引起侦查对象怀疑。

在查证只有刑事特情和侦查对象二者在场的线索时,侦查人员可采用制造假象、转移视线的方法,如调查侦查对象的亲属或与侦查对象关系密切的有关人员。

(四)刑事特情有暴露危险时,要及时采取补救措施

侦查机关对有暴露危险或已经暴露的刑事特情,除已经失去使用价值的以外,一般要采取必要的补救措施,消除侦查对象和有关人员的疑虑。常见的补救措施有:

1. 在犯罪集团或犯罪团伙内部制造矛盾和混乱。侦查机关可以利用犯罪成员之间的矛盾,通过一定方式放出风声,将"泄密"的责任有意转嫁给犯罪集团或犯罪团伙的有关成员,扰乱犯罪嫌疑人的视线。但这种转嫁应掌握一个基本的前提条件,即转嫁责任后不会在犯罪集团或犯罪团伙成员间导致严重的报复行为。

2. 为刑事特情通过受过打击处理的假证明。侦查机关通过一定的审判程序,可为刑事特情提供一些虚假的受过打击处理的假文书,如拘传通知书、搜查扣押清单、释放证明等,以迷惑侦查对象。

3. 虚张声势,对刑事特情进行假关押。对一些重要的刑事特情,尤其是调查任务尚未完成,需要进一步进行狱内侦查的刑事特情,侦查机关可以借故拘留关押,虚张声势。必要时,可将对刑事特情有疑虑的犯罪嫌疑人一同拘留,在审讯时佯装信任犯罪嫌疑人,动员犯罪嫌疑人揭露刑事特情。

4. 安排刑事特情转移阵地。有暴露危险的刑事特情,若是专案特情,可以转移到其他专案上继续进行调查,若是情报特情和控制特情,可以在侦查人员的安排

下，改变其活动范围和方式。必要时，刑事特情可以暂停为侦查机关工作。

（五）及时与检察机关和法院沟通，做好在起诉和审判过程中对刑事特情的保护工作

侦查机关在利用刑事特情提供的犯罪嫌疑线索破案并侦查终结后，应及时地与检察机关和法院联系，相互协调对刑事特情的保护工作。

1. 侦查机关要主动地向检察机关和法院介绍侦查的有关情况，尤其是特情在侦查机关工作发挥的重要作用，希望检察机关和人民法院在对犯罪嫌疑人审讯和对被告人的审讯时注意保护刑事特情和侦查工作的秘密。若刑事特情作为犯罪嫌疑人和被告人被移送起诉的，则要求人民法院在定罪量刑时予以酌情考虑。

2. 刑事特情应尽量避免出庭作证。刑事特情公开出庭作证，不仅会使特情身份暴露，特情的人身安全受到威胁，而且也会泄露侦查工作的秘密。特情必须出庭作证时，应耐心做好其思想工作，争取本人同意，让其以检举人、共同犯罪人等身份出庭，并教育其在法庭上严守侦查机关秘密。

3. 将刑事特情提供的情况转化为能够在刑事诉讼中公开使用的证据形式。如，将刑事特情发现的物证转化为侦查人员通过公开搜查获取的证据，将刑事特情发现的犯罪嫌疑人线索转化为证人证言和犯罪嫌疑人的供述等。

第五节　侦查秘密据点建设

一、侦查秘密据点概述

（一）侦查秘密据点的概念

侦查秘密据点是侦查机关建立的，以某种形式为掩护的、用以控制阵地、搜集情报、发现犯罪线索和联络、接待、教育、指挥刑事特情的秘密工作处所。这以概念包括以下几层含义：

1. 侦查秘密据点是侦查机关为适应隐蔽工作的需要而建立的，只能由具有侦查权的侦查机关建立和使用。

2. 侦查秘密据点是在一定形式掩护下的秘密工作处所，它表面上可能是旅店、修理店和饭店等，实际上是为刑事特情工作服务的。

3. 侦查秘密据点是侦查机关侦查人员与刑事特情进行经常性联络的重要处所。

（二）侦查秘密据点的分类

根据其功能和作用，侦查秘密据点可分为联络据点和阵地据点两大类，前者是非营业性的，后者是营业性的。

1. 联络据点。联络据点是指专门用于接待、教育、指挥刑事特情，传递刑事特情提供的有关情报的非营业性的秘密处所。联络据点包括三种形式：

（1）固定的联络据点，即长期作为联络特情的据点，主要功能是专门用于接待刑事特情，听取汇报，布置任务等。这类据点一般建在利于隐蔽、方便出入的场所。

（2）刑事特情的情报的传递点。情报传递点的主要作用是在紧急情况下，尤其是刑事特情无法与侦查人员联系时，将刑事特情提供的重要的情报迅速传递给侦查机关。

（3）临时接头点。临时接头点一般是侦查机关侦查人员建立的短期的秘密接头处所，常常选择在便于联系、具有隐蔽条件、随身可以使用的地点。

2. 阵地据点。阵地据点是以公开营业的方式为掩护，用于接待、指挥刑事特情，传递犯罪情报，控制犯罪活动的职业化、多功能的据点。阵地据点是侦查工作社会化的需要，也是刑事特情工作经费的重要来源。

二、侦查秘密据点建设的原则

（一）保密原则

侦查秘密据点的建设必须要在各个环节强调保密。首先，侦查秘密据点的选点要注意安全，固定的、临时性的联络据点可利用繁华居住地的住宅、楼群的单元房屋，租赁旅店、招待所房间及集贸市场的临近房屋等。职业性的据点则可利用服务性行业中的饭店、旅馆、茶楼、照相馆、修理店等以公开的形式对外营业。其次，侦查秘密据点的工作人员要注意保密，除了侦查人员都不能与侦查机关有公开的工作往来关系。另外，侦查人员在侦查秘密据点内的活动要注意隐蔽，刑事特情进出据点及接头时间的安排要统筹安排，并严禁在侦查秘密据点内进行缉捕和审讯活动。

（二）适用原则

侦查秘密据点的建设应该有明确的目的。一般而言，侦查秘密据点应以阵地控制、搜集犯罪情报、教育和指挥刑事特情为主要目的，也就是说，侦查秘密据点的建设要以同犯罪作斗争为主要目的。因此，侦查秘密据点的选点和活动不能完全受市场调节的制约，过分强调盈利，既要在繁华市区、交通要道上布建，也不要忽视在偏僻的城乡结合部及其他犯罪活动频发的地区和场所建立。

（三）合法原则

侦查秘密据点不论以何种形式出现，都必须遵循国家的法律和有关的规章。一方面，经营活动要合法，尤其要遵守工商、税务、卫生、城管等方面的规定，并在法律允许的范围内与同行开展竞争。另一方面，侦查秘密据点内的所有工作人员必须严格遵守国家法律规范，发现不适合在据点内的工作人员应立即调离或清除。

（四）协调原则

侦查秘密据点，尤其是营业性的职业据点，涉及社会的许多部门和行业。侦查机关在选建和利用侦查秘密据点的过程中，在不违反保密的原则的前提下，要积极争取工商、税务、卫生、治安和城管等部门的支持和配合，如在开办时可与工商行政管理部门协调，简化办理登记注册手续。

三、侦查秘密据点的使用

侦查秘密据点功能的发挥，有赖于对侦查秘密据点的有效使用。

（一）确定专门人员管理

侦查秘密据点的建设是刑事特情工作的重要组成部分，应有专门机构和专门人员管理。由于侦查秘密据点既涉及控制犯罪、搜集犯罪情报和教育指挥特情等侦查业务问题，又涉及经营管理问题，因此，侦查机关要派出经验丰富、业务能力强、善于经验管理的侦查人员进行管理和领导。对一些重要的侦查秘密据点，侦查机关的领导要亲自参与管理工作，确保侦查机构对侦查秘密据点的有效领导。

（二）接待和指挥刑事特情

侦查人员与刑事特情的联络很多情况下都是在侦查秘密据点内进行的。侦查人员在接待刑事特情时，必须妥善安排接待时间，防止特情在据点内遭遇而相互暴露身份。几名刑事特情在执行同一任务时，一般不宜安排在同一据点内联络，也不宜将同一刑事特情安排在不同的据点内接待。对于正在考察的选建对象，一律不能带入侦查秘密据点。

侦查人员要善于利用侦查秘密据点对刑事特情进行教育考察和工作部署，并要形成经常化和制度化，最大限度地发挥侦查秘密据点的联络指挥功能。

（三）对侦查秘密据点的监督检查

由于侦查秘密据点的特殊性，因此有必要采取经常性的监督检查措施，发现和纠正侦查秘密据点建设中的各种违法违纪现象，保证侦查秘密据点的建设和沿着健康的轨道前进。侦查秘密据点的监督检查工作具体包括以下内容：

1. 侦查秘密据点的运行是否依循了侦查秘密据点建立的目的，是否能有效地完成各项具体任务。

2. 侦查秘密据点内的相关人员的行为是否规范，有无腐败现象、泄密现象和不法经营等现象。

3. 侦查秘密据点的财务制度是否健全，账目是否清楚，开支是否合理，有无贪污、侵占、挪用等现象。

第六节　刑事特情的管理

刑事特情的管理是有效地开展刑事特情工作的重要保证，其基本内容包括刑事特情专门管理机构的建立、对刑事特情的教育、考核和奖惩以及刑事特情经费管理和档案管理等。

一、刑事特情专门管理机构的建立

刑事特情工作是侦查工作中的支柱性的基础业务，必须有专门的机构、专门的人员负责管理，其主要职能包括：负责选择、吸收、指挥使用刑事特情的具体工作，如选择、吸收、使用侦查秘密据点进行阵地控制和专案侦查，及时查证各类刑事特情提供的情报线索，保护、教育、考核、指控刑事特情等；研究制订刑事特情的发展规划，逐步形成布局合理的刑事特情网络；定期和不定期地指导侦查人员对刑事特情的考核工作；做好侦查秘密据点的各项建设工作；管理特情的经费和档案；总结刑事特情工作的经验教训。

二、对刑事特情的教育、考核和奖惩

(一)对刑事特情的教育

对刑事特情的教育是刑事特情管理工作的主要组成部分，其目的是通过对刑事特情的教育，提高刑事特情的政治思想素质和业务能力，使其能更为有效地开展工作。对刑事特情的教育包括三个方面的内容：

1. 思想政策教育。思想政策教育的内容较为广泛，包括形势教育、法制教育、前途教育等。侦查人员要善于针对刑事特情的不同特点，开展生动形象、有说服力和有针对性的工作，努力提高刑事特情的政治思想素质。

2. 业务能力教育。业务能力教育旨在培养刑事特情工作能力，包括活动能力、发现和识别犯罪的能力等，它贯穿于刑事特情管理工作的始终。

3. 保密教育。刑事特情工作是一项高度保密的工作，侦查人员在对刑事特情的管理中，要重视教育刑事特情严守侦查工作的秘密，培养刑事特情的保密观念和保密意识。

(二)对刑事特情的考核

对刑事特情的考核，旨在通过对刑事特情人员的基本状况和素质的调查了解，分析、研究和解决刑事特情工作中的问题，保证刑事特情队伍的纯洁和发展壮大。

对刑事特情的考核是一项经常性的工作，涉及的内容较为广泛，如刑事特情报告的情况是否属实，刑事特情在工作过程中是否遵守有关的规章和保密的规定等。

对刑事特情进行考核的方法也多种多样，如，通过刑事特情定期或不定期地汇

报工作进行考核，通过侧面调查进行考核，通过外线进行考核等。具体的考核方法可以根据考核对象的具体情况和考核内容确定。

对刑事特情的考核一方面要注意保密，尽可能地不让刑事特情察觉，另一方面要掌握原则，发现问题及时处理。考核中要本着加强教育，严肃纪律，及时调整和整顿的原则，采取慎重而又实事求是的态度，对发现的问题进行妥善的处理。

（三）对刑事特情的奖惩

对刑事特情奖惩的主要目的是调动刑事特情工作的积极性，纯洁刑事特情的队伍。

1. 对刑事特情的奖励。根据公安部颁布的《刑事特情工作细则》，具有下列情形之一的，对刑事特情给予表扬或物质奖励：

（1）打入犯罪集团、犯罪团伙内部，破案有功的；

（2）获取犯罪证据，破案有功的；

（3）发现重要线索，抓获重要犯罪分子的；

（4）遇有犯罪分子行凶、逃跑或强制刑事特情共同犯罪等紧急情况，能机警灵活，处置得当，有效完成任务的；

（5）积极工作、遵守纪律、服从指挥，做出成绩的。

对刑事特情的奖励要及时进行，奖励的大小要依据一定的标准与特情的成绩相当，同时，要把物质奖励和精神奖励有机地结合起来。

2. 对刑事特情的处罚。根据公安部颁布的《刑事特情工作细则》的规定，具有下列情形之一的，应分别对刑事特情给予批评、教育、警告直至追究法律责任：

（1）阳奉阴违，虚报情况的；

（2）假公济私，招摇撞骗的；

（3）擅自行动或暴露秘密的；

（4）违法犯罪或包庇犯罪的；

（5）捏造事实，陷害他人的；

（6）勾结犯罪分子制造假象，企图将侦查引入歧途的；

（7）诱人犯罪或策划犯罪的。

对刑事特情的处罚一方面要掌握时机，刑事特情的问题一经查实，要立即做出处罚决定，以防造成新的伤害；另一方面，要考虑刑事特情行为的原因和动机，做出的处罚要合理而适度，要将惩罚和教育紧密结合起来。

三、刑事特情工作的经费管理和档案管理

（一）刑事特情工作的经费管理

刑事特情工作的经费的主要来源包括侦查机关的刑事特情工作的专项经费和刑事特情职业据点的盈利。其开支范围具体是刑事特情的固定报酬、生活补贴、奖

励、活动费用和伤残特情的抚恤费用等。

对刑事特情工作的经费管理中，要建立严格的审查制度，凡属重大开支，要经侦查机关领导集体研究决定。同时，对刑事特情工作经费的开支项目要逐项登记。

（二）刑事特情工作的档案管理

刑事特情档案是反映刑事特情工作状况和个人情况的一种考核登记，是刑事特情活动和工作的全部记载，包括刑事特情个人档案、刑事特情工作档案和侦查秘密据点档案。

刑事特情个人档案是从选建特情到使用刑事特情的全过程中，刑事特情个人材料的积累，具体内容有特情对象呈批表、特情选建阶段的调查和考核材料、特情人员奖惩登记表、刑事特情关系转移材料等。

刑事特情工作档案是刑事特情在工作过程中所获得的各方面材料的积累，具体内容有刑事特情提供的情报材料及刑事特情的工作成绩和过失情况的记载。

侦查秘密据点档案是对据点工作情况的原始记录，分联络据点档案和职业据点档案两种。联络据点档案的内容有申请建立据点的报告及批复、建立使用时间记录、据点工作人员登记表、接待特情次数记录、工作情况总结报告及上级指示、据点撤销时间及原因记录等。职业据点档案内容有申请建立的报告及上级的批复、批准经营的营业执照手续、据点的固定资产和地产证明、经营盈亏情况、侦查活动中有关情况的记录、工作报告、据点撤销时间和原因记录。

刑事特情档案由领导刑事特情的侦查人员负责建立，由所属侦查机关专门人员集中管理。刑事特情档案属绝密材料，对其管理要严格遵循有关保密规定。

问题与研究

1. 刑事特情与公安机关其他秘密辅助力量之间的区别。
2. 刑事特情在使用中存在哪些限制因素？
3. 刑事特情的指挥和使用要点。

阅读文献

1. 刘方权：《法治视野下的强制侦查》，中国人民公安大学出版社 2004 年版。
2. 艾明：《秘密侦查制度研究》，中国检察出版社 2006 年版。
3. 英·鲁伯特·巴特勒：《图说盖世太保》，马玉凤等译，辽宁教育出版社 1998 年版。
4. 杨开湘：《刑事诉讼与隐私权保护的关系研究》，中国法制出版社 2006 年版。
5. 陆江：《技术、理性、制度与社会发展》，南京大学出版社 2000 年版。
6. 杨宇冠：《非法证据排除规则》，中国人民公安大学出版社 2002 年版。
7. 崔敏：《刑事诉讼与证据运用》，中国人民公安大学出版社 2005 年版。
8. [美]谢利：《犯罪与现代化》，何秉松译，中信出版社 2002 年版。

9. [美]阿丽塔·L. 艾伦、理查德·C. 托克音顿:《美国隐私法——学说、判例和立法》,冯建妹译,中国民主法制出版社 2004 年版。

复习题

1. 刑事特情的历史渊源。
2. 情报特情如何指挥和使用?
3. 如何对刑事特情进行保护?
4. 如何对刑事特情进行管理?
5. 刑事特情的运用是否会冲击社会普通群众之间人与人的相互信任感?

第十五章　外线侦查

本章要点

本章主要论述了外线侦查的概念与特征、刑事外线侦查的任务及其重要性；论述了跟踪盯梢、守候监视、秘密逮捕、化装侦查、秘密拍照和秘密摄影等外线侦查手段的主要内容与实施方法。

第一节　外线侦查的性质和任务

一、外线侦查的概念

所谓外线侦查，是相对于刑事内线侦查而言的，它是侦查人员以掌握侦查对象的外部活动情况和获取犯罪证据为目的，对侦查对象进行直接观察、监视、控制的一种侦查手段。主要是采用跟踪盯梢、守候监视、秘密拍照和录像等以户外活动为主的方式，对重大复杂案件的犯罪嫌疑人的外部活动等，进行秘密侦查、监视、控制的一种特殊侦查活动。

刑事外线侦查在刑事侦查中占有重要地位，凡是需要通过专案专办的重大、特大刑事案件，一般都离不开外线侦查。刑事侦查实践证明，只有把公开调查与秘密侦查、外线侦查与内线侦查紧密结合起来，才能有效地侦破刑事大案、要案和疑难案件。其重要性表现在：

1. 在一定条件的配合下，外线侦查往往可以有效控制侦查对象，发现扩大线索，甄别证实情况，直接获取证据，捕获犯罪嫌疑人。因此，刑事外线侦查是其他一些侦查措施所不能取代的重要侦查手段。外线侦查的实施必须从侦查工作的实际出发，使自己的活动服从于案件侦查，服务于案件侦查。

2. 刑事外线侦查有其特定的侦查对象。外线侦查措施只能用于侦查重大犯罪分子和重大犯罪嫌疑人，不能用于人民内部，更不能用于党内搞跟踪监视。对与重大犯罪有关联的其他人员使用这项措施时，也必须十分慎重，不能随意扩大使用范围，要由有关机关批准并由具有侦查权的单位和人员进行。

3. 刑事外线侦查必须保证其隐蔽斗争的秘密性质。在任何情况下，都不得泄露国家机密。要在“依靠群众，抓住战机，积极侦查，及时破案”的刑侦工作方针指导下，严格遵守“严密控制、积极侦查，内紧外松，不露形迹”的外线侦查工作原则，这一原则，一方面要求我们坚持专门工作与群众路线相结合，利用公开合法的形式，把外线侦查掩护在群众之中，力求使之社会化、大众化，更便于我们进行侦查活动；另一方面，则要求我们保守工作秘密，不暴露侦查手段，不惊动侦查对象，始终掌握主动权，隐蔽而巧妙地发现犯罪线索，获取证据，打击犯罪。

二、刑事外线侦查的特点

外线侦查是一项尖锐复杂的打击犯罪的斗争措施。它的主要特点是：

（一）极大的行动性

侦查目标主要是靠侦查人员户外活动来控制和打击的。外线侦查并不排除监视、控制和打击犯罪分子在室内的活动。但对于侦查人员而言，这种侦查活动，主要还是在户外进行的，因此，这种户外活动，就得主要靠侦查人员的行动来完成，刑事犯罪分子现行作案时，侦查人员根据侦查工作的需要就地将其捕获；发现犯罪嫌疑人销赃、接头、预谋等活动，侦查员要做出相应的行动反应，有时还可能发生搏斗。因此，外线侦查除了跟踪、守候这些行动以外，还要根据情况，适当采取打击现行、秘密逮捕等进攻性行动。这种行动性侦查特点，就要求侦查人员反应灵敏、机智勇敢、当机立断。善于应变。

（二）相对的被动性

侦查行动受侦查对象活动的制约。外线侦查的工作方式是围绕着侦查对象的活动进行的。外线侦查人员严密监视、控制侦查对象，必须紧随其后，毫不放松，“敌停我停，敌动我随，敌逃我追，敌隐我控”，这是外线侦查的基本活动方式。这从形式上看似乎是“被动”的，但通过这种紧追不舍的活动，能够主动地发现敌情，扩大线索，获取证据，打击犯罪，从而有效地发挥外线侦查这项措施所固有的积极作用

（三）具有相当的艰苦性

外线侦查有时进行的时间较长，有时遇有恶劣气候，侦查人员的衣、食、住等条件有时也会十分艰苦，外线侦查工作环境条件的艰苦性，使侦查人员经常处于流动、紧张、疲劳的状态。加之外线侦查装备、交通和通信工具不足，就更增加外线人员的工作难度，这就要求外线人员要克服困难，艰苦战斗，不怕牺牲，坚持完成任务。

（四）严格的保密性

外线侦查是在秘密的形式下进行的，必须严格保密。这是发挥外线侦查工作作用的首要条件。外线侦查只能用于严重刑事犯罪嫌疑人或重大犯罪嫌疑人，不

能随意扩大使用范围，并严格执行审批手续。

三、刑事外线侦查的任务

对犯罪嫌疑人进行外线侦查，可能是出于多种目的和理由。但是，归根结底，要达到一个基本目的：收集各种资料、材料和证据。刑事外线侦查可能是出于以下目的：获取情报或挖掘线索；获取已经发生案件的犯罪证据或观察正在进行的犯罪活动；核实情报提供者的可靠性及情报的真实性；根据预定目的进行初步搜查；监视恐怖分子、重大犯罪嫌疑人的行踪和活动；确认侦查对象的习惯，例如常去的地方，经常拜访的同事或工作地点；为要求有关部门批准进行搜查或逮捕，提供一个基本的理由；进一步证实侦查对象的行踪；对某个人施加精神压力，迫使他通过变换会见地点、经常光顾的公共场所以及某些时间的工作地点，来改变生活作风；制止即将进行的犯罪活动；对犯罪密谋或交易进行观察；确定出某个人在何时、何地可以得到秘密资料；确定出某个人通过会谈、提问或者是个人的理解，所能够得到的情报资料或信息线索；获取照片，因为照片在许多情况下都是极为有用的证据，例如非法买卖、毒品交易或其他欺诈、绑架勒索等活动；确认并/或者核实对象的身份，以及/或者与对象的联系的人、对象的同伙的身份；等等。外线侦查的具体任务如下：

1. 根据侦查工作的需要，在一定时期内严密监视、控制侦查对象的行踪，查清其活动规律，发现和扩大侦查线索。

2. 协助物色建立进行内线侦查的特情人员；对已打入犯罪组织内部的特情进行考核。

3. 查证内线、技术侦查、预审等工作发现的情报和线索。

4. 根据侦查工作的需要，对侦查对象实施秘密搜查、秘密拍照、秘密录像和秘密取证等措施。

5. 对特定的侦查对象执行秘密逮捕。

6. 根据侦查工作的需要对特定对象实施守候监视，捉拿现行犯罪嫌疑人。

7. 根据其他侦查措施获得的情报，发现和获取犯罪活动证据。

8. 对重大预谋犯罪嫌疑人，进行监视控制，防止其实施犯罪。

四、加强刑事外线侦查的重要性

随着同刑事犯罪作斗争的发展，侦查刑事案件越来越多地运用外线侦查手段，在很多情况下，外线侦查与特情耳目、侦查技术、刑事科学技术鉴定、审讯等工作密切结合起来，就能更有效地侦查破案。因此，刑侦部门加强刑事外线的业务建设是十分必要的。对外线侦查工作加强具体领导，深入实际斗争，及时总结刑事外线工作经验，给予侦查员有力的指导教育，是刑侦部门领导干部的责任。加强刑事外线侦查的建设，其措施如下：

（一）建立相应的专业班子

根据各地不同情况，采取不同办法。大城市可设外线队、组，中小城市可设外线组或外线专门人员。建立的外线队伍要求短小精干，并配备必要的密拍、监视、微型录音、隐蔽式通讯机等技术侦查器材。

（二）加强具体指导

侦查领导干部要掌握案件的第一手材料，在侦查实践中教育提高外线侦查员的业务水平，同时也提高自己指挥外线侦查的能力。重要案件要领导亲自组织指挥外线活动。布置工作要明确具体，还要交代工作方法，周到地分析可能遇到的各种情况，研究出应付处理的原则和对策。熟悉外线侦查员的性格、特长和政治品质，恰当地布置任务，充分调动外线侦查员的积极性。

（三）加强外线侦查的训练

外线工作要求高，任务艰巨，需要加强思想教育，以培养侦查员吃苦耐劳、坚持不懈的顽强精神。侦查员和侦查对象是直接地进行秘密斗争，要求具备隐蔽自己的技巧，监视侦查对象的能力，敏锐识别的眼光，冷静果断的头脑和熟练的侦查技能，这就要通过各种形式进行业务训练，提高外线侦查工作水平。

（四）加强据点建设

外线侦查工作任务较多的大市，应从本地情况和特点出发，结合特情秘密据点的建设，可通盘考虑秘密据点的建设规划，为外线侦查活动提供指挥、接力、落脚的方便条件。

第二节 跟踪盯梢

一、跟踪盯梢的概念、任务和原则

（一）跟踪盯梢的概念

跟踪盯梢，从词义上理解，它是由“跟踪”和“盯梢”两个并列的偏正词组组成的一个概念。“跟踪”是指紧紧跟随在后面（追赶、监视）；“盯梢”也作“钉梢”，是指暗中跟在后面（监视人的行动）。跟踪盯梢，作为刑事侦查的一个名词术语，“跟”和“盯（钉）”体现了侦查员控制某一事物或现象的行为，并在行动中秘密进行；“踪”和“梢”则指侦查员控制的目标或对象，它可以是犯罪嫌疑人，也可以是与犯罪活动有关的其他人、事、物。因此，所谓跟踪盯梢，是侦查人员以运动的方式，对侦查对象进行秘密观察，监视犯罪嫌疑人、重大犯罪分子的行踪，控制掌握其外部活动，以获取线索或证据的一种侦查手段和方法。

（二）跟踪盯梢的任务

它的具体任务是：

1. 控制、掌握犯罪嫌疑人或侦查目标外出活动的动态及规律，通过监视其外部活动，证实案情；

2. 发现与侦查目标和其他与案件有直接或间接关系的人员，扩大侦查线索；

3. 控制赃物的转移、变卖、销毁，获取物证或发现与物证有关的情况，防止毁灭罪证；

4. 缉拿连续犯罪的现行犯和通缉在案的犯罪分子，发现并制止新的犯罪；

5. 通过对犯罪活动进行秘密拍照、秘密录像、录音等手段，获取证据；

6. 配合内线侦查传递情报，物色、考核耳目特情的工作及查证其报告的材料；

7. 证实侦查中各种情报线索（如检举、报告、口供、调查摸底材料）的可靠性，辨别真伪；

8. 执行秘密逮捕。

（三）跟踪盯梢的原则

跟踪盯梢是一项难度很大的工作，必须遵守严密控制，积极侦查，不露形迹的工作原则。

1. 严守秘密，严格审批原则

跟踪盯梢是秘密侦查手段，必须经县以上公安机关领导或相当于这一级别刑侦部门领导审批方可实施。办理审批手续，只能用于对重大犯罪嫌疑人的侦查，严禁滥用。

2. 积极侦查

要求侦查员以主动进攻的精神，发现情况，扩大线索，获取证据，及时破案。

3. 不露形迹原则

所谓“不露形迹”即“不丢不露”，是指侦查人员在跟踪盯梢过程中，要做到既不脱梢，又不暴露，从而顺利完成侦查任务。对于大多数情况而言，跟踪盯梢主要是监测犯罪嫌疑人及有关的人、事、物是否存在犯罪事实，或是犯罪的组织联络，最终要达到弄清情况，获取证据，证实或否定犯罪的目的。因此，从这个意义上说，跟踪盯梢的结果有其不确定性，保持对侦查对象的控制能力，又使其觉察不到侦查机关的监视行动，乃是跟踪盯梢的最佳结果。

跟踪盯梢在一般情况下，以能监视目标活动不暴露自己和不脱梢为原则，这样才能发现犯罪情况，揭露犯罪活动。发现犯罪情况，以不暴露自己为前提，如果露梢丢梢，就达不到外线侦查的工作目的。相反，只求不露不丢，而不能发现犯罪活动，那就失去外线侦查的意义。但是，由于跟踪盯梢过程中可能发生意想不到的情况，加之不同案情条件下的跟踪盯梢任务亦有所不同，因此，在坚持“不丢不露”的总的跟踪原则的情况下，在执行任务的过程中，亦要灵活应用，必要时“宁丢不露”

或“宁露不丢”。为此,要求侦查员的行动必须机智灵活,大胆谨慎。指挥员要随时研究案情变化的特点,及时了解工作情况,适时调配力量,加以有力指导,在不得已的情况下对“丢”和“露”作取舍时,要充分权衡“丢”和“露”在具体案件中的利弊,具体情况具体分析,不可“一刀切”,要服从当时、当地及具体案情的需要作出决策。

二、跟踪盯梢的准备工作

跟踪盯梢前要做好准备工作,这是做好跟踪盯梢工作的基础,不可忽视。跟踪盯梢前应该做好以下准备:

(一)熟悉案情,明确任务

所有担负跟踪任务的侦查人员,都必须通过案情介绍及阅读案件材料,了解及掌握案情和侦查对象的有关情况,以明确跟踪的任务,做到心中有数。要了解案件性质,主要案件情节,跟踪对象与案件的关系等。具体内容包括:侦查对象的姓名(全名、别名及绰号,如果担任有公职,则应记录下他的职务及所在部门的名称)、地址(过去、现在、住家及工作的地址)、外貌特征、家庭及亲属情况、社会交往关系、性格和气质、恶习(吸毒、酗酒、赌博等)、嗜好、受教育状况、职业和专长。在此基础上明确每个侦查员的具体跟踪任务和要求,并详细制定跟踪盯梢的实施计划,估计跟踪盯梢中可能出现的情况,设计好各种应急的处置方案。

(二)组织力量,确定跟踪人员

根据案情所确定的跟踪盯梢任务、目标的人数和他们的具体情况,选择相应数量的侦查员,编好小组,明确分工,安排好主梢、副梢,并做好战前动员工作。跟踪一个目标,一般以二至四名侦查人员为宜,侦查员人手少了容易脱梢;人多了又容易暴露。因此,有二至四人就可以随机处理发生的问题和发现的新情况。

跟踪盯梢的工作特点,要求跟踪人员必须具备优良的素质:(1)身高、体态、相貌、年龄和性别适宜,没有特殊体貌特征;(2)高度的责任感和敬业精神;(3)良好的身体、心理、智力和业务素质;(4)具有一定的跟踪盯梢和反跟踪的技能、技巧以及驾驶技能。

(三)进行必要的物质准备

要按跟踪盯梢的不同方式和不同场所的需要准备好所需物质。如照相机最好是微型的,带广角望远镜头,及录音机、望远镜、无线电对讲机、各种车辆等。使用的所有器材和设备均应经过检查,保证性能可靠,并分发到每个侦查人员手中,侦查人员应备有急需的服装,携带足够的现金以购买食品、车船票,及使用公用电话等所需的零钞和硬币,以免等候找钱。携带两三支钢笔或铅笔,袖珍笔记本、监视日记等。同时,侦查员一定不能带有任何会暴露其真实身份的物品,一定不能在其身上发现警察证章或证件。手枪或其他武器只可在与侦查人员所述背景相适应的情况下方能携带。

(四)认识跟踪盯梢对象

要对跟踪对象进行识别,准确识别侦查对象,是跟踪人员在跟踪前最重要的准备。识别跟踪对象就是要牢记其不变的特征,特别是特殊特征,注意可变特征;认识跟踪对象,应首先观看照片认人,然后看人。看人时必须由远及近,远观身材、步态、姿势、衣着;近看外貌、面目特征。特别是要熟悉侦查对象的背面特征和走路的姿态,因为侦查人员是在侦查对象的背后进行跟踪监视的,如果对侦查对象的背部特征把握不住,就有可能在跟踪盯梢时丢梢。认识对象时侦查人员要自然大方,切忌慌张直观或指指点点。注意沉着冷静,安全保密;几个侦查人员要在不同地点进行识别,识别时要求看得清、认得准、记得牢,动作快。

(五)选择好监视点,规定好联络暗语

进行跟踪盯梢任务的侦查人员还应该了解工作地区和范围的有关情况,如果他要假扮该地区过去的老住户,就应该完全熟悉该地区及附近的详细情况,具体包括:仔细研究地图(街区地图可提供这个地区的总的布局和特点,该地区的边缘地带也应该包括在研究范围之内)、民族和宗教背景(可以从居民或基层公安机关那里了解到居民的主要种族特点)、交通情况(应该了解地面交通路线、地下铁道线路及交通运输时刻表)、公共事业(了解该地区的水、电、气及其他公用事业的现状,有助于建立技术监视据点),在此基础上选择监视点。监视点一般选择在目标住处和其经常活动的地区、场所周围,其作用有二:一是秘密监控侦查对象目标;二是与跟踪的侦查人员进行联络,包括与主梢、副梢之间的联络。所有的联络都应该以代号和暗语、手势进行。

(六)做好身份伪装

化装是为了适应跟踪环境,掩护自己,麻痹侦查对象,顺利完成跟踪任务的一种侦查技术。化装时应注意以下要求:

1. 化装要求本着因人因地制宜,适应环境的原则进行。

2. 要根据跟踪的具体目标,地点环境等情况,决定以什么身份化装,以能够掩护自己。

3. 做到身心一致,表里一致。要熟悉所化装身份的职业习惯:行业知识、举止风度,符合所化装身份;在语言上,要掌握职业行话,流行口语,地方口语以及犯罪隐语等;在外表上,衣着打扮,携带物品,使用的交通工具,都须与化装的身份相一致。

4. 做到社会化、多样化。要求侦查员化装时既要适合社会潮流,又要体现所化身份职业特色;同一个小组侦查员化装的身份要多样,装束、携带物品,交通工具等都不要千篇一律。

三、跟踪梢位的种类及跟踪方式

（一）梢的名称及跟踪盯梢中常见的名词术语

外线侦查中的“梢”，是指参与跟踪盯梢的侦查主体。根据任务的不同，梢的名称和种类有以下几种：

1. 主梢。距侦查对象之间的距离较近，监控位置较佳，承担主要跟踪监视任务的侦查员。侦查员与侦查对象间的距离，可根据不同情况而定，但必须保证使侦查对象始终在视线之内，其任务主要是直接监视，伺机靠近侦查对象。

2. 副梢。距侦查对象的距离较远或监控位置不佳，主要起辅助跟踪作用的侦查员，服从主梢的指挥。

3. 机动梢。位置相对较灵活和不确定，主要起联络、策应作用的侦查员。

在跟踪过程中，一般情况下，主梢、副梢和机动梢由相对固定的侦查员担任，各负其责，互相配合，但也可以根据具体情况互相交换位置。在跟踪盯梢过程中可能还会出现以下几种情况：

1. 照面。是指侦查人员在跟踪过程中与侦查对象发生正面接触，给侦查对象留下了印象。根据印象深浅，分为一般照面和严重照面。一般情况下，照面不影响跟踪盯梢的继续进行，但侦查人员应尽量避免再次发生照面，以免引起侦查对象的注意，发生暴露现象。

2. 惊动侦查对象。是指侦查人员在跟踪时引起侦查对象的警觉和注意，但侦查人员的跟踪盯梢行为仍未被对象证实。发生“惊敌”现象后，要根据案情需要考虑更换侦查人员继续进行跟踪。

3. 暴露。是指侦查对象已发现或证实了我侦查人员的跟踪盯梢活动。发生“暴露”后，要根据跟踪盯梢的原则，结合具体案情，按事先制定的预案紧急处理，或主动甩梢，或宁露不丢。

4. 脱梢。是指由于各种主客观原因，我方侦查员没能跟上侦查对象，从而失去了对侦查对象的控制。它是跟踪盯梢过程中侦查人员的被动行为。

5. 甩梢。是指侦查人员在跟踪过程中由于发生“照面”、“惊敌”或其他原因，侦查对象有明显的试探。测梢活动，继续跟踪可能造成严重后果，根据具体案情，主动放弃跟踪的行为。

（二）梢位的种类

侦查人员对既定目标进行跟踪盯梢时所处的地位和角度称为梢，或梢位。通常情况下，梢位的种类可分正梢、侧后梢、前后梢、三角梢等几种。各个梢位的主要任务是：

1. 正梢。位于侦查对象身后进行跟踪。它是跟踪盯梢过程中侦查人员的主动行为。这种梢一般由一名侦查员担任，又称单线跟踪，其最大难度是跟踪技术。

2. 侧后梢。位于侦查对象侧后边，在与侦查对象侧面略后的平行位置上进行跟踪监视。这种梢一般由二名侦查员担任，又称双线跟踪。

3. 前后梢又称交换梢，一种情况是由两名侦查员分别在侦查目标的侧前方和侧后方进行跟踪监视，另一种情况是在侦查对象的正前方、正后方分别布署侦查员进行跟踪的方式。这两种情况下，前后梢根据情况可以掉换行走位置，进行有效的跟踪监视，因此，也称为复线跟踪。

4. 三角梢也称多人跟踪。由三名或三名以上的侦查员按三角位置跟踪同一目标，并在进行中不断变换三角位置，形成交叉布置的跟踪形式。三名侦查员分别为主梢、副梢和机动梢。三角式梢位可分为：(1)正后侧后三角梢；(2)正后侧前三角梢；(3)侧后正前三角梢；(4)侧后侧前三角梢；(5)前后梢加侧后梢三角梢；(6)前后梢加侧前梢三角梢；(7)正后加侧前后三角梢，等等。这些都是极为重要的跟踪方式。

由三名以上侦查人员跟踪时，要组成战斗小组，并有明确分工。如果跟踪监视时间较长或监视行动引起了侦查对象的怀疑，担任主梢和副梢的侦查员随时换位，并要担负起换位后各自梢位的职责。副梢往往还担任指挥联络或机动的任务。担任指挥任务时，应位于跟踪队形的中部，处于通观全局的地位，负责沟通情况，前后联系，进行现场指挥；当担任机动安全梢时，负责安全检查，注意其他跟随的嫌疑人，防止“反跟踪”并配合主梢完成跟踪任务。

（三）跟踪的方法

跟踪的形式主要有三种：一是直接跟踪，就是直接对侦查对象进行监视控制；二是间接跟踪，就是不直接跟踪侦查，而是通过跟踪与侦查对象有直接紧密联系的家属、亲友、其他关系人或有关物品的监视控制去发现侦查对象；三是指示跟踪，就是选派侦查员以某种身份和借口，正面接触侦查对象借以指示、联络隐蔽的侦查员进行跟踪。

跟踪的方式很多，归纳起来，大体可分为以下几种：

1. 尾随跟踪。这是一种经常运用的基本跟踪形式，即由两名侦查员分别在侦查目标的背后和侧后面进行监视控制，主梢的位置一般在目标的正后面，负责监视控制并伺机贴近目标观察了解情况；副梢的位置一般在目标和主梢的后面的侧后位，有时也可以与目标平行，但要保持一定的距离，负责指挥联络和机动安全。当然也可以根据案情侦查需要确定梢位，进行跟踪监视。

2. 交换跟踪。就是主梢、副梢、机动梢互相轮换位置并相应变换职责，进行监视控制。交换跟踪可以有效地掩蔽侦查员的跟踪活动不被目标发觉。如在徒步跟踪时，为不致引起侦查对象怀疑，对正副梢的位置和各侦查小组之间应适时进行替换，车辆跟踪时，可以经常掉换车辆位置和更换车型、车种、车的颜色等，交替跟踪。

3. 分段接力跟踪。根据侦查对象的活动规律，以及将要前往的地区、场所，安排若干侦查员预先埋伏在其必经的道路、场所附近，分段接力进行跟踪监视。接力跟踪在某种程度上也是一种交换跟踪的形式，但与交换跟踪的突发性相比，它更具有计划性和阶段性，通常在实施跟踪之前，根据跟踪路线、距离，对接力跟踪的时间、地点以及组成人员作出计划和准备。由于侦查对象活动的范围广，并且行动频繁，在实施接力跟踪时除考虑侦查员的工作负担因素外，还应该考虑避免因接力跟踪时间过长产生惊动侦查对象或暴露等危险。

4. 迂回跟踪。根据侦查对象活动规律，以及地形、地物等条件，在遇有不利于尾随跟踪的地段时，侦查员可以采用迂回方式先行包抄的方法进行跟踪监视和控制。迂回跟踪是尾随跟踪、接力跟踪、交换跟踪等跟踪方法的综合运用。当侦查员对跟踪对象、跟踪路线及周围环境较为熟悉，有比较好的通信设备，跟踪人员足够的特定环境下采用这种跟踪方法。

上述各种形式既可单独运用，又可根据需要混合或交替运用；必要时还可以采用公秘结合，内外结合的方式进行跟踪监视。所谓公秘结合，就是采用巡逻、执勤、岗哨等公开形式和秘密跟踪相结合。所谓内外结合，就是侦查人员或派出特情打入侦查对象（犯罪集团）内部，策应配合外线跟踪。总之，只有采取适应案情和侦查对象各种情况的跟踪方式，才能达到跟踪侦查的目的。

四、跟踪的具体方法

跟踪的方法是根据跟踪对象的活动范围及其所使用的交通工具而确定的。根据跟踪对象的活动范围，跟踪有城镇、野外、农村和交通要道四种不同的方法；根据跟踪对象所使用的交通工具，跟踪有徒步、自行车、汽车和公共交通工具四种不同的方法。下面简要介绍一些具体方法：

（一）徒步跟踪

徒步跟踪的方法，主要适用于城镇比较繁华的市区、街道、公共场所。跟踪中侦查员与目标之间的距离和所选择的位置极为重要，有时是决定跟踪成败的关键。距离小或选位不当，就易被目标发觉而暴露，距离过大在人群密集处或转弯处又易脱梢。确定跟踪的距离和位置，要根据不同对象、地形环境等决定跟踪距离，以能看到目标的活动，不会失去对象的行踪，又不被目标发现或察觉才算合适。所取位置与视线成斜线，以不脱离视线范围为原则。同时，还要根据目标的身高所处的场地而定，目标身材高大者距离宜远跟，矮个宜近；从场地看，人多拥挤的闹市区距离宜近跟（5—19 公尺），偏僻人少的地方和平阔地区宜远跟（10—20 公尺），且须跟随侧行；十字路口或有一定坡度的地方及娱乐场所、茶馆、酒楼宜近跟（5—8 公尺），在转弯及小巷交错处，应比一般更近且需快步跟踪；对付特别狡猾的侦查对象则宜相距稍远，且须侧旁而行，作斜视跟踪，要特别防范其脱梢或反盯梢。总之，要按照“繁跟紧，疏跟远，不繁不疏靠近点，狡猾罪犯要防范”的要求进行。

侦查员主副梢之间的距离和位量，一般应保持 5—10 公尺为宜，且不要站在一条直线上，要保持不同程度的斜线，并根据不同的场合，随时调整。

1. 城市街道跟踪。城市街道跟踪比较复杂，有繁华的闹市区，也有一般的街巷和里弄，街巷的宽窄不一，过往行人、车辆不等。所以，确定跟踪梢位与跟踪对象之间的距离就要因地制宜，及时调整。其主要方法是“近跟远吊，拐弯抢角”。所谓“近跟”就是在人稠、车多的闹市地段，利用人群和车辆作掩护，适当缩小距离进行“近跟”。“远吊”，就是在马路较宽广人稀少的地段，拉大距离，采用迂回堵截，主副梢随时换位等方式进行远距离控制。“拐弯抢角”是在接近十字路口和拐弯处时，副梢要首先抢到交通十字路口的某一角上，进行监视观察。采取上述三法，与街道地形，对象的活动特点和狡猾程度有关，总之，远近要适度，以不被对象察觉而又有利于监视控制其活动为标准。

街道跟踪可能会遇到以下几种情况：

(1)行进间目标拐弯。这时主梢应态度自然地迅速跟进到路口，提防目标在拐弯处窥探，如确有窥探行为，主梢要自然通过，不可惊慌或停留，并及时向副梢发出信号，副梢应迅速跟上观察。如果主梢拐过街面时，发现目标站立没有向前行进，两个人就会面面相对，这时只要侦查员没有什么不妥的举动，目标也未发现跟踪者，侦查员就应当漫不经心地走过去。然后在情况允许时，再回到目标身后，重新回到自己的监视位置上。当拐弯处失去目标时，主梢要沉着冷静，根据目标行走的速度和环境条件，判断目标可能走出的距离，决定守候范围严密控制。

(2)行进间目标突然停留或返回，主梢无法回避时，应自然通过，切忌慌忙或东躲西藏，同时给副梢发出信号，交换位置。

(3)行走间如遇目标停留与人谈话，主梢应利用现场环境设法隐蔽自己，观察动态，认准谈话人特征。如有可能应贴近倾听其谈话内容，必要时亦可进行秘密拍照和秘密录音。

(4)目标进入死胡同，主梢如了解地理环境，可不跟人，选择有利地形守候。如不了解，主梢可跟进搞清目标去向后，迅速撤出，不可在胡同内徘徊停留，由副梢在附近监视。如发现目标从胡同内返回，主梢应采取适当方式掩护，不可马上转身，待目标走远后与副梢交换位置再行跟踪。

如果遇到侦查目标转弯时，可以采用多人监视小组(称 A—B—C 方法)进行跟踪，侦查员可以利用对象每次转弯的时候，不慌不忙地轮换各人的位置，而无须顾虑对象是否不转弯而要停下来。

2. 公共复杂场所跟踪。公共场所情况复杂，应根据其特点采取相应的跟踪方法。

(1)当目标进入商店、商场和集市时的跟踪。商店、商场和集市贸易市场，一般是过道狭窄，人多拥挤，橱窗、壁镜、试衣试帽镜等反光器具较多。因此，侦查员应该全部跟入，可采用前后梢、三角梢进行尾随、交换、迂回等方法跟踪。跟踪距离必须适中，距离过大易脱梢，过小又易打照面，梢位布置必须合理。也可选择较高的地段、楼层占据有利地形进行监视控制。

当侦查对象进入小店铺时，侦查员一般不要跟入，可在外面观察监视。中型商店又有两个以上门的，可由一部分侦查员从不同的门尾随跟入，其余人员分别在可能出口进行守候。对于出入口多，多楼层的大型商店（场）、贸易市场，除留少数侦查人员在出口守候外，多数人则可尾随跟入，分楼层控制，前引后跟，侧面尾随。

（2）当目标进入较大的饭店、酒店、茶社时的跟踪。这类场所有大有小，人员多寡悬殊，往往是侦查对象用以进餐、饮食或进行接头会面的场所之一。侦查对象如果进入营业规模较大，顾客较多而又有可供我侦查人员隐蔽条件的饭店、酒馆和茶社，应由一、两名侦查员跟进，在目标的侧后面选择避开对象视线的有利位置就近进行监视，其他人员在外面守候。侦查目标进入较小的餐馆、饭店时，侦查人员一般不要跟进，可在附近选择便于观察的地点进行室外监视。待过一定时间后，借故进入，作短暂观察后随即退出。当发现侦查对象聚众会餐时，我们也要派侦查员以就餐为掩护进行监视。

（3）当目标进入邮局、银行和储蓄所时的跟踪。这些场所是侦查对象投邮信件、寄取包裹和汇取现金所经常出入的场所。而且这些场所多数是空间较小，人员较少，不利掩护，跟踪难度较大，根据案情要求，必须采用跟踪盯梢手段时，当侦查对象进入这些场所的时候，侦查人员应设法创造条件，由一人或二人跟进，其余人在出口处守候。跟进后要以顾客身份，如假装写信、拟写电文、购卖邮票、填写存款单等方法进行掩护，严密监视侦查对象活动。

（4）当目标进入旅馆、宾馆、旅行社、客栈等场所时的跟踪。这些场所规模不等，设施华简不同，来往人员身份各异，有上层社会人员出入，也有平民百姓投宿住店。侦查对象往往到这些场所栖身，或与同伙会面，或销售转移赃物。当侦查对象进入中小型旅店、客栈时，侦查人员应适时跟进少数人，以会客找人或住宿登记为掩护，对侦查对象进行监视，其余人则在出口处守候，实行两道"封锁线"防止溜掉。在旅店内部侦查时，还要依靠保安员和积极分子协助。当侦查对象进入某房间时，可请服务员以倒水、打扫卫生等名义进入室内协助搞清侦查目标的活动情况。如果侦查对象进入大型宾馆、旅行社，侦查员要经过简易化装，选择身份适合出入此宾馆的"客人"装束。如果侦查对象已经登记住宿了，应弄清所住房间号和居住人数等。必要时在旅社（馆）内租借房间设点监视，或派侦查员装扮旅客插住其房间或附近的房间，掌握其活动情况。对象外出时，要及时通知外面守候的侦查人员跟踪。

（5）当目标进入影剧院等文化娱乐场所时的跟踪。文化娱乐场所，主要指电影院、剧场、文化宫、俱乐部、舞场、游艺馆（场）、说书馆、体育馆（场）、游泳馆（池）、滑冰场等场所。这类场所由于出口分散，人多拥挤，因此，极易发生脱梢漏控现象，侦查对象进入这种场所后，一般也应有部分侦查员跟进，在目标侧后方选择适当位置进行监视,同时与外面守候的方法相结合进行控制。在电影、戏剧、节目开演,场内灯光暗下来时,要特别注意仔细观察对象的动态及其接触人员。如侦查对象离座,主梢侦查员一般也应尾随监视,以防失控或中途退场溜掉。在场内还要东张西望、来回穿行,应密切注视目标动态,散场时要紧随目标身后,防止脱梢。如是游艺场所或舞场,侦查员也可以下场游戏或跳舞,靠近侦查对象,进行监视或窃听其与谈话人之间的谈话内容;散场前,侧位梢必须提前出场,在出口处“等候”。随对象同时退场的主梢要紧跟其后,避免被人挡住,造成失控。

(6)当目标进入公园、名胜古迹、游乐场所等游览观光场所时的跟踪。这类场所一般范围较大、地形复杂、服务性的摊位商贩较多,游人观众络绎不绝等有利掩护跟踪的条件较多,侦查员应该全部进入在目标前后左右进行监视控制,可用灵活多变的方法进行跟踪监视。此时可以化装跟踪,如装扮青年伴侣、外地游人、叫卖商贩,或园艺、管理人员进行跟踪监视。在游人稀少、地点偏僻的角落和其他不易接近侦查对象的情况下,应迂回包围,侦查员可以扮成清洁工等为掩护靠近观察或采取登高观望的方法进行监视控制(必要时可借助望远镜观察)。当侦查对象走出游览场所出口时,守候在出口的侦查员要格外注意,如果发现主梢尚未跟随上来。应立即尾随跟踪,防止因脱梢造成失控。

(7)当目标进入洗理场所时的跟踪。所谓洗理场所,就是指浴池、理发店或二者兼营的场所(包括住客浴池)。侦查对象往往利用这些场所更换衣服或修饰容貌,甚至改变面貌特征。所以,侦查对象进入洗理场所时,一般正梢要尾随跟入。其余副梢在出口处选择地点进行守候监视。正梢需要借助洗理进行掩护时,要做到简单迅速。

(二)车辆跟踪

随着社会的发展,人类用以行走的代步工具——各种车辆,被越来越多的人所拥有,而且种类繁多,质量也不断提高。根据侦查工作的需要,不仅侦破盗窃案件需要车辆跟踪,当侦查对象利用车辆犯罪或利用车辆进行其他活动时,需要流动监视,这就必须进行车辆跟踪。随着社会的不断发展和人民生活水平的提高,车辆跟踪还成为流动监视手段的重要组成部分。这里主要讲自行车跟踪和汽车跟踪两种形式。其具体方法分述如下:

1. 自行车跟踪。自行车现在已成为我国城乡人民极为普通的代步工具。它具有行动自由方便,路面适应性强的特点。这样,自行车跟踪就成为流动监视手段的主要组成部分,也是侦查人员的一项基本功。自行车跟踪的梢位,往往以尾随、前后梢相跟踪较多。在跟踪前,侦查人员不但要熟识侦查对象的特征,而且还要熟识所骑的自行车特征(后架、尾灯形状、车铃声响等)。

侦查员应备有快速、轻便、质量好的自行车。多人进行跟踪时车的种类(牌号)要多样,外形不要特殊,侦查员体质要好,骑车的技术要熟练,跟踪时,主梢起车要快。一是尾随方向要准,二要与副梢保持联系。其余侦查员拉开距离相继而出,不可蜂拥而出。在街上正常行进中,主梢和侦查对象之间可夹杂一二辆无关的自行车(以能够监视到对象行为为准),与副梢保持一定距离,鱼贯前进。有时也可与无关人员或另一侦查员并行前进。进入人车稠密街段,应及时缩短距离,当行至铁路道口和设有交通岗位的交叉路口时,主梢要跟上,必要时可先于对象通过,由副梢接替主梢,以防被火车或交通信号挡住,或在转弯时因地形复杂而丢梢。跟踪进入行人(自行车)稀少的小巷内,梢位之间要拉开距离,副梢迂回到小巷前方路口守候,待机出动。使用微型无线电话(对讲机)保持联系。不能只顾不脱梢一拥而上,以免使我方侦查人员在侦查对象面前全部暴露。在夜间,自行车跟踪难度较大,尤其在小巷内跟踪更为困难。夜间巷内跟踪要和侦查对象缩短车距,两个侦查员可以并骑,采取边行进边谈话的形式。当侦查对象弃车步行时,侦查员应改换为徒步跟踪,或只跟人,或跟人、守车辆两者兼顾,但以跟人为主,以免侦查对象施展"金蝉脱壳"伎俩逃掉。

2. 汽车跟踪。汽车跟踪是流动监视的重要手段,而且难度较大。其特点是:速度快、活动范围大,途中所遇的情况复杂;跟踪监视的车辆目标大,不易隐蔽;近易暴露,远易脱梢,为保证跟踪监视工作顺利完成任务,跟踪前必须作好如下准备:

(1)熟识记准侦查对象的车型、颜色、牌号和喇叭声响、尾灯形状颜色或可辨别的图案以及油箱容量、公里耗油量和时速等情况;侦查对象如是自己开车,还要掌握其驾驶技术的熟练程度。

(2)根据对象情况,确定跟踪用车和选定驾驶员。跟踪车的种类、颜色牌号要社会化,并保证各项性能良好。驾驶员或侦查员要熟悉跟踪区域交通线路及沿途交通岗、加油站、修配厂(部)的地点:驾驶员要有高超熟练的驾驶技术和准确的预测应变能力。

(3)侦查员要在车内安装先进的通信设备,配备望远镜、无线电话(电台)等观测、通信设备,并保证效能良好;备有必要的化装用品和服装、食品、饮料等。

汽车跟踪基本上分为单车跟踪、双车跟踪和多车跟踪三种形式。其各种形式的具体方法是:

①单车跟踪。单车完成监视控制和不脱梢的双重任务,大大增多了侦查对象发现跟踪车辆的机会。单枪匹马的跟踪监视车,必须利用一切可以利用的掩体使自己处在对象后方视野之外。在交通拥挤情况下,监视人必须紧跟对象,否则就有丢掉侦查对象的危险。在车辆稀少的路段和乡村大马路上,跟踪车和侦查对象车之间必须保持较大的距离。

在单车跟踪过程中,当侦查对象车拐过街角或停车后,跟踪车内的侦查员可以下车去找到一个监视点,观察监视侦查对象的行动情况。适时给司机指定方向的信号,随时做好超车的准备。起车的时机要适度,早了容易被侦查对象察觉,迟了会造成脱梢。

②双车跟踪。用两辆以上的汽车跟踪比单车跟踪更为灵活有效。双车跟踪过程中,通常由最先接近侦查对象的一辆车或紧跟在侦查对象车后的车辆承担指挥任务。“指挥车”通过无线电话指挥其他跟踪监视车,并传递情报。跟踪期间,为防止目标车反侦查或暴露,主梢、副梢车位应当适时交换位置。双车跟踪最好运用蛙跳式跟踪方式,将目标车夹在两车的中间,以防在十字路口或交叉路口上丢梢。

③多车跟踪 。使用三辆或三辆以上跟踪监视车辆,能够更多地组成平行线,发挥更大的监视作用。用三辆车跟踪具有更大的机动灵活性,同时还可以用来对付意想不到的情况。跟踪车的位置能够得到更经常的掉换。其方法是:将一辆或两辆跟踪车可以置于侦查对象车的前面,通过后视镜监视侦查对象。二是如遇有特殊情况,主梢车可以超过目标车改道回避,由后一辆副梢车或机动车接替主梢车,待行驶一段路程以后,再寻机调整,恢复原位。三是在开阔的路段,三辆跟踪车应时常换位,以免引起目标怀疑。四是在市区交叉路口,为防止目标车闯红灯进行反跟踪,可事先通知机动梢位车在附近的另一条相同方向的街道上与侦查对象车保持平行行驶,以便提前到达交叉路口,守候在目标车通过或拐弯时充当副梢角色。五是在一段较长的路程上跟踪时,为防止主梢车因跟得太久而引起目标怀疑,应与其他跟踪车辆换位跟踪。

3. 公共汽车跟踪。当目标乘坐公共汽车时,侦查人员也应随车跟踪,但最好采用车上车下相结合的跟踪方式,即车上有人监控目标,车下有小汽车或自行车等跟车接应。上车跟踪的侦查员上车前要注意观察目标的动静,判断其是否真要上车。一般要待目标上车后再登车,但要特别注意目标在车门关闭前的最后时刻,看到在他身后还有人要登车时,当即快速下车的情况。如果这种情况发生,侦查员可赶到下一站等候下一趟车,因目标极大可能在下一趟车上。侦查人员应与目标异门上车。上车后应找一个便于监视目标和方便下车的位置,但不要与目标对坐或同排坐,要避免与目标对视,在车内不可高声闲聊或走动;下车后,不可立即紧跟目标,而应拉开一定距离进行跟踪监视,或由接应的侦察人员接替跟踪。

4. 徒步车船混合跟踪。这种方法就是徒步跟踪和汽车跟踪同时并举,主要是为适应观察对象行动特点而运用的。如有的对象出外活动时,可能是步行或骑自行车,中途又改乘公共电汽车、出租车或轮渡,有时还能开车出来,到某一地点将车放在停车场而徒步活动,为此,侦查人员必须做好多种形式的跟踪准备。侦查对象先是徒步行走,有时突然登车或上船。跟踪人员应迅速缩短距离,防止被对象甩掉而脱梢。侦查对象乘车(船)时,我侦查人员可以采取车(船)内外相配合的方式跟踪。即部分侦查员上车监视控制对象在车上的活动,部分侦查员则利用自行车、摩托车、小汽车进行尾随跟踪,准备替换或接应,尾随侦查对象上车的方法,应采用异门上下,同上不同下、同下不同上或异站上下等方法。

在车、船上，要选择侦查对象的背后或同侧，或隐蔽在便于控制车门和下车（船）方便的位置进行监控，一旦对象突然上下车（船），我们来不及上下时，不可硬上硬下，可由车外副梢设法赶到下一车站、码头，在下一站上下车船，以防被对象察觉，到站（码头）下车（船）时，一定要顾及在车下的侦查员是否跟上。车外跟踪距离，远近要适当，以到站乘客下车均能在我视线之内为宜。对乘公共电汽车（船）的侦查对象进行远距离跟踪，或者车上乘客过少，或者对象中途换车，车内外侦查员都要适时更换，切忌一跟到底。

如果侦查对象由徒步改乘出租汽车时，应到出租车调查室询问调度人员或有关管理人员，搞清侦查对象乘出租车所要到达的终点，然后按其所行路线用汽车跟踪；如果侦查对象中途叫停出租（特别是个体出租），跟踪时汽车应尾随其后跟踪。

（三）长途跟踪

长途跟踪，多是针对重大的流窜作案、走私贩毒、投机倒把、杀人、爆炸等犯罪案件的特点，而进行的跟踪。它的特点是：路途远、跟踪时间长，远离单位和领导，人地生疏等。这种跟踪一般应由两名以上侦查员进行，事先应周密设计跟踪方案和准备各种必需的物质，途中要随时与有关公安机关取得联系，并得到有关方面的配合和协助。要严密监视控制侦查对象行踪、动态，特别是车船进站、靠岸上下旅客时，要特别注意监视控制，防止侦查对象乘人多拥挤下车下船脱梢，注意发现侦查对象所接触的可疑人员，严防其转赃或毁赃灭迹，到达侦查对象要去的目的地之后，侦查人员要立即与当地侦查部门取得联系。请求接梢。交梢时要做到交得准、交得稳，对侦查对象的体貌特征，活动规律及简要案情要向接梢人交代清楚，交梢时切忌用手指点，表情要自然；为让接梢人进一步识别对象的特征，要陪同接梢人继续跟踪一段路程，证明准确无误时才能正式交接。如果因某种情况未能及时与当地侦查部门联系上，或当地刑侦部门因故无人接梢，或按接梢地点未能接到等情况，应继续跟踪。侦查对象到其落脚点，然后再继续与当地刑侦部门联系接梢。长途跟踪由于所乘交通工具不同，其具体方法也各不相同，下面分别介绍如下。

1. 在火车和轮船上跟踪。在我国，火车和轮船是长途旅行的主要交通工具，也是我们侦查人员的主要跟踪场所。侦查过程中，发现侦查对象已经购买了外出的车（船）票时，要尽可能查清起程日期、车（船）次、车（船）座号、铺位和所要抵达的地点等情况，并事先和当地侦查部门取得联系，预期接梢。如预先未能搞准有关情况，要严密控制车站、码头及可能进入口，防止失控。一旦发现对象外出，要在检票口、车（船）上通过乘警、服务人员协助查清。

列车启动、轮船起锚，车（船）上的跟踪即告开始，车（船）上跟踪，侦查员人数与侦查对象的人数一般以“二比一”为宜，即二名侦查员跟踪一个侦查对象。其中一名侦查员与侦查对象同厢同船，选好便于监视的铺位，以利观察。另一人则在直接的车厢、船舱负责监视对象离开本车厢、船舱所进行的活动。同车厢、同船舱的侦查员不要随侦查对象来回窜动。在停车、停船侦查对象临时下车、下船时，另一车厢、船舱的侦查员可随旅客下车（船），在下边负责监视，同车厢、船舱的侦查员要作好随时下车（船）准备，一旦侦查对象突然离开车站、码头，即刻下车（船）尾随跟踪。必要时，与侦查对象同车厢、同船舱的侦查员可与他结友同行。攀谈中要善于随机应变，要多听少说。到达目的地后，另一车厢、船舱的侦查员应抢先下车、船，与当地刑侦部门接梢的同志接头，或与当地刑侦部门联系交梢。

2. 在飞机上跟踪。飞机跟踪，一般是在非常必要或条件允许的情况下，派侦查人员化装成旅客对侦查对象进行同机监视。起飞前要通过机场售票处查清侦查对象所抵达地点，并用电报、电话通知飞机到达地的侦查部门接梢。或事先与民航保卫部门联系，飞行上由他们协助监控，到达目的地后由当地侦查部门接梢继续控制。

3. 在长途汽车上跟踪。长途汽车往往是旅客通过铁路、轮船、飞机等交通工具向边远地区延伸的代步工具，它多是远行在城镇与偏远山乡之间，其特点是，行程远，有的可能跨越不同的民族聚居地区，途中停站多，车内旅客定员，侦查员难以掩护。不论是车上监视还是车下跟踪难度都很大。基于上述特点，长途汽车跟踪，一般应采取同车伴随监视，途中接替（派侦查员在前边站等候上车，将原同车监视的侦查员替换下来）和先遣预伏相结合的方法。途中侦查对象如在城镇下车，侦查员可下车徒步跟踪；如在农村下车，应设法搞清其落脚点。

（四）农村地区跟踪

农村的特点是，地广人稀，村落分散。村民之间，村与村之间，互相了解，外人进村很引人注意。尤其是平原地区或小型村庄跟踪，极易惊动侦查对象和暴露侦查员身份，这是跟踪的不利条件。但是群众工作基础好，基层组织和积极分子对村民都了如指掌，这是控制侦查对象的有利条件。因此，在农村进行跟踪要从实际情况出发，应采用跟踪和定点控制相结合，以控制为主的方法。具体方法是：

1. 远吊眺望与分段预伏接力相结合。侦查员可充分利用地形地物掩护自己，远吊眺望，适距尾随，如此逐段接替，或前后远距离夹梢进行跟踪。

2. 结伴同行。这一方法必须在十分需要而且具有有利条件的情况下方可使用。即由一名侦查员装扮成公出办事或走亲访友的模样，编造合情合理的理由，与侦查对象“结伴同行”，其余侦查员远跟于后，同行侦查员按照编造理由的去处要和侦查对象所到地点有所差异，当行至需要分手处适时分手，余下任务由后面尾随的侦查员设法完成。

3. 徒步和自行车配合跟踪。当侦查对象途中搭乘某种车辆时，徒步跟踪的侦查员又没有见到后边有车辆经过可以利用，这时骑自行车的侦查员就要发挥其作用，尾随车辆进行跟踪监视。徒步侦查员应设法拦车赶上或超过侦查对象所乘车辆，遇有转弯或岔道时下车守候接梢。

4. 预伏跟踪，以静观动。如果事先掌握侦查对象所去农村某地，应派侦查员先行到达。请求基层党政组织（乡、村领导）协助，做好监控准备工作，张网以待。监控网必须严密，向基层干部、群众布置任务要明确、具体，共同商议监控方法，同时要搞好保密教育。

5. 设卡堵截，事后调查。侦查员临时跟踪过程中也必须提高警惕，特别是在深夜的偏僻区段，更要做好随时战斗的准备。一旦出现情况，要沉着机智，设法麻痹对方，及时请示汇报。如果侦查对象已露出杀机，要果断处理，先斩后奏，防止意外事件发生。

五、对脱梢、反盯梢的处置

重大的刑事犯罪分子，大多是狡猾的惯犯，他们总是千方百计地逃避侦查部门的跟踪监视，他们或者摆脱盯梢，或者进行反盯梢。侦查人员应该知道一些普通的、常见的规避跟踪盯梢的伎俩。

（一）侦查目标检测跟踪、反盯梢的伎俩

1. 侦查目标在行进中，利用拐弯、买东西、系鞋带、看广告、参观商店橱窗和使用公用电话等机会，窥视其前后左右有无跟踪人员。

2. 侦查目标行走在狭窄偏僻小巷或行人稀少的街道时，突然折返，发现我跟踪人员。

3. 犯罪集团的主犯，往往利用其同伙，使用“丢车保帅”、“投石问路”和“声东击西”的方法，诱骗我跟踪人员。

4. 乘坐车、船的侦查目标，采取变换车厢、座位，下车（船）时，有的趁人多拥挤之机，抢先出站，有的不立即下车（船）或不立即离开车站、港口，要观察无佯后再行离开。

5. 利用家属、同伙在高处眺望、尾随或预伏观察，达到测梢的目的。或者在街道徒步进行时，利用人多拥挤的有利条件，在人群中静观或徘徊，观察有无神态异常者，并通过在人群中的流动移位，以发现有无自己行动相应者。

6. 认准目标、异地证实。当侦查对象怀疑被跟踪盯梢时，常常会记住所怀疑跟踪者的衣着体貌特征，变换地点和场所，观察跟踪者是否再度出现，从而证实是否被人跟踪。

（二）对脱梢、反盯梢的处置方法

1. 如侦查目标已察觉对其跟踪，企图摆脱时，侦查人员应毫不迟疑地进行主、副梢换位，以迷惑目标。同时，向指挥员报告，请示处理办法。指挥员应迅即决定继续跟踪，还是放弃跟踪。如需要继续跟踪应派人员接替。已经暴露的侦查人员，应根据当时的具体情况，判明目标意图，改变跟踪方式，避免再次暴露。

2. 侦查目标已经摆脱了盯梢，侦查人员切勿慌张，应冷静地根据脱梢地点、时间和目标的活动规律，设法寻找。同时，报告指挥员派人前往目标住所或经常出没的场所、交通要道、车站、码头等处寻找和堵截。

3. 侦查人员如发现侦查目标对我进行反盯梢，要设法摆脱。如企图寻隙挑衅，进行谋害时，务必镇静、沉着采取坚决措施后发制人。通常可采取以下措施：(1)已被反盯梢的侦查员要迅速与其他梢位取得联系，快速进入人多拥挤的公共场所，或某机关单位摆脱反盯梢者；(2)向指挥员报告，要求派员支援，并继续监视其活动，待支援人员赶到时交梢退出；(3)将计就计，将反盯梢的侦查目标引诱至适当地点，制造借口，将其扭送就近地区派出所审查，以获取材料和证据；(4)如侦查目标要流氓手段挑衅，应坚决回击，以群众名义将其扭送派出所或群防组织审查处理；(5)如侦查目标对侦查人员进行谋害，应予还击，以现行犯扭送公安机关处理；(6)如侦查目标利用其同伙对我进行反盯梢，可以采取移花接木的办法，由被反盯梢的侦查员将其引诱调开，其他侦查员继续跟踪主犯；(7)对有现行破坏的侦查目标，宁可暴露，不可丢梢，待机而动，抓获现行。

六、跟踪盯梢中应注意的问题

1. 无论采取哪种跟踪方式进行跟踪，无论处于何种梢位侦查员都要牢记目标的特征，集中精神，高度警惕，密切注视对象的行动。为防止意外，应佩带武器。

2. 及时打击现行犯罪。在跟踪盯梢中如发现侦查对象实施谋杀、纵火、爆炸、抢劫、强奸妇女等现行重大犯罪行为，应当挺身而出立即予以制止，将其现行捕获。

3. 必要时预先办理有关法律手续，如搜查证等，以便在发现对象转移、藏匿赃证或对某一场所需紧急搜查时采取公开措施获取证据。

4. 要增强工作责任心，克服不耐烦情绪，同时要避免“出”则慌张，“行”则三五成群。“停”则交头接耳，“攻”则一拥而上，要做到有层次、有攻防、有保护。

第三节　守候监视

一、守候监视的概念及目标

（一）守候监视的概念

守候监视，就是侦查人员在侦查对象的住宅、经常出入的场所以及可能进行隐身藏赃、接头联络或实施现行犯罪和与案件有关的区域场所周围，选择隐蔽地点，设立秘密监视点对侦查对象进行监视控制的一种侦查方法。

守候和跟踪监视一样，也是刑事外线侦查的重要组成部分，如果说跟踪盯梢着重于动中监控，则守候监视强调静中观察，动静结合，形成了刑事外线侦查的基本特点。

（二）守候监视的目标

最常见的守候目标包括：

1. 对住所的守候。住所守候包括侦查对象住处，临时落脚点，同案犯住处和案犯有关亲朋住所的守候。通过守候发现和控制侦查对象的来往接触人员，是否转移、销售赃物，以及掩藏、毁灭证据，密捕侦查对象或堵截捕获通缉案犯等。

2. 对侦查对象预谋或实施犯罪地点的守候。已掌握侦查对象预谋在某地进行谋害人命、抢劫、盗窃财物、爆炸破坏某种设施等犯罪活动，以及在某一区域范围内连续发生某种案件，在这种情况下，就需要在这些地方守候监视，以保证国家和人民生命财产安全，打击预谋犯罪和现行抓获罪犯。

3. 对地下赌场、舞场、色情场所和走私交易场所的守候。通过守候，发现侦查对象所挥霍的赃款、赃物和作案罪证，以及这些场所发生的犯罪活动。

4. 对非法交易市场（黑市）、信托寄卖场所和隐藏某案赃物的场所（地点）的守候。通过守候可以达到以人找物，或以物找人，查破案件的目的，有时还可以人赃俱获。

5. 各种临时性守候。主要是为了配合跟踪监视，考核打入犯罪组织的内线特情人员的行动表现等。

（三）守候监视的任务

1. 控制、掌握侦查目标外出活动的规律特点；

2. 发现并监控与侦查目标来往的关系人，证实犯罪和扩大侦查线索，发现可疑人员；

3. 根据犯罪分子作案的规律特点，在其可能继续进行犯罪活动的地区和场所进行预伏守候，捕捉现行犯，保护可能被侵害的目标；

4. 配合内线侦查及时传递有关犯罪的情报信息和线索，考核特情的工作及查证其报告材料的真实性；配合跟踪盯梢，进行秘密拍照、录像和监听，及时发现侦查对象转移、毁灭证据的行为，并采取有效措施做到人赃俱获；

5. 缉拿连续犯罪的现行犯，秘密捕获通缉在案的在逃犯罪嫌疑人或犯罪分子。

二、守候监视的准备

守候是一种比较艰苦的和战斗性很强的工作，它通常是兼有侦查和逮捕两大重任，因此，切不可仓促上阵，事前必须做好充分准备。准备工作包括：

（一）组织精干力量，明确分工

执行守候监视任务，特别执行上述前三项任务，必须挑选精干的侦查员担任，明确分工，把具体任务落实到每个侦查人员身上。布置任务要具体并充分估计到各种可能出现的情况，周密地制定应变的对策，做到统一思想，统一行动，听从命令，服从指挥，临场不乱，各自保证完成任务。

（二）熟悉案情，掌握侦查对象的情况

对监视控制或准备逮捕的对象，必须明确监视的作用，事先熟悉案情，了解对象有关情况，包括：侦查对象的相貌特征、身体和着装打扮，日常活动的规律特点，有无凶器、凶器种类，监视地点的地理位置、周围环境、房屋结构、出入路线、交通状况等情况做到心中有数，因人施策，防患于未然。

（三）实地观察场所，选择好监视点

实施守候前，对守候住（处）所，及其周围环境、公共电汽车的发收车间，交通情况、住（场）所出人口、窗户等进行调查了解，必要时应到实地进行勘察，做到因地布设监视点和相应配备守候人数。守候人员还应考虑到当地群众的生活习惯和穿着特点，进行相应的化装，并根据守候点周围可以利用的掩护条件进行各种职业化装（如扮作小商贩、商店服务员、修鞋匠、修车工人、邮递员、房、水、电收费人员等）进行掩护，以便采取外围守候和深入侦查双管齐下的战术，主动有效地完成守候任务。

（四）拟定全体守候人员工作时间表

要确定侦查员监视小组的班次和换班时间；并根据具体情况尽量少换班次，换班的次数越多，越容易暴露目标。并确定好进点守候监视的名义，规定好通信联络的方式和暗语手势。

（五）准备好必要的物资准备

包括：枪支（特种武器、麻醉枪、催泪弹等）、望远镜、夜视镜、照相机、无线电台、电话（对讲机）、各种所需车辆等，以及必要的防弹装备（头盔、防弹背心）等。并做好用前检查，确保性能良好。在特殊情况下，应备有一定数量的食品、饮料和卫生用品等。

三、守候监视点的选择和守候监视的方法

（一）守候监视点的选择

能否发挥监视的作用，关键在于守候点的选择。选择守候监视点，应当遵循既隐蔽又适宜观察、监视、控制侦查目标的活动，既能出击，又能堵截，既保密又安全的原则，选择“就近”、“现成”的地点。根据案情、侦查目标的特点、守候监视的任务、守候场所以及周围环境等具体情况选择就近地点，或选在单位或在居民家中。要得到单位和有关群众的协助，做到安全保密。同时还要考虑到各种可能情况发生时可供利用的种种条件。建立监视点要求做到“合情合理”，不露破绽，特别是长期监视点，以免引起他人尤其是侦查对象的怀疑。所谓“合情”，是指选择监视点从租借、入住或开业等再到开始动作、活动，都必须符合当时当地的环境及行业规律、特点，必要时，要取得当地政府及有关部门的密切配合。所谓“合理”是指要办理各种合法手续，有案可查，以免被侦查对象看出破绽，或者被群众怀疑，产生不良议论而惊动侦查对象。通常使用的守候点有三种：

1. 专用守候点。这种守候点建在交通要道，复杂地区、复杂场所附近，用来发现监视流窜犯罪、走私、贩毒、拐骗、贩卖人口的犯罪活动和线索，以及配合跟踪时使用。这种守候点是固定的，带有职业据点的性质。

2. 临时守候点。这种守候点是根据一个具体案件侦查的需要，为了监视某一个或几个侦查对象而设立的。它既可以固定在某个地点，也可以流动于一定的范围，进行监视守候。这种守候点设在侦查对象住处附近，或利用机关、商店，也可以选择居民住宅，或者在联系人的掩护下，以探亲访友之名，选在与目标同一个院落、同一层楼房的群众家中。如果采用巡查守候可以流动商贩、修理家具电器、三轮车、出租车等作为掩护。

3. 眺望守候点。这种守候点主要是因受监视环境所限，不宜选择临近目标往处选点监视的，可在距被监视处所一定距离的路口或制高点设点，对侦查对象的住地和人员来往，通过眺望进行观察监视。这种守候往往与巡查守候相结合使用。

（二）守候监视方法

守候监视的方法要根据侦查对象的具体情况及任务等因素因案、因人、因地、因时而定。

1. 定点守候，就是在侦查对象的住处或落脚点，建立固定的守候点，以静观动，对侦查对象的活动进行监视控制的方法。侦查员利用某种身份作掩护，专门监视侦查目标的活动情况、外出活动规律、带进带出的物品以及与其接触联系的人员、发现和扩大侦查线索，有时在守候过程中，还要进行秘密拍照、秘密录像和窃听。其具体方法：一种是由侦查员直接进点监视。负责监视工作的侦查员在衣着打扮、说话口音、携带物品等方面要与化装的身份相符合。定点守候人员要固定，不宜随意调换，还要严守秘密，如果暴露，监视点就不能继续使用，应选择新的监视点，从原点撤出的侦查员不得进新的监视点继续进行监视。负责进点监视的侦查员只负责完成监视任务，不得参与其他侦查活动。另一种是通过群众或特情耳目监视侦查目标的行动。这种方法主要因无法设点或侦查员不好选择掩护的身份而采取的。使用这种方法要仔细向群众或特情交代具体任务和完成任务的方法及应注意的事项，并确定好联络的方法。这种方法也称间接守候或内线守候。如果根据案情，需要较长时间的守候监视，而且侦查对象的住处又具备定点守候条件，一般应在侦查对象的同院、同楼，选择监视点；派侦查员化装借居在群众家中，或以合法名义迁入公房或“换房”、“借房居住”等进入固定地点监视。

2. 伏击守候，主要是指为了保护可能被犯罪分子侵害的目标，或在犯罪分子经常活动的场所或连续发生同类案件的地区，选择隐蔽守候点，由侦查员埋伏守候，捕捉现行犯罪分子的守候方法。其打击和制止犯罪的目的性较强。这种守候是根据案件的特点，估计罪犯可能进行的活动而采用的。如在罪犯可能销赃的场所进行守候，以发现赃物；在犯罪分子可能藏匿赃物、罪证的处所进行守候，以当场捕捉，人赃俱获；或者犯罪人要挟被害人家属按约会地点交款“赎票”的地点，强奸犯罪人约定被害人再行“赴约”的约会地点；或者在犯罪分子可能会面联络、转交物品、证据的地点进行守候抓获罪犯；有时针对一个地区案件发生的情况和犯罪人连续犯罪的特点（如盗窃、抢劫、强奸案件），侦查机关在一定地区内设若干隐蔽守候点，分散把住各个通道要口，进行观察控制，发现和捕捉现行犯罪分子，采用这种方法守候，伏击圈要适当扩大一些，统一指挥，规定好联络的方法和统一行动的信号，使犯罪分子不能乘隙漏网。

3. 拘捕守候，是对已经批准拘捕的犯罪嫌疑人，因侦查工作的需要不宜采用公开方式拘捕，而由侦查员隐蔽在目标住所周围，待其返回或外出时予以拘捕，或通过对已拘捕案犯的处所守候，发现新的问题、线索及拘捕来此进行联系的同案犯。这种守候拘捕犯罪嫌疑人或逃犯的目的性较强。一般情况下，拘捕对象比较明确，拘捕地点也比较清楚，如知道犯罪嫌疑人何时何地聚会，或知道其何时经过何地，因而选择合适时机将其拘捕归案。

这种守候有两种形式：一是捕人后的守候，为扩大线索，发现同案犯、查明犯罪分子是否以暗号（记）与同案犯联系等情况，捕人后留下侦查员守候；二是守候捕人，一种情况是抓捕犯罪人或捕获通缉对象，在犯罪人和通缉对象可能到达、逗留、出现的处所进行守候，一旦发现，立即出击逮捕；另一种情况是为侦查或破案的需要而进行的密捕守候。

4. 寻查守候，又称活动性守候，是在侦查对象或犯罪分子出没活动、落脚藏身的地点不宜采用定点守候的方法时，由侦查员化装成流动商贩和其他社会性职业人员，进行巡查守候，以掌握侦查对象的活动或捕捉在逃案犯的一种侦查方式。常用于追捕犯罪嫌疑人，有时也用在公共复杂场所，通过在人群中秘密巡查，及时捕获现行犯罪分子。有较强的追寻犯罪分子的目的性。寻查守候有以下几种方式：（1）以人找人。即利用被害人对作案分子的相貌印象很深，或根据被害人所描述的作案分子特征，只要见面就能认出的条件，侦查人员带领被害人，到作案分子可能出没、活动的场所、路线上进行守候，寻找发现犯罪分子踪迹。（2）以物找人。利用犯罪现场遗留物的特定来源，守候观察，发现犯罪分子线索。（3）以照片找人。即根据通缉通报上所粘贴的通缉对象照片和文字描绘的特征，在车站码头，可能落脚的社会关系处守候，堵截抓获通缉对象。

四、守候监视应注意的问题

守候监视是一项较艰苦的工作，担任守候任务的侦查员应该注意以下事项：

（一）严格遵守纪律

守候人员要保守工作机密，不得擅离工作岗位，严禁将非守候人员带进守候点，不准在守候点内喝酒聊天，夜里吸烟时应当将烟头的火光遮掩住。切忌频繁出入守候监视点，两名以上守候人员，在守候现场上不准时聚时散，以防侦查对象透过门窗发现或外出时迎头照面，露出破绽。

（二）要有坚韧顽强的毅力和吃苦耐劳的精神

由于守候工作时间长、比较单调，有时候条件还比较艰苦，因此，担任守候任务的侦查员，必须要具有坚强的毅力和不怕苦、不怕累、不怕麻烦的精神，不管什么情况都要坚持不懈，精力集中，密切注意周围动静，并警惕犯罪分子利用关系人到守候监视点进行试探和对侦查员进行反侦查。

（三）选择好掩护身份，搞好群众关系

侦查员进住守候监视点时，其举止行为必须端正大方，态度坦然自若，与化装后的职业身份必须神、形一致；所穿着的服装要社会化、多样化、适应时俗。如果居住在群众家中，侦查员应该搞好群众关系，尊重群众风俗习惯，取得群众支持，以便更好地掩护自己。

（四）注意安全，随时汇报情况

对在守候中发现的犯罪嫌疑人和其他可疑人员，要报告指挥人员，根据不同情况分别处理。对有被害人在场的各种守候或拘捕，要绝对保护被害人的安全，严防侦查对象挟持其为人质，以此拒捕，潜逃和加害被害人。

（五）防止麻痹和厌战情绪

守候监视是一项艰苦工作，需要守候人员能吃苦、有耐心。守候的时间有长有短，不要因时间过长而松懈警惕或有厌战情绪，往往因为一时疏忽，造成前功尽弃。有时还会在酷暑、严寒、风雪雷雨等条件下守候，这就要求侦查人员克服困难，坚持到底，所以，要加强对侦查员关于坚持就是胜利和遵守纪律方面的教育，始终保持旺盛的斗志。

第四节　秘 密 逮 捕

一、秘密逮捕的任务

（一）秘密逮捕的概念

秘密逮捕是根据侦查破案需要，对重大犯罪集团或团伙中的某个成员采取秘密拘押、突击审讯，以查清集团（团伙）内幕，为实施某些侦查措施创造条件，或直接获取侦查线索和破案证据的一种特殊侦查措施。秘密逮捕通常在以下两种情况下使用：一是在侦破有组织犯罪或团伙犯罪案件时，为了弄清犯罪组织内部或犯罪团伙的内幕情况，而对犯罪组织或团伙内部个别成员实行秘密逮捕，突击讯问，获取有关案情或采取进一步侦查措施的活动。其目的是打开缺口，扩大线索，从而为深入侦查犯罪组织或集团内部情况，获取犯罪证据创造条件，以便将犯罪嫌疑人一网打尽。实施秘密逮捕的原因是因为我们未能掌握犯罪组织或集团全部或主要犯罪情况,主要犯罪证据未能获取,而要通过个别突破,达到侦破的目的。如果采用公开逮捕的办法,就有可能惊动犯罪组织或团伙的其他重要成员,打草惊蛇,造成犯罪嫌疑人逃跑、毁灭证据、自杀或报复等可能,给整个侦查工作部署造成被动。所以,秘密逮捕要做到"绝对保密,计划周详,措施得力,行动迅速"。二是在侦查中,有时在逮捕特定对象时也使用秘密逮捕,这主要是为了避免因公开逮捕造成案件本身以外的其他不必要影响。但是,不管是哪一种情况的秘密逮捕,其秘密性以及它的实际价值都是相对一定阶段而言的,其最终都要依照《刑事诉讼法》的有关规定,按照一定的程序公开实施强制措施,密捕只是临时策略。

(二)秘密逮捕的任务

秘密逮捕的具体任务是:

1. 查清犯罪集团(团伙)的内部情况;

2. 扩大侦查线索来源;

3. 收集破案证据;

4. 物色建立秘密力量。

秘密逮捕成功与否,直接关系到刑事案件侦查的成败。密捕实施得当,突击审讯收效良好,可以迅速扩大线索来源,获取到充分的犯罪证据,将犯罪集团(团伙)成员一网打尽,反之,密捕失败,突击审讯收效甚微,则会惊动其他犯罪嫌疑人,导致其逃跑、自杀、毁灭证据或行凶报复等,使侦查工作严重受挫,甚至导致案件无法破获,因此,秘密逮捕必须遵循计划周密、措施得当、行动迅速,绝对保密、善后稳妥的原则。

二、秘密逮捕前的准备

(一)选择秘密逮捕对象

秘密逮捕对象的选择是否恰当,在一定程度上关系到全案能否顺利侦破。应根据案件的实际情况和秘密逮捕的具体任务确定。侦查实践中,通常选择以下几种犯罪嫌疑人作为秘密逮捕对象:

1. 用于开展内线侦查的秘密逮捕对象。采用"拉出来,打进去"的方法,将犯罪集团(团伙)的中层成员中既了解案情又经常独立活动,被密捕后不容易引起其他犯罪嫌疑人怀疑的犯罪嫌疑人,通过对其秘密捕获,再进行突击审讯,掌握其把柄后,物建为特情;

2. 为主犯所信任,对同伙情况知底,罪行不重,愿将功赎罪,能为我所利用的犯罪嫌疑人;

3. 作为侦查突破口拉出来进行突击讯问的与犯罪案件的主犯或同伙有矛盾的犯罪嫌疑人;

4. 破案前,为稳妥起见,对已掌握其犯罪证据的犯罪集团(团伙)主要成员,通过密捕审讯,掌握其他犯罪嫌疑人的情况,力争破获全案,捕尽所有犯罪成员。

不管是哪一种情况,选择时都要从两方面进行考虑:一是能否起到侦查作用;二是有无为我所用的条件。总的来说,要考虑到选择罪行较轻,又能掌握内部情况或者与主犯或同伙有一定矛盾,易于分化争取的成员。选择好密捕对象后,执行密捕的侦查人员应通过秘密的观察、调查方式,认真分析犯罪成员的个人特点、家庭情况等因素,对密捕对象的体貌特征、活动规律、经常活动的场所作充分的了解掌握,决定密捕的具体方式,以确保密捕的准确。

(二)确定密捕的时间与地点

根据秘密逮捕的活动规律、案件侦查的进展情况以及犯罪集团的活动情况,在制定严密的行动计划的基础上,侦查人员应选择不易引起其他犯罪人、被捕人亲属及群众注意的时机和地点,实施密捕行动。

(三)做好化装,密捕法律手续和秘密逮捕器材工具准备

根据选定的密捕时间和地点环境,侦查人员应事先进行相应的化装,并事先报请领导批准,办理密捕审批手续和拘押犯罪嫌疑人的法律手续。密捕所必需的戒具、交通工具和通讯器材亦应做好充分准备。检查其效能,以免使用时发生故障。并研究制定好可能发生泄密、拒捕的应急措施。

(四)做好突击审讯地点和审讯力量的安排

做好突击审讯是完成密捕任务最重要的一个环节:应事前安排好讯问地点和人员,并且设计讯问的策略方法,充分预计讯问中可能出现的各种问题及处理方法等。

三、秘密逮捕的方法

(一)跟踪密捕

对密捕对象采取跟踪的方式,当其行至适当地点进行逮捕,捕后或在附近选点审讯,或用汽车载至事前选好的讯问的地点。

(二)预伏守候密捕

根据密捕对象的活动规律,在其住所、单位周围或来往必经的路上,秘密布置侦查人员等候,待密捕对象到达时将其密捕押走。或者在密捕对象经常活动的场所附近,侦查人员预先选择好有利地点埋伏,然后利用耳目特情或群众或者其他适当的人员以合适的借口将对象引诱至侦查员预伏地点捕获。

(三)借故密捕

以密捕对象违反治安管理条例或有其他违法犯罪行为,以有关部门的名义,对其公开传唤或拘留,达到掩护秘密逮捕的目的。

(四)旅途密捕

利用密捕对象外出探亲、工作或在有关部门的配合下,以合情合理的借口有意安排其外出,侦查人员在侦查对象的旅途中将其密捕,而后就地突击审讯。

四、秘密逮捕后的突击审讯

抓获密捕对象后应立即秘密押解至预定地点进行突击审讯。押解过程中要保持高度的警惕,防止密捕对象脱逃、自杀、呼叫、反抗或暗中抛弃物品。抓获密捕对象后,应及时对其进行人身搜查,解除其携带的武器及一切可能用来伤人的器物、药品。搜查时还应注意其身上或携带的物品中有无有利于讯问的证据或可疑线索,以便在讯问中能适当地加以利用,或从中寻找掩护密捕的借口。

突击审讯具有很强的紧迫性,窃捕后应立即进行,而且审讯的过程不宜过长,要抓住重点或尽快利用可以突破密捕对象防线的弱点速战速决。否则,会招致其他犯罪嫌疑人、密捕对象亲属及有关群众的猜疑,甚至导致密捕对象的同伙怀疑察觉,导致毁灭犯罪证据、转移赃物、逃跑的严重后果。因此,讯问人员应事先拟定多种讯问对策。讯问中,一般应以已掌握的证据为突破口进行讯问,而不宜过多纠缠密捕对象本身的犯罪行为细节,以尽快查清犯罪集团的组织、成员、活动规律情况和尚未掌握的犯罪事实及证据。

突击审讯过程中,除了重点查证了解同侦查破案有关的线索、证据外,还应及时查明密捕对象有无预定的活动,如和同伙预约的活动,同自己亲属及其他关系人的约会等。凡发现有类似的预定活动,侦查人员应设法予以应付,以防泄露秘密逮捕活动的机密。

突击审讯结束后,如需逆用密捕对象时,应计划好释放密捕对象和方案的具体措施,选择好释放密捕对象的时机、地点,并为密捕对象设计好应付同伙的审查和亲属、关系人的查问的内容。必要的时候侦查人员还应以多种方式予以策应,妥善地掩护密捕活动。

第五节　侦 查 化 装

一、化装的概念和原则

(一)侦查化装的概念

侦查化装,是侦查员为了适应侦查活动所涉及的环境和对象,掩护自己并麻痹侦查对象,以实现侦查目的而专门改变自己的相貌、装束、言语、身份和行为目的的一种特殊侦查技能。侦查化装是外线侦查不可缺少的一种掩护措施,是为了使侦查员在社会上占领阵地、掩护自己,完成接近或监视犯罪分子的任务。

(二)侦查化装的原则

侦查化装总的原则是:根据侦查工作的实际需要,因地制宜、适应环境、合情合理、不露形迹,便于侦查工作的顺利进行。具体要求是:

1. 表里一致。侦查化妆必须严格做到表里一致、内外一致。不仅衣着装束上要求做到自然逼真，而且侦查员的言谈举止、心情、神态、精神面貌等都要同化妆身份、化妆行为目的相符，即做到"身心一致"。侦查员的态度应该比较随便，而其兴趣应似集中在监视目标以外的事物上。如果在特定的条件和场合执行特殊任务，需要以某一特殊身份，甚至某一特定的对象名义出现，还应当以这一特定身份或特定人物为原型，选择合适的人选，进行专门的化妆，使化装者从外表到内在，从现实到历史真正进入角色。

2. 社会化、大众化。侦查员的外表化妆，要与当时、当地的社会环境、群众衣着习俗等相适应，恰如其分，尽量做到大众化、社会化，不能过分夸张和特殊。侦查员的衣饰应同周围环境相一致，在商业区应打扮得像一个商人；在工厂区侦查员应该打扮得像一个工人，而在郊区则最适宜穿着便装，这样才能不露破绽，掩护自己的身份和行为。

3. 多样化。当有数名侦查员协同作战，共同执行任务时，侦查员的化妆要求多样化，切忌千篇一律，要根据情况和环境的变化及实际需要，随时改变自己的装束和身份，即使是携带的物品和使用的交通工具也要多样化，否则，容易引起侦查对象和一般群众的注意和猜疑。

二、侦查化妆的一般方法

化妆术是一种技巧艺术。侦查化妆不同于文艺表演的化妆，后者力求塑造观众能接受的舞台形象，前者则力求适应环境和行为目的。根据侦查工作实际需要和一般社会风俗习惯，侦查化妆主要有以下几种方法：

（一）身份化妆

这种身份化装是指侦查人员以其他行业的人员身份为掩护，隐蔽自己真实身份的化装。侦查人员常常会因侦查工作的实际需要，以某种身份进行活动。化装成什么身份，就要有适合这种身份的装束、举止风度、职业习惯，甚至细微动作、手势、神态都比较相像。而且要掌握与所化妆身份相适应的行业知识和技能、实践经验、行话及通晓行情、不说外行话。同时，身体条件也要适应化妆的身材，高矮、胖瘦、壮弱也要因胜任各种职业而有所不同。这样才能做到表里一致，不会引起怀疑。

（二）外表化装

外表化装包括相貌化装和服饰化装。化装时要根据化装的身份、行为目的、当时当地的环境情况，选择与之相匹配的衣饰和随身携带的物品。相貌化妆是外表化妆的重要内容，可以通过戴眼镜、改变发型、造假痣、配假发和假胡须、大致改变脸型、男扮女装或女扮男装等达到化装目的。衣饰化妆时，衣着、鞋帽要适应身份、环境，要做到大众化，不搞奇特，并随季节和地区特点选换不同颜色的衣服，以免引人注意而暴露身份。随身携带物品（包括可供简单改装的用品，如眼镜、帽子、围巾、外套、假须、随身携带的小件物品和其他便于临时改变外貌形象的化装用品）式样、色调、交通工具的配备也必须与化装的身份相符合。

（三）言语化装

言语习惯是一个人的重要特征。由于语言的地区性很强，语言化妆也极容易露出破绽，所以在侦查化妆时，最好选择与侦查对象同语言区域的侦查员进行语言化装。针对所选择的不同身份，侦查人员应掌握并熟练使用与化装身份相适应的行话、流行口语、地方土语方言和违法犯罪人员常用的各种隐语、黑话。如果是化装成某一特定人员，侦查人员还应了解掌握并熟练运用其的言谈习惯方式、了解并掌握本地和邻近地区的方言知识与口语特点。

（四）车辆伪装

刑事外线侦查中，可能会使用各种车辆进行跟踪监视，因此，对侦查员使用的车辆也要进行伪装。要尽可能选用普通颜色、外形的车辆，但在特定情况下需要表现身份、地位时，则应选用豪华、高档一些的小轿车与侦查对象接触。不同职业及不同身份的化装，使用的车辆及车牌等要相一致。跟踪过程中的车辆伪装，则需要准备必要的备用车辆。为了在紧急情况下使用，还可以准备警灯、警报器及喊话扩音器等。

（五）特型化装

这种化装是为了侦查人员装扮成某一特定的对象，并以这一特定对象身份的有利条件同侦查对象接触，了解情况，控制侦查对象的活动。这种化装由于是扮装成某一特定对象，因此不仅外表要同特定对象相似，而且还要了解该对象个人历史、生活习惯、兴趣爱好、知识经验、技能、交往关系等基本情况，所以，这种化装实际上是一种综合性的化装，它不仅对化装的技巧，侦查员对应掌握情况的了解程度有严格的要求，而且对化装者本人的相貌、个性、知识技能等方面的条件有着十分苛刻的限制。因此，在侦查实践中，一定要防止不顾客观条件是否具备的实际情况，盲目实施的倾向，以免弄巧成拙，反而导致侦查工作的挫折。

总之，随着同刑事犯罪作斗争的形势发展，对侦查化装的要求也越来越来高，侦查化装的运用也日渐增多。侦查机关平时应当建立健全侦查化装业务的基本建设；并及时充实和更新，以确保化装侦查的实际需要，同时，还应加强对侦查人员化装技能的培训，装备必要的、适应形势需要的化装手段和设备、器材。

三、侦查化装应该注意的问题

1. 尽可能选择身材、相貌、气质、风度、技能、语言、行为特征等方面与化妆身份相接近的侦查员执行化装侦查任务；

2. 化装后要进行必要的训练和演习，使侦查员习惯新身份，熟悉言谈举止，并通过演练，对化装提出修改单意见，使化装更加逼真。

第六节　秘密拍照和秘密摄影

一、秘密拍照和秘密摄影的概念

（一）秘密拍摄的概念

秘密拍摄犯罪活动照片（或录像）是外线侦查工作获取罪证的一种技术手段，它主要使用在预谋案和有组织犯罪案件的侦查工作上。秘密摄影和秘密拍照是以隐蔽的方式秘密录制和摄拍重大犯罪嫌疑人活动情况的一种外线侦查手段，如摄取重大犯罪嫌疑人和同伙接头、联络、踩点，以及转移、销毁、隐藏、变卖赃物等活动时的照片和录像。这是跟踪盯梢、守候监视及破获重大预谋案件的侦查活动中常用一种技术措施。密摄密录的技术难度大、要求严格。因此，必须遵守积极慎重、绝对保密的原则。

密摄密录必须在被摄录人和周围群众不觉察的条件下进行的，因此不能像一般摄影和录像那样仔细反复测距、测光、取景。因此，要求侦查人员不仅要精通摄影、录相技术，而且要做到“三快、三稳和三正常”。所谓“三快”，就是发现情况快、反应快、技术操作快，将应摄取的情况不失时机地摄取下来；所谓“三稳”，就是固定摄拍机稳、启动摄影、拍照开关稳和摄取、跟踪画面稳；所谓“三正常”，就是掩护动作正常、操作正常和摄、拍效果正常。

（二）秘密拍摄的运用范围

秘密拍照（或录像）的运用，是结合外线侦查活动进行的。一是在守候监视点，秘密摄取犯罪分子预谋犯罪的踩点、联络或作案时的照片（或录像）。二是在跟踪过程中，秘密摄取犯罪分子相互联系或转移埋藏赃证等活动的照相（或录像）。具体说来，其使用范围有：

1. 在跟踪过程中，秘密摄取犯罪分子与同案犯、嫌疑人接头、联络以及犯罪分子转移、隐藏、销毁、变卖赃物罪证等活动的照片、录像。

2. 在守候监视过程中，秘密摄取犯罪分子接头、聚会、窥视地形、蹲点（踩点）等活动情况的照片、录像。

3. 在秘密搜查、逮捕中，拍摄赃物、痕迹或可疑物品的照片、录像。

二、秘密拍摄的方法

秘密摄影和秘密拍照，由于摄取的内容、环境往往难以事先预料，所以常常带有偶然性与突变性。成功地运用这种手段的关键在于善于在不同的环境、不同的角度、针对不同的摄取内容采取具有隐蔽性和有效性的摄拍方法。

(一)超越拍摄法

在跟踪监视过程中,选择适当时机,超越侦查对象,在其前面选好位置和拍摄角度,等候侦查对象迎面过来,立即抓紧时机对其进行拍摄。通常用于拍摄侦查对象及关系人的面貌特征。以摄、拍机同被秘密摄取对象等距离的其他物体为对象,事先调整距离和用光量,旋转摄拍机、相机摄录。

侦查人员为不使被拍摄对象发现自己的意图,先将摄影机或照相机对准与被秘密拍摄对象等距离而不同方向的物体调好焦距及用光量,并大致确定好拍摄对象的倾斜角度,做好拍摄准备,然后向被拍摄对象徐徐转动,当对象的影像出现在取景器内时,按下快门,完成拍摄。而后,侦查人员继续不停顿地转动摄影机或照相机,直到远远偏离被拍摄者时为止。这样,侦查对象不会怀疑自己已被拍摄。这种方法使用广角镜头和具有连续自动输片、多次自动拍摄功能的照相机效果尤佳。

(二)轮换拍摄法

在外线侦查中,当发现侦查对象与人交谈,或递交物品时,采用多人轮换,从不同角度,抓紧时间进行抢拍。侦查人员于拍摄前预定好焦距、用光量及拍摄角度,将拍摄机固定于某一位置,如挂在胸前、拿在手中、固定于拍摄架等物体上,自己持机行走或等待对象进入取景器内时,暗中启动快门拍摄。

(三)预伏拍摄法

根据侦查对象的活动规律,在其居住地、工作场所周围或之路上,事先选择有利地形进行预伏守候,可监视点或汽车上,把普通相机安装好,等待犯罪分子前来时拍摄。待侦查对象经过时拍摄。运用这种方法时,必要时可借助长焦距镜头或夜视仪进行拍摄。或者将跟踪与预伏相结合的拍摄法,用于对付有组织犯罪案件或狡猾的犯罪分子的犯罪活动。

(四)无线电摇控拍摄法

在侦破重大犯罪案件或预谋案件时,经过内外线侦查,掌握了犯罪分子准确的接头、聚会或预谋犯罪的地点,事先在内线力量的协助下,秘密安装无线电摇控拍摄设备,由侦查员在监视点摇控拍摄。

1. 使用自拍装置摄录。侦查员将拍摄机器设备置于便于拍摄的位置,做好拍摄准备后启动自动拍摄录像装置后,伪装从事其他活动,目视偏离相机和拍摄对象的方向,以掩护摄录活动。

2. 使用自动监视装置摄录。在守候监视点对固定的监视控制区域进行密摄密录时,可以选用自动监视摄像机,将摄像机秘密架设在便于密录的地点,录制监视控制区域内人员往来,活动的情况,或现场上物品的变化及增减状况。

秘密拍照(或录像)是在复杂多变的条件下进行的,要想成功地运用这种手段为侦查服务,就要学会在各种条件、各种环境、各种角度,动和静的不同要求下的秘密拍照,要不断研究和改进秘密拍摄的方法。掌握外线侦查技能,掩护自己的秘密拍摄活动。其次要装备相应的现代化照相(或录像)工具,来适应各种不同环境条件下的密拍要求。

秘密拍摄相机及器材的选用,要从我国侦查工作的实际情况出发,有条件可选用较为先进的特种警用密摄密拍装置和适应夜间、微弱光线下的各种微型相机、超高速胶片或红外线胶卷最为理想,若使用普通相机或摄影器材,则应根据具体情况采取相应的伪装掩护措施。如将相机或摄影器材装在手提包、提篮、饭盒、自行车灯、半导体收音机、旅行水壶里,跟踪途中伺机拍照。有时在犯罪分子多次踩点和探查地形的时候,可在预伏地区的监视点或汽车上,把普通相机安装好,等待犯罪分子潜来时拍摄。

三、密拍摄的要求

(一)侦查员要精通照拍、录像拍摄业务

侦查人员要学会能在各种复杂的环境和条件下,捕捉取景机会。从不同角度,结合动与静条件拍摄出有价值、有质量的照片、录像。

(二)要巧妙地进行伪装,掩护自己

参加密摄取证的人员不仅要有精湛的拍摄技术,同时要善于掩护自己的活动,除做好身份的掩护和化装外,尤其要将摄录器材进行巧妙的伪装。

(三)用现代化的拍摄工具

选用现代化性能良好的拍摄工具,是密摄取证取得良好效果的重要保证。有条件的最好选用各种微型相机,或有望远、变焦镜头的摄录工具进行拍摄。同时,无论选用陈旧的或先进的摄录工具,都要事先进行检查,保证使用时处于良好的工作状态。

此外,密摄取证是一项政策性强、危险性大、技术难度大的侦查手段,因此,必须遵循稳妥保密,积极主动,注重证据,不失时机的原则。稳妥保密,即密拍取证要在绝对保密的情况下进行,要严密措施,不露形迹。尽量避免暴露侦查手段和惊动侦查对象。积极侦查,不失时机,就是侦查人员要善于观察判断侦查对象的企图和去向,积极寻找机会进行拍摄,不漏掉重要的证据物品和犯罪过程、注重证据,就是要秘密拍摄能够证实犯罪的有关场面。

问题与研究

1. 外线侦查与内线侦查的法律属性有什么区别?
2. 外线侦查与卧底侦查是什么关系?
3. 跟踪盯梢、监视与技术侦查有什么关联?
4. 秘密逮捕与侦查程序正义。
5. 化装侦查与卧底侦查有何异同?
6. 秘密拍照、秘密摄影与公共视频监控资料有什么关系?

阅读文献

1. 郭晓彬主编:《侦查策略与措施》,法律出版社 2000 年版。
2. 孙延庆主编:《侦查措施与策略》,中国民主法制出版社 2007 年版。
3. 何泉生主编:《刑侦预审典型案件评析》,中国人民公安大学出版社 2000 年版。
4. 张萍、李洪亮主编:《公安机关办理刑事案件程序教程》,警官教育出版社 1999 年版。
5. 吴光华主编:《公安机关办理刑事案件程序与方法》,中国人民公安大学出版社 2000 年版。

复习题

1. 外线侦查与内线侦查的任务有何不同?
2. 跟踪盯梢应当遵循什么样的程序?
3. 车辆跟踪、人员跟踪应当注意的事项有哪些?
4. 监视守候的主要任务有哪些?
5. 秘密逮捕与无证逮捕有什么区别?
6. 化装侦查有哪几种形式? 应当注意什么问题?
7. 如何区分卧底侦查、化装侦查、诱捕侦查?
8. 秘密拍照、秘密摄影应当遵循哪些程序?

第十六章　技术侦查措施

本章要点

本章首先阐述了技术侦查措施的概念、特点和主要作用，然后在分析我国技术侦查措施的立法概况及特点的基础上，提出了规制我国技术侦查措施应当坚持重罪疑案原则、必要性原则、相关性原则、审批原则等基本法律原则。针对技术侦查的具体运用，明确阐述了我国技术侦查的具体适用范围，并在运用中严格遵循"轻便简易，机动灵活，积极稳妥，安全保密"的原则。最后，简要介绍了麦侦(窃听)、话侦、监听通讯、邮检等几种常用技术侦查措施的基本原理及主要策略方法。

第一节　技术侦查措施概述

一、技术侦查措施的概念

技术侦查措施，也称技术侦察措施，是指在刑事案件侦查中，根据有关法律授权，专业侦查机关在经过特别审批后运用特定技术手段发现犯罪线索、收集证据、查明犯罪事实、查获犯罪嫌疑人的秘密侦查措施。主要包括麦侦、话侦、电讯监控、电子监控、窃视、邮检等。在实践中，人们将技术侦查措施简称为"技侦手段"。

技术侦查措施这一概念主要包括以下含义：

(一)技术侦查措施必须由法律法规明文规定

随着现代科技的发展，技术手段已经越来越丰富，涉及的领域也越来越广泛。从策略意义上讲，只要有助于推进侦查的任何手段都可用于刑事侦查中。但是，某些技术手段由于只用于特定领域，一旦被滥用，可能会对公民的隐私权、通讯权等基本人权造成严重侵犯。因此，从侦查活动的合法性要求来讲，技术侦查措施必须由法律法规作出明文规定。对于法律法规没有明确规定的某些技术手段，侦查机关不得滥用。

（二）技术侦查措施只有侦查机关才有权使用

技术侦查措施这一种特殊的侦查措施，只能由侦查机关行使，其他任何机关、团体、企事业单位和个人都无权使用。虽然有些技术手段存在于其他领域中，但只有在侦查工作确有需要，在侦查人员的指挥下使用这些技术手段时，这些技术手段才演变为技术侦查措施。此时，其实施主体只能是侦查机关的侦查人员，其他领域的技术工作人员只是在侦查人员的指挥下协助配合开展相关技术工作，他们所从事的只是技术工作，不属于侦查行为。

（三）技术侦查措施的实施必须经过特别审批程序

从理论上讲，法律法规对侦查机关可以使用的技术侦查手段进行明确授权后，侦查机关就有权使用。但是，由于技术性侦查措施的政策性特别强，侦查机关不能随意使用，侦查机关内部对此还有专门的严格的内部审批。对于技术侦查措施何时使用、由谁使用、怎样使用，必须要经过特别审批程序，完善相关法律手续后方可进行。

（四）技术侦查措施在性质上是一种特殊的秘密侦查措施

技术侦查措施具有秘密侦查措施的特点，属于秘密侦查措施之一。但与其他秘密侦查措施相比，在法律规定、实施方式方法等方面又具有自身的特殊性。

二、技术侦查措施的特点

（一）秘密性

技术侦查措施是同刑事犯罪作斗争的重要手段，绝对保密是技术侦查措施保持生命力的保证，是技术侦查手段发挥效力的条件。

其秘密性主要体现在两个方面：

1. 严格技术侦查措施的知情范围。技术侦查手段的具体内容主要由侦查部门规章作出明确规定，控制在侦查机关内部掌握，不能向侦查机关以外的任何单位或个人泄露。

2. 技术侦查措施的具体实施相当隐蔽。在侦查机关内部，只要不是直接参与侦控对象的侦查员，都难以清楚技术侦查手段的使用情况；在侦查机关外部，使用技术侦查措施既不能惊扰群众，也不能惊动被害人或其他证人，更不能被犯罪嫌疑人或其他侦查对象察觉。

（二）技术性

没有相应的侦查技术手段为保障，技术侦查措施就无法开展。技术侦查措施就是由专业人员在一定的技术理论的指导下，借助一定的技术设备来实施的。

具体来讲其技术性表现在三个方面：

1. 技术侦查措施需要技术理论和技术成果的支撑。当前一些新的技术理论和成果不断被运用于侦查工作，不断丰富技术侦查措施，就充分说明了这一点。

2. 技术侦查措施需要一些特殊的技术设备为保障。

3. 技术侦查措施主要由专业人员承担。侦查机关内部的技术侦查手段都是由专业部门或专业力量负责,技术侦查措施的具体实施往往由这些专业部门或专业力量具体负责实施。非侦查机关专属的一些技术手段如果要用于刑事案件侦查,也是在侦查人员的指挥下,由专业技术人员协助实施。

(三)高效性

技术侦查措施是在侦查对象毫不知情的情况下直接针对侦查对象而使用,因此往往能够直接针对侦查对象进行,掌握侦查对象在自然状态下的有关情况,保证侦查线索具有较高的真实可靠性,发挥最大侦查价值。同时,技术侦查措施的技术性特点决定了其较强的专业性,加大了侦查对象反侦查的难度,能够帮助侦查人员发现更多的一般侦查措施很难发现的潜在线索或证据,这是技术侦查措施的独特价值。正是由于其在侦查取证方面的独特性、直接性、客观性,使技术侦查措施在获取侦查线索、发现犯罪证据、查找犯罪嫌疑人的行踪方面具有其他侦查措施无法比拟的作用。实践也不断证明,技术侦查措施在现代侦查中的作用越来越大。

(四)法定性

由于技侦手段的秘密性,很容易侵犯公民的基本人权,因此,各国都对技术侦查措施的实施规定了严格的程序限制。非经法定程序不得采用。

三、技术侦查措施的作用

(一)可以配合其他侦查措施的有效开展,提高侦查工作效率

任何侦查措施都具有一定的优势和局限性。因此,侦查措施的相互配合、相互补充是提高侦查工作效率的重要条件。技术侦查措施具有直接性、技术性,是配合其他侦查措施开展的重要辅助手段。在其他侦查措施的准备阶段,可以为制定侦查计划提供可靠依据;在其他侦查措施实施阶段,可以帮助传递情报,发现、固定证据;在其他侦查措施实施结束后,还可以继续对侦查对象进行监控,扩大战果。如在内线侦查中,可以通过技术侦查措施将犯罪信息资料或证据准确无误地收集传递出来;在审讯过程中,可以秘密掌握犯罪嫌疑人在讯问羁押期间的心理活动和行为表现,为制定讯问策略提供依据。

(二)可以直接发现侦查线索,不断推进侦查

技术侦查措施属于秘密侦查措施,在发现侦查线索方面具有其他侦查措施无法比拟的优势。由于它直接针对侦查对象开展工作,是“由人到案”开展侦查工作的重要手段。它可以在不惊动侦查对象的情况下,直接获取到侦查对象的有关情况,成为直接线索。因此,运用这种侦查措施获取的情报信息具有较强的客观性、真实性,经常成为侦查破案的直接线索。

(三)可以进一步扩大侦查线索来源,突破侦查僵局

技术侦查措施具有较强的技术性和专业性,犯罪嫌疑人在反侦查中难以对抗,因此在发现线索上具有较强的挖掘能力,能够获取一些深层次的情报信息。一旦侦查陷入僵局,这种侦查措施经常成为扩大线索来源、突破侦查僵局的重要手段。特别在案件有了一定的侦查对象,但因证据不足而难以确定,也不能轻易采取强制措施时,就可以使用技术侦查措施全面获取侦查对象的活动情况,进一步甄别和发现犯罪线索,突破侦查僵局。

(四)可以有效发现犯罪嫌疑人的踪迹,帮助缉捕犯罪嫌疑人

随着我国社会的发展,人员的流动性越来越大,犯罪嫌疑人作案后外逃现象也越来越普遍。但同时,犯罪嫌疑人在外逃过程中使用通讯工具、网络与其关系人进行联络也成为一种普遍的现象。这就使侦查机关在缉捕犯罪嫌疑人的过程中使用技术侦查措施成为可能。实践证明,技术侦查措施在缉捕犯罪嫌疑人工作发挥了非常重要的作用。

第二节　我国技术侦查措施的法律规制

一、我国技术侦查措施的立法概况

(一)我国有关技术侦查措施的法律规范规格较低

技术侦查措施最先主要由侦查机关的一些部门性规范性文件进行调整。公安部1980年99号文件《关于在侦查破案中充分运用各种技术手段的通知》中指出:为了加强同重大刑事犯罪分子的斗争,这些技侦手段,按规定的手续批准,可以用刑事侦查。1984年全国刑事侦查工作会议文件就技侦问题进一步提出要求:“今后建设的方向,以轻便、简易、机动、灵活为原则。技术侦查手段的管理,采取集中与分散相结合的办法,邮检和固定阵地的侦听、监视仍由侦查技术机构负责;流动的麦侦、话侦、监视、密取等手段,由侦查部门掌握使用。外线也由侦查部门自己承办。”根据上述要求,刑事侦查使用邮检和固定阵地的侦听、监视,按规定履行审批手续,并限于对犯罪集团、重大犯罪案件和严重暴力犯罪嫌疑人使用。这是我国首次以部门文件的形式明确规定技术侦查措施,明确了国家安全机关、公安机关侦办危害国家安全案件,可以使用技侦手段。

后来,《国家安全法》和《人民警察法》仅对技术侦查措施作了原则性规定。但是对于什么是技术侦查、技术侦查的范围、审批的程序以及手续等都没有一个明确的规定。

我国《刑事诉讼法》从来都没有关于技术侦查措施的规定。

（二）我国技术侦查措施的适用范围由危害国家安全案件逐渐延伸到普通刑事案件

1993 年 2 月 22 日，《国家安全法》第 10 条规定：国家安全机关因侦查危害国家行为的需要，根据国家有关规定，经过严格的批准手续，可以采用技术侦查措施。1993 年 3 月 6 日公安部《关于贯彻实施〈国家安全法〉的通知》规定，公安机关执行国家安全工作任务时，适用本法规定。

1995 年 2 月，《人民警察法》第 16 条规定：公安机关因侦查犯罪的需要，根据国家有关规定，经过严格的批准手续，可以采取技术侦查措施。这一规定将公安机关使用技侦手段的案件范围由“侦查危害国家安全行为的需要”延伸到“因侦查犯罪的需要”，标志着技术侦查措施不仅可以在侦查危害国家安全案件中使用，也可以在普通刑事案件侦查中使用。

（三）我国现阶段的技术侦查措施主要依据侦查机关内部规章进行规范

2000 年第六次全国公安技侦工作会议通过了《公安部关于技术侦查工作的规定》和《公安部关于加强技术侦查工作的意见》。这次会议明确了现阶段及今后一个时期我国公安技侦工作的指导思想，同时提出了实现公安技侦工作正规化、现代化的奋斗目标。这次通过的规定共 8 章 50 条，对技侦手段的适用对象、审批制度、法律责任以及技侦装备技术建设、机构和队伍管理等各方面作了规定，是现阶段指导和规范技侦工作的基本原则，是公安技侦工作的一个法规性文件，也是技侦工作朝着法制化方向迈进的重要一步。

（四）我国技术侦查措施主要由国家安全机关和公安机关实施

我国技术侦查措施原则上只能由国家安全机关和公安机关使用，检察机关只有在特殊情况下才能使用。1989 年最高人民检察院、公安部颁布实施的《关于公安机关协助人民检察院对重大经济案件使用技侦手段有关问题的通知》规定：对经济犯罪案件，一般不要使用技术侦查手段。对于极少数重大经济犯罪案件主要是贪污贿赂案件和重大的经济犯罪嫌疑分子必须使用技术侦查手段的，要十分慎重地经过严格审批手续后，由公安机关协助使用。

（五）我国缔结或参加的相关国际条约对我国技术侦查措施作了必要的立法补充

2003 年 8 月 27 日，全国人大常委会通过了《关于批准〈联合国打击跨国有组织犯罪公约〉的决定》，该公约第 20 条规定：各缔约国均应在其本国法律基本原则许可的情况下，视可能并根据本国法律所规定的条件采取必要措施，允许其主管当局在其境内适当使用控制下交付并在其认为适当的情况下使用其他特殊侦查手段，如电子或其他形式的监视和特工行动，以有效打击有组织犯罪。

2003 年 12 月 10 日，我国政府正式签署的《联合国反腐败公约》第 50 条第 1 款规定：为有效地打击腐败，各缔约国均应当在其本国法律制度基本原则许可的范围内并根据本国法律规定的条件在其力所能及的情况下采取必要措施，允许其主管机关在其领域内酌情使用控制下交付和其他认为适当时使用诸如电子或其他监视形式和特工行动等其他特殊侦查手段，并允许法庭采信这些手段产生的证据。

二、规制我国技术侦查措施的法律原则

技术侦查措施在侦查中有其独特的价值和作用，但是使用技术侦查措施往往容易侵犯公民个人隐私权，因此，为满足控制犯罪与保障人权的双重需要，如何从法律程序上规制技术侦查措施就成为我国侦查理论与实践中的一个重要课题。

综观世界各国的相关立法、理论和诉讼实务，对技术侦查措施的法律规制大致包括以下几个方面的内容：

1. 对案件范围及具体对象的限制。尽管角度不同，各国都对可以使用技术侦查措施的案件范围和对象作出了规定，以适用于较严重的犯罪或者有特殊需要的犯罪为原则。

2. 对技术侦查措施的运用实行司法审查。多数国家规定，有权审查、批准或者决定使用此类手段的机关是法官。

3. 技术侦查措施的具体实施程序、期限和法律效力由法律明确规定。

4. 侦查对象的权利保障。

5. 监督制约机制。

我国由于历史传统的影响，技术侦查措施一直处于一种神秘状态，法律对技术侦查措施的规定还很不完善。为适应现代侦查的需要，参照国外的有关情况，结合我国的具体国情，必须对技术侦查措施进行法律规制，并且至少应当遵循以下法律原则。

（一）重罪疑案原则

技术侦查措施只能针对重大、疑难复杂案件采用，一般案件不能使用技术侦查措施。

所谓重大、疑难复杂案件主要包括两大类：

1. 重大、特别重大的犯罪案件，即处罚较重的犯罪；

2. 组织化、技术化、隐秘化的特殊类型的疑难复杂犯罪案件。

前者反映出被害权益的重大性，针对这类犯罪采用技术侦查措施足以抵消因侵害公民隐私权而带来的负面影响；后者由于其犯罪行为的特点，给侦查机关的侦查带来重重困难，侦查机关采用一般侦查措施常常无济于事，不采用技术侦查措施，实难以发现犯罪、侦破案件。

（二）必要性原则

即必须坚持技术侦查措施的绝对必要性（最后手段）原则。技术侦查措施与

一般侦查措施相比,其对公民自由权利侵害较大。只有在采用一般侦查措施难以达到侦查目的时,才能使用技术侦查措施。也就是说,侦查机关所采取的侦查手段必须是达成的目的的适当手段和侵害最小的手段,手段与目的或方法与目标之间必须成相当比例,为保护某种利益而采取的手段不应当造成另一种利益的更大的损害。只要采用传统的、一般的侦查措施足以查明案情,收集相关证据的,就不必采用技术侦查措施。只有在采用一般侦查措施无法达到侦查目的的情况下,侦查机关迫不得已才采用技术侦查措施。

(三)相关性原则

在适用技术侦查措施前必须对被侦查对象有合法怀疑,应当有相当证据怀疑犯罪嫌疑人已经实施了犯罪或有明确的犯罪意图,有合理的证据证明采取技术侦查行为针对的是相关对象。

具体包括人的相关性和物的相关性。人的相关性原则是指一般情况下,技侦手段只能针对被指控人或其相关人员。物的相关性原则则是指技术侦查的范围应尽量限制在与侦查目的的有关的内容上。对于确需要采取技术侦查措施的,必须要非常慎重。

(四)审批原则

实施技术侦查行为前应当经过严格的审批程序,且以书面形式进行。书面申请和许可有确定的格式和内容,包括技术侦查所实施的理由、实施范围、具体对象及实施的绝对必要性等。未经过书面批准,任何机关和人员都不得使用技术侦查措施。

第三节 技术侦查的运用

一、我国技术侦查措施的适用范围

在侦查工作中,应当严格控制技术侦查措施的使用范围。技术侦查手段只能在以下范围内实施:

1. 用于侦查重大、特别重大案件以及犯罪集团和团伙案件中的重大犯罪嫌疑人,以获取犯罪证据或扩大犯罪线索,甄别犯罪嫌疑人程度,为认定或否定嫌疑提供罪证或根据。

2. 用于侦查重大预谋犯罪案件,走私、贩毒集团案件,境外黑社会组织与内地勾连案件,达到摸清犯罪企图和实施作案行动时间、接头联络地点以及偷渡、引渡路线,为把犯罪消灭在预谋阶段创造条件。

3. 用于狱内侦查,配合侦查讯问,掌握犯罪嫌疑人心理活动、行为表现、言谈内容,考察专案秘密力量,等等。在对某些重要的犯罪嫌疑人实施突击讯问时,也可同时运用技术侦查措施,以达到预期的侦查效果。

二、技术侦查的基本原则

技术侦查要遵循"轻便简易,机动灵活,积极稳妥,安全保密"原则。

"轻便简易,机动灵活"是我国技侦手段建设应当遵循的原则。要求侦查机关从侦破危害国家安全犯罪案件、打击刑事犯罪和侦破经济犯罪案件的实际需要出发,需要哪几类就建设哪几类,能装备多少就装备多少,逐步实现高、精、全。配置的器材要体积小、重量轻、携带方便、容易使用或处理,这样才能为机动灵活的使用创造条件。

"积极稳妥,安全保密"是我国技侦手段使用应当遵循的原则。技术侦查手段及技术侦查活动是侦查机关的绝密内容,在使用时一定要做到慎之又慎。能用普通侦查措施解决的,就不要用技术侦查措施,因此,要严格控制使用范围。同时在使用时,要做到绝对安全、绝对保密,要针对不同手段、不同案情和不同侦控对象的特点,周密设计方案,精心组织,确保技术侦查活动万无一失。

三、常用技术侦查措施的具体运用

我国传统的技术侦查措施主要包括麦侦、话侦、电讯监控、电子监控、窃视、邮检等。从实践来看,我国主要运用的技术侦查措施以监听通讯为主,即麦侦、话侦、电讯监控。

近年来随着科学技术的发展,为适应同日益复杂的刑事犯罪作斗争的需要,各种技术侦查措施得到进一步发展,技术侦查的手段和方法越来越丰富。

(一)麦侦(窃听)

麦侦,也叫窃听(bugging),是一种不需要利用电话线,只安装监听器听取侦查对象之间,及其与其他有关人员之间的谈话内容的电子监听。

用于窃听的设备主要有普通电子窃听设备、微波窃听设备和激光窃听设备等,其中最常用的是普通电子窃听设备。对于如住宅、办公室等固定地点的窃听,可选用上述几种窃听设备。在需要对侦查对象进行不间断窃听时,则需同时进行移动窃听。对移动目标的窃听只能选用普通电子窃听设备。

移动窃听的主要方法是将窃听器安装在侦查对象的随身物品和汽车里,也可以安装在随行人员身上或其随身物品里。安装普通电子窃听设备的主要方法有借故入室安装、送礼安装、贴靠安装、趁机安装等。

(二)话侦

话侦,也叫跟踪监听(wiretapping),在电话线路上安装监听器的听取侦查对象之间,及其与其他有关人员之间的谈话内容的电话监听。

这种监听方式主要是在电话通讯经营机构的机房或侦查机关的专用机房直接实施监听。这种监听方法不仅可以监听到各种电话交谈的内容,而且可以快速追查与受监听电话通话的对方电话的号码、地址、机主等情况，是最安全、隐蔽的监听方式。另外可以在电话线路或电话机里安装窃听装置。

（三）监听通讯

监听通讯，也称为监控通讯，是指利用电子设备系统听取侦查对象与他人之间进行的有线、无线、微波等通讯交谈的内容，截收侦查对象与他人进行的电话、电传、网络通讯等通讯信号，并进行分析、破译、处理的秘密侦查方法。

关于监听通讯的范围，应当尽可能针对侦查特定对象，针对特定侦查对象的特定内容进行。美国1968年制定了《综合控制犯罪和街道安全法》，规定只限于有线通讯及口头对话的监听。后来由于这一规定不能适应其他新型态通讯方式发展的需要，国会又于1986年通过了《电子通讯隐私法》，将监听范围扩大至有线与电子通讯及口头对话的监听。在“9·11事件”后，为适应日益严峻的反恐斗争的需要，对监听的范围再次进行了扩大。

这种方式是指侦查机关为搜集证据，发现犯罪嫌疑人，通过电讯技术手段，对于犯罪嫌疑人的讯息及与之有关的通讯往来进行探听和记录。在现代科技日新月异，犯罪手段日益隐蔽的情况下，法律赋予侦查机关拥有监听通讯的侦查手段能够给侦查机关提供对抗犯罪及收集犯罪证据的锐利武器，特别是在侦查危害国家安全的犯罪、毒品犯罪及贿赂犯罪等案件中有立竿见影的效果。

为确切掌握侦查对象的交往关系及活动情况，侦查中需要即时掌握与侦查对象进行通讯的电话主叫、被叫号码及其所在地、机主、网络的IP地址等情况。就需要综合运用通讯技术、物理技术、电磁技术、计算机技术等对侦查对象或其关系人的有线电话、无线通信、电信和电子邮件等通讯活动进行监控、追踪、定位。

（四）邮检

邮检，即邮件检验，是侦查机关根据有关规定，与邮电部门密切配合，在不为侦查对象发觉的情况下，对危害国家安全的犯罪嫌疑人和严重刑事犯罪嫌疑人的邮件进行扣押检查的一项秘密侦查措施。邮检涉及公民的人身自由和通信自由，必须坚持“安全可靠、绝对保密”的原则，必须经过侦查机关的领导批准，严格控制使用。

邮检要按照“先看后动，查后复原”的原则进行，充分运用邮件开启技术、启封还原技术、检查翻拍技术、电邮检查技术，发现侦查线索，保证无万一失，做到干净利落、不露破绽。

四、技术侦查工作的注意事项

1. 技术侦查获取的材料一般不能作为证据使用。要作为证据使用，必须经过合法转换。

2. 技术侦查实行垂直领导，由专业部门和专人负责，技术侦查手段方法及过程属于绝密工作，不得公开，要严格保密。

3. 技术侦查工作必须要注意保护个人隐私，与侦查活动无关内容不得使用或滥用。

问题与研究

1. 技术侦查措施的基本范畴研究。
2. 当前我国技术侦查措施法制化研究。
3. 技术侦查措施应当如何兼顾控制犯罪与保障人权?

阅读文献

1. 马海靓著:《刑事侦查措施》，法律出版社 2006 年版。
2. 郭立新著:《检察机关侦查实务（侦查技术·技术侦查）卷》，中国检察出版社 2005 年版。
3. 艾明著:《秘密侦查制度研究》，中国检察出版社 2006 年版。
4. 高春兴、阮国平著:《侦查对策》，中国人民公安大学出版社 2003 年版。
5. 郭晓彬著:《侦查策略与措施》，法律出版社 2000 年版。
6. 马忠红著:《情报主导侦查》，中国人民公安大学出版社 2006 年版。
7. 孙延庆著:《侦查措施与策略》，中国民主法制出版社 2007 年版。
8. 程雷著:《秘密侦查比较研究》，中国人民公安大学出版社 2008 年版。
9. 俞波涛著:《秘密侦查问题》，中国检察出版社 2008 年版。
10. 毛立新著:《侦查法治研究》，中国人民公安大学出版社 2008 年版。
11. 徐威:“关于技术侦查概念的理论反思”，载管光承:《现代侦查》（第 2 卷），群众出版社 2006 年版。
12. 闫晓明:“秘密侦查措施立法模式探讨”，载管光承:《现代侦查》（第 3 卷），群众出版社 2007 年版。
13. 勾香华、崔晓燕:“职务犯罪侦查中技术侦查使用研究”，载管光承:《现代侦查》（第 4 卷），群众出版社 2008 年版。
14. 解芳:“我国公安技侦问题立法问题研究”，载郝宏奎:《侦查论坛》（第 1 卷），中国人民公安大学出版社 2002 版。
15. 马静华:“秘密侦查正当程序探讨”，载郝宏奎:《侦查论坛》（第 2 卷），中国人民公安大学出版社 2003 年版。
16. 王传道:“秘密侦查亟待纳入法制轨道”，载郝宏奎:《侦查论坛》（第 3 卷），中国人民公安大学出版社 2004 年版。
17. 黄吉伟:“中外秘密侦查制度比较研究”，载《江西公安专科学校学报》，2006 年第 3 期。

复习题

1. 什么是技术侦查措施?
2. 技术侦查措施的性质是什么?
3. 技术侦查措施在侦查中有哪些具体作用?
4. 技术侦查措施有何特点?
5. 常用技术侦查措施有哪些?
6. 我国技术侦查措施的适用范围有哪些?
7. 我国技术侦查措施运用应当遵循哪些原则?
8. 我国有关技术侦查措施的主要法律规范有哪些?
9. 如何理解技术侦查措施的秘密性?
10. 技术侦查措施获取材料能否作为证据使用?
11. 当前规制技术侦查措施应当从哪些方面着眼?
12. 如何理解技术侦查措施的必要性?

图书在版编目(CIP)数据

侦查策略与措施 / 郑晓均主编. --北京:法律出版社,2010.3(2020.7 重印)

ISBN 978-7-5118-0477-8

Ⅰ.①侦… Ⅱ.①郑… Ⅲ.①刑事侦察学 Ⅳ.①D918

中国版本图书馆 CIP 数据核字(2010)第 031145 号

侦查策略与措施
ZHENCHA CELUE YU CUOSHI

郑晓均 主编

责任编辑 刘 琳
装帧设计 乔智炜

编辑统筹 法律教育出版分社
出版 法律出版社
开本 720 毫米×960 毫米 1/16
总发行 中国法律图书有限公司
印张 17
经销 新华书店
字数 323 千
印刷 固安华明印业有限公司
版本 2010 年 3 月第 1 版
责任印制 胡晓雅
印次 2020 年 7 月第 7 次印刷

法律出版社/北京市丰台区莲花池西里 7 号(100073)
网址/www.lawpress.com.cn
投稿邮箱/info@lawpress.com.cn
举报维权邮箱/jbwq@lawpress.com.cn
销售热线/400-660-8393
咨询电话/010-63939796

中国法律图书有限公司/北京市丰台区莲花池西里 7 号(100073)
全国各地中法图分、子公司销售电话:
统一销售客服/400-660-8393/6393
第一法律书店/010-83938432/8433 西安分公司/029-85330678 重庆分公司/023-67453036
上海分公司/021-62071639/1636 深圳分公司/0755-83072995

书号:ISBN 978-7-5118-0477-8
定价:36.00 元